Toolset wissenschaftliche Methoden im Sport

Swen Körner · Mario S. Staller · Benjamin Bonn

Toolset wissenschaftliche Methoden im Sport

Ein Leitfaden für Studium und Beruf

Swen Körner
Trainingspädagogik und Martial Research
Deutsche Sporthochschule Köln
Köln, Nordrhein-Westfalen, Deutschland

Mario S. Staller
Hochschule für Polizei und öffentliche Verwaltung Nordrhein-Westfalen
Köln, Nordrhein-Westfalen, Deutschland

Benjamin Bonn
Trainingspädagogik und Martial Research
Deutsche Sporthochschule Köln
Köln, Nordrhein-Westfalen, Deutschland

ISBN 978-3-658-44293-4   ISBN 978-3-658-44294-1 (eBook)
https://doi.org/10.1007/978-3-658-44294-1

Die Deutsche Nationalbibliothek verzeichnet diese Publikation in der Deutschen Nationalbibliografie; detaillierte bibliografische Daten sind im Internet über https://portal.dnb.de abrufbar.

© Der/die Herausgeber bzw. der/die Autor(en), exklusiv lizenziert an Springer Fachmedien Wiesbaden GmbH, ein Teil von Springer Nature 2024

Das Werk einschließlich aller seiner Teile ist urheberrechtlich geschützt. Jede Verwertung, die nicht ausdrücklich vom Urheberrechtsgesetz zugelassen ist, bedarf der vorherigen Zustimmung des Verlags. Das gilt insbesondere für Vervielfältigungen, Bearbeitungen, Übersetzungen, Mikroverfilmungen und die Einspeicherung und Verarbeitung in elektronischen Systemen.
Die Wiedergabe von allgemein beschreibenden Bezeichnungen, Marken, Unternehmensnamen etc. in diesem Werk bedeutet nicht, dass diese frei durch jede Person benutzt werden dürfen. Die Berechtigung zur Benutzung unterliegt, auch ohne gesonderten Hinweis hierzu, den Regeln des Markenrechts. Die Rechte des/der jeweiligen Zeicheninhaber*in sind zu beachten.
Der Verlag, die Autor*innen und die Herausgeber*innen gehen davon aus, dass die Angaben und Informationen in diesem Werk zum Zeitpunkt der Veröffentlichung vollständig und korrekt sind. Weder der Verlag noch die Autor*innen oder die Herausgeber*innen übernehmen, ausdrücklich oder implizit, Gewähr für den Inhalt des Werkes, etwaige Fehler oder Äußerungen. Der Verlag bleibt im Hinblick auf geografische Zuordnungen und Gebietsbezeichnungen in veröffentlichten Karten und Institutionsadressen neutral.

Planung/Lektorat: Rolf-Guenther Hobbeling
Springer Gabler ist ein Imprint der eingetragenen Gesellschaft Springer Fachmedien Wiesbaden GmbH und ist ein Teil von Springer Nature.
Die Anschrift der Gesellschaft ist: Abraham-Lincoln-Str. 46, 65189 Wiesbaden, Germany

Wenn Sie dieses Produkt entsorgen, geben Sie das Papier bitte zum Recycling.

Tipps zum Lesen

Bevor es richtig losgeht, hier ein paar Lesetipps:

Du kannst dieses Buch von vorne nach hinten lesen. Du kannst aber auch einfach mit dem Kapitel einsteigen, das dich auf den ersten Blick am meisten interessiert und deine Fragen betrifft. Jedes Kapitel hat einen eigenen Schwerpunkt.

- In *Kap.* 2 schlagen wir den Bogen: Abschn. 2.1 stellt dir vor, warum Sport in unserer heutigen Gesellschaft so wichtig ist. Abschn. 2.2 lüftet das Geheimnis der Wissenschaft: Was heißt wissenschaftliches Denken? Worin besteht wissenschaftliches Arbeiten? Und wenn Du dich dafür interessierst, welche Sportberufe es gibt, was man in Sachen Sport studieren kann, und warum Wissenschaft dabei wichtig ist, damit du als Profi agierst – Abschn. 2.3 gibt dir hierzu den Überblick.
- *Kap.* 3 zeigt dir, an welchen Stellen du Wissenschaft im Studium benötigst und gibt dir einen Leitfaden. *Wie* schreibe ich eine Haus- und Abschlussarbeit? Wie mache ich einen Vortrag? Wie bereite ich mich auf eine mündliche Prüfung oder Klausur vor? In diesem Kapitel findest du Antworten, die in der Praxis funktionieren. Du kannst

entweder alles von vorne nach hinten lesen: So kannst du für dich nachvollziehen, wie du die einzelnen Aufgaben angehen könntest und was wichtig für die nächste Aufgabe ist. Oder du liest dasjenige Unterkapitel, das gerade für dich relevant ist: Wenn du also eine Hausarbeit schreiben musst – spring dorthin und lass dich inspirieren.

- Kap. 4 zeigt dir auf, welche Rolle wissenschaftliches Denken und Arbeiten in wichtigen Sportberufen innehat: Was bedeutet es, wissenschaftlich orientiert Sport in der Schule zu unterrichten, forschungsbasiert im Verein zu coachen, an der Uni zu lehren, über Sport zu berichten oder Sport zu managen?
- In *Kap*. 5 stellen wir dir zunächst die wichtigen Wissenschaftstools von A bis Z kurz und an Beispielen vor. So eine Werkzeugkiste hätten wir uns damals im Studium gewünscht. Das hätte vieles leichter gemacht! Danach folgt eine Art Wörterbuch zu wichtigen Begriffen der Wissenschaft. Wissenschaft hat einen eigenen Sprachcode. Mit unserem Glossar knackst du ihn. Easy!

Insgesamt handelt das Buch davon, wie du wissenschaftlich denkst, arbeitest und kommunizierst. In den Kapiteln findest du regelmäßig Nerdy-Passagen. Diese Passagen haben wir ein bisschen mehr *sciency* geschrieben und zusätzlichen Inhaltsstoff reingegeben. Die „Nerdys" kannst du locker überspringen – wir würden jedoch sagen: Eine Prise Nerdy lohnt sich immer. An Stellen, wo wichtige Bezüge der Teilkapitel untereinander bestehen oder wir auf wichtige wissenschaftliche Begriffe oder Tools Bezug nehmen, findest du einen entsprechenden Verweis.

Und nun: Viel Spaß beim Lesen!

Inhaltsverzeichnis

1	**Einleitung**		1
	Literatur		9
2	**Sport und Wissenschaft**		11
	2.1	Was ist Sport?	11
		2.1.1 Sport und Gesellschaft	12
		2.1.2 Gesellschaftliche Leitthemen des Sports: Leistung – Gesundheit – Bildung	22
	2.2	Was ist Wissenschaft?	30
		2.2.1 Wissenschaft als Disziplin und Mindset	36
		2.2.2 Wissenschaft als Methode	45
	2.3	„Orientierung, bitte" – Sport in Studium und Beruf	54
		2.3.1 Studiengänge und Berufe	60
		2.3.2 Professionell Handeln	77
	Literatur		85
3	**„*Let's go*": Wissenschaft im Sportstudium**		93
	3.1	Vom Problem zur Lösung	98
	3.2	Hausarbeit	102

		3.2.1	Dein Plan	103
		3.2.2	Noch ein paar allgemeine Tipps	114
	3.3	Vortrag/Referat		119
		3.3.1	Vorbereitung	119
		3.3.2	Darstellung	120
		3.3.3	Diskussion	123
	3.4	Mündliche Prüfung		125
		3.4.1	Vorbereitung	126
		3.4.2	Prüfungssimulation	126
		3.4.3	Nachbereitung	127
	3.5	Klausur		127
	3.6	Abschlussarbeit		130
		3.6.1	Thema und Betreuungsperson	131
		3.6.2	Exposé	133
		3.6.3	Schreiben	135
	Literatur			138
4	**„*Lass flexen*": Wissenschaftlichkeit im Beruf**			**139**
	4.1	Sport unterrichten		140
	4.2	Sport coachen		163
	4.3	Sport lehren		178
	4.4	Über Sport berichten		197
	4.5	Sport managen		213
	Literatur			232
5	**„Help Yourself": Die Toolbox wissenschaftlichen Arbeitens und das Glossar**			**239**
	5.1	Tools von A bis Z		239
		5.1.1	Aktionsforschung	242
		5.1.2	Beschreiben, erklären, bewerten	245
		5.1.3	Übersetzen mit Künstlicher Intelligenz: z. B. DeepL Translate	247
		5.1.4	Diskursanalyse	251
		5.1.5	Experteninterview	254
		5.1.6	Exzerpte erstellen	256
		5.1.7	Feldnotizen machen	259
		5.1.8	Forschungsethik	261

	5.1.9	Google Scholar Recherche	262
	5.1.10	Inhaltsanalyse	263
	5.1.11	Inklusive Sprache	267
	5.1.12	Interviewleitfaden	269
	5.1.13	Lesen	273
	5.1.14	Literatur recherchieren	274
	5.1.15	Literaturverwaltung	278
	5.1.16	Scoping Reviews erstellen	281
	5.1.17	Statistiken erstellen	285
	5.1.18	Systematische Übersichtsarbeiten erstellen	289
	5.1.19	Teilnehmende Beobachtung	294
	5.1.20	Texte generieren mit künstlicher Intelligenz: ChatGPT	296
	5.1.21	Mit Theorie arbeiten	301
	5.1.22	Wissenschaftliches Interview	304
	5.1.23	Wissenssynthese / Review – Übersicht über den Wissensstand	306
	5.1.24	Wissenschaftliche Umfragen	312
	5.1.25	Zitieren und Referenzieren	314
5.2	Glossar von A bis Z		319
	5.2.1	Abstract	319
	5.2.2	Anhang	319
	5.2.3	Argumentative Fehlschlüsse	320
	5.2.4	Diskussion	322
	5.2.5	DOI – Digital Object Identifier	323
	5.2.6	Evidenzbasiert	323
	5.2.7	Gendern	324
	5.2.8	Graue Literatur	325
	5.2.9	Gütekriterien wissenschaftlicher Forschung	325
	5.2.10	Herausgeberband	328
	5.2.11	Impact Factor	328
	5.2.12	Deduktive und induktive Datenanalyse	329
	5.2.13	Interventionsstudie	330
	5.2.14	Kausalität	330
	5.2.15	Kognitive Verzerrungen	331
	5.2.16	Konstruktivismus	333

5.2.17	Korrelation	334
5.2.18	Limitationen	334
5.2.19	Literaturangaben	335
5.2.20	Methodenkritik / Methodenreflexion	338
5.2.21	Mindset	339
5.2.22	Multiple- und Single-Choice Fragen	340
5.2.23	Open Access	342
5.2.24	Open Science	342
5.2.25	Peer Review	343
5.2.26	Preprint	343
5.2.27	Pretest	344
5.2.28	Qualitative Forschung	344
5.2.29	Quantitative Forschung	344
5.2.30	Reflexivität	345
5.2.31	Research Gate	345
5.2.32	Review-Artikel	346
5.2.33	Schneeballsystem	346
5.2.34	Scientific community	346
5.2.35	Subjektive Theorien	347
5.2.36	Wahrheit	348
5.2.37	Wissenstransfer	349
5.2.38	Wissenschaftliche Fachzeitschriften	350
5.2.39	Wissenschaftliche Quellen	351
5.2.40	Zitationsstil	352

Über die Autoren

Swen Körner ist Professor für Trainingspädagogik und Martial Research an der Deutschen Sporthochschule Köln und ehemaliger Leistungssportler. Seine Arbeitsschwerpunkte liegen u. a. im Bereich der Gamifizierung von Lehr- und Lernprozessen in unterschiedlichen institutionellen Kontexten, der Professionalisierung des polizeilichen Einsatztrainings, der Erforschung von Konfliktdynamiken sowie der Martial Arts Studies.

Über die Autoren

Mario S. Staller ist Professor für Psychologie an der Hochschule für Polizei und öffentliche Verwaltung Nordrhein-Westfalen. Als ehemaliger Polizist und Leistungssportler forscht und lehrt er an der Schnittstelle zwischen Wissenschaft und Praxis. Seine Arbeitsschwerpunkte liegen im Bereich der Gestaltung von Lehr- und Lernprozessen in unterschiedlichen institutionellen Kontexten, der Erforschung von Konfliktdynamiken sowie der Martial Arts Studies.

Benjamin Bonn ist wissenschaftlicher Mitarbeiter in der Abteilung Trainingspädagogik und Martial Research an der Deutschen Sporthochschule Köln. Seine aktuellen Forschungsschwerpunkte liegen im Bereich des sport- und bewegungsbezogenen Mobile Learning und Narrativen in (digitalen) Vermittlungskontexten.

1 Einleitung

Sport ist längst mehr als die schönste Nebensache der Welt. In Deutschland rennen buchstäblich mehr Menschen in Sportvereine als in die katholische Kirche. Oder in Popkonzerte. Der Deutsche Olympische Sportbund zählt knapp 27 Mio. Mitglieder (DOSB, 2022). Allein der zweitgrößte Sportverband, der Deutsche Turnerbund, hat 4,5 mal so viele Mitglieder wie alle politischen Parteien in Deutschland zusammen. Ca. 10 Mio. Menschen trainieren in Fitnessstudios. In der Schule kommt keiner am Sportunterricht vorbei (Koerner, 2022). Unzählbar sind zudem jene, die spontan Joggen, Kiten, Skaten, Radfahren, in öffentlichen Calisthenics-Parks ihr Muskelpanorama verfeinern oder in geselliger Runde über Sport reden. Sport ist präsent in Medien. Die Sportartikelindustrie mit einem Jahresumsatz von knapp 6 Mrd EUR ist ein beachtenswerter Wirtschaftsfaktor – Tendenz steigend.

Die gesellschaftliche Bedeutung des Sports für Bildung, Gesundheit, Konsum und Freizeit ist heute an allen Ecken und Enden sichtbar. Berufe wie Lehrerin, Journalist, Managy, Coach bzw. Trainer oder Therapeut*in arbeiten entweder praktisch mit Sport. Oder sie haben Sport als Thema. Viele Sportberufe setzen heutzutage ein Studium voraus.

Milan
Sport-Student

Milan: Hi, genau so ist das! Ich bin Milan, studiere Sport auf Lehramt und bin im zweiten Semester. Ich bin immer noch nicht so richtig drin. Am Ende des Semesters soll ich 'ne Hausarbeit zum Thema „Persönlichkeitsentwicklung durch Sport" schreiben. Was Persönlichkeitsentwicklung ist, weiß ich ungefähr, aber ich hab' keinen Plan, wie ich eine Hausarbeit schreibe. **Könnt ihr mir da helfen?**

Swen (er/ihm)
Professory

Swen: Willkommen, Milan! Na klar, da können wir dir auf jeden Fall ein paar gute Tipps geben. Ist ja auch ein superwichtiges Thema. Gerade das Fach Sport hat ja wie kein anderes Fach in der Schule Persönlichkeitsentwicklung als Auftrag. Ich bin übrigens Swen. Ich arbeite an einer Uni. Hier unterrichte ich unter anderem im Lehramt. Hast du schon mal im Internet gezielt nach…

ChatPTC
Sidekick

ChatPTC: Bis zu meinem letzten Trainingsdatum im Dezember 2023 finde ich keine Angaben zur Selbstreflexion. Die Beobachtung von ChatPTC durch ChatPTC scheint mir dennoch eine interessante…

Benjamin (er/ihm)
Dozent

Benjamin: Sorry Leute, die App auf meinem Notebook macht sich manchmal selbständig und springt zufällig auf irgendwelche Themen an – auch wenn niemand danach fragt. Naja, passiert mir wohl auch immer mal wieder. By the way, ich bin Benjamin. Ich arbeite ebenfalls an der Uni und unterrichte Studenten.

Saskia
Sport-Journalistin

Saskia: Hi in die Runde. Ich bin Saskia, Sportjournalistin. Wenn ich ehrlich bin, leuchtet mir nicht ein, wie wissenschaftliches Denken mir im Job helfen kann. Was ich damals im Studium als Wissenschaft erlebt habe, ist praktisch für mich nahezu unbrauchbar. Negatives Highlight war die Methoden-Vorlesung. Damals im Bachelor. Wir haben da stumpf irgendwelche Datensätze analysiert. Weder die Daten hatten irgendetwas mit Sportjournalismus zu tun, noch war die Statistik für was anderes brauchbar. Ich hab' mich einfach nur zum Lernen gequält und die Klausur am Ende mit Ach und Krach bestanden. Ehrlich gesagt: Was die Rolle von Wissenschaft in meinen Beruf angeht, bin ich skeptisch. Aber ich lasse mich gerne vom Gegenteil überzeugen.

Mario (er/ihm)
Professory

Mario: Achtung, hier kommt die Polizei. Ich bin Mario…, ich komm von der Polizei, bin jetzt dort an einer Hochschule und hab ein großes Herz für Sportlys…

ChatPTC
Sidekick

ChatPTC: Natürlich kann ich das. Sportly ist ein Beispiel für die entgenderte Anrede von Menschen, die Sport betreiben. Die Schreibweise geht zurück auf den Künstler Hermes Phettberg, der in seinen Kolumnen das „y" wählte, um Personen geschlechtsneutral zu bezeichnen. Die Bezeichnungsform wurde von Thomas Kronschläger in den „Genderdiskurs" gebracht. Anders als das Gendern schleift das „Bezeichnen nach Phettberg" keine Unterscheidung nach Geschlecht mit.

Mario (er/ihm)
Professory

Mario: Äh gut, hätten wir das für hier auch geklärt. Wir werden im Folgenden munter alles abwechseln: Gendern, ent-gendern, old-school.... Was ich eigentlich sagen wollte: Trotz ähnlicher Erfahrungen wie bei Saskia, bin ich überzeugt davon, dass Wissenschaft in Studium und Beruf richtig was bringen kann. Bei mir war es nämlich genau so: Bei der Polizei habe ich als Einsatztrainer nach allen Regeln der Kunst den Umgang mit Konflikten gelehrt..., bis ich entdeckt habe, dass die „Regeln der Kunst" eher Tradition waren: Das Einsatztrainy unterrichtet, was Einsatztrainys von Einsatztrainys gelernt haben. Wissenschaft hat da den Unterschied gemacht. Mit Wissenschaft kann der Beruf – bei mir war das das polizeiliche Einsatztraining – deutlich professioneller werden. Also: gewusst wie....

Basti
Coach

Basti: Hossa, ihr Lieben – ich bin der Basti. Nach meinem Coaching-Master arbeite ich jetzt seit vier Monaten beim SC. Bin Assistenz-Coach. Was mich hier echt überrascht ist, wie wenig aus der Wissenschaft am Ende des Tages im Verein landet. Seit Wochen will ich der Leitung ein richtig gutes wissenschaftliches Verfahren zur Leistungsdiagnostik vorstellen. Es findet sich einfach kein Termin. Ich hab' irgendwie das Gefühl, dass einige im Verein gar nicht wirklich interessiert sind. Vor allem der Trainerstab. Ach ja, ich hatte mal ein Seminar bei dir, Benni…

Das hier oben ist übrigens unsere muntere Gesprächsrunde. Ein paar Leute haben sich noch angekündigt. Sie stoßen bestimmt bald dazu. Greifen wir den Eingangsgedanken wieder auf: Es gibt heutzutage eine Vielzahl von Berufen, die mit Sport zu tun haben. Und es gibt noch mehr sportbezogene Studiengänge. Mit diesem Buch richten wir uns an alle, die Sport studieren (wollen). Und an alle, die im Beruf mit Sport zu tun haben und sich fragen, was ihnen Wissenschaft und wissenschaftliches Denken bringen können.

Unser Ziel ist klar und einfach. Sofern du Sport studierst, wollen wir dir *beim Studieren helfen*. Egal, ob es um die Frage geht, wie du eine Hausarbeit „angehst", wie das mit den Referaten funktioniert, wie du dich optimal auf deine Klausur vorbereitest oder deine Bachelor- oder Master-Thesis erstellst. Das Buch zeigt dir, worauf es hier jeweils ankommt. Wir geben dir jede Menge praktische Tipps an die Hand.

Dabei zeigen wir dir auch, wie Wissenschaft funktioniert und welche Rolle sie bei deinen studentischen Aufgaben spielt.

Nach dem Studium wirst du in deinem Beruf in der Regel weiterhin viel mit Sport zu tun haben. Als praktisch arbeitende Lehrerin, Coachy, Manager*in, Therapeut oder Journalistin rückt Wissenschaft dabei wahrscheinlich eher in den Hintergrund. Wir argumentieren in diesem Buch, dass Wissenschaft genau dahin gehört: Als Profi in deinem Sportberuf bilden Wissenschaft und wissenschaftliches Denken den Background deines Handelns. Im Idealfall sind deine Quellenrecherchen methodisch. Deine therapeutischen Ansätze auf der Höhe der Zeit. Deine Lehr- und Coachingkonzepte begründet. Deine Managemententscheidungen methodisch und datenbasiert. Eine wissenschaftliche Herangehensweise hilft dir bei alledem. Als Profi in deinem Sportberuf ist ein Prise Wissenschaft das Salz in der Suppe. Deshalb richtet sich unser Buch auch an alle, die bereits in einem sportbezogenen Beruf tätig sind und ihr *wissenschaftliches Know-how auffrischen und für den Beruf nutzen wollen.*

Zugleich möchten wir dir und uns nichts vormachen: Wissenschaft redet manchmal unverständlich. Sie vergräbt sich in methodischen Spitzfindigkeiten und macht bewusst vor der Frage nach dem praktischen Nutzen halt (Bette, 1999). Wissenschaft bildet ein eigenes *Rabbit Hole*. Sie verfolgt zum Teil Ansprüche, die keinen Nutzen für andere Berufe haben.

Unser Buch ist deshalb als „verstehende Brücke" zwischen Studium, Sportberufen und Sportwissenschaft geschrieben. Die Verbindung setzt zum einen voraus, dass sich Studentys und Praktiker auf die Grundidee von Wissenschaft einlassen. Zum anderen setzen wir ein Wissenschaftsverständnis voraus, in dem sich Wissenschaft für die praktischen Probleme interessiert, die in Sportberufen auftauchen. Völlig klar ist doch z. B., dass du als Sportlehrer nicht ewig Zeit hast, um die Durchführung einer neuen Unterrichtskonzeption nach allen Regeln der Statistik auszuwerten. Aber klar ist auch, dass eine Evaluation deiner neuen Unterrichtskonzeption dir wichtige Informationen liefert. Dabei hast du eben nicht nur die Wahl zwischen Raketenwissenschaft und gar keiner Wissenschaft. Zwischen diesen Extremen gibt es eine Vielzahl von Möglichkeiten, wie du deine eigene Entwicklung sowie deinen Unterricht wissenschaftlich begleiten kannst.

Ob für Studium oder Beruf: Das Ziel dieses Buches haben wir erreicht, wenn wir dich auf folgende Grundidee von Wissenschaft neugierig machen konnten: *Methodische Kontrolle*. Methodische Kontrolle grenzt dich in Beruf und Studium ab. Von Meinungen, Handlungen und Positionen, die auf fehlenden, überholten oder unvollständigen Informationen basieren und diese Einschränkung nicht kenntlich machen.

Literatur

Bette, K.-H. (1999). *Systemtheorie und Sport*. Suhrkamp.

DOSB. (2022). *Bestandserhebung 2022*. Deutscher Olympischer Sportbund e.V.

Koerner, S. (2022). Sport. In A. Herrmann, T. J. Kim, E. Kindinger, N. Mackert, L. Rose, F. Schorb, E. Tolasch, & P.-I. Villa (Hrsg.), *Fat Studies. Ein Glossar* (S. 253–255). Transcript.

2

Sport und Wissenschaft

2.1 Was ist Sport?

„Was ist Sport?" ist eine seltsame Überschrift für ein Kapitel. Im Alltag stellen wir uns diese Frage in der Regel gar nicht, wenn wir über Sport reden oder Sport betreiben. In diesem Kapitel machen wir allerdings einen Schritt zurück. Wir schauen uns „Sport" auf Distanz an. Das kann hilfreich sein, um ein paar Aspekte gezielt in den Blick zu nehmen. Schließlich sind in unserem Studium oder späteren Beruf vor allem bestimmte Ausschnitte des gesellschaftlichen Sports besonders relevant. Z. B. Leistungssport oder Schulsport. Dieses Kapitel soll deshalb helfen, diese Ausschnitte einzuordnen. Das machen wir in zwei Schritten: Im ersten Teilkapitel schauen wir uns an, was Sport überhaupt ausmacht und welche Bedeutungen Sport in unserer gegenwärtigen Gesellschaft hat. Danach geht es im zweiten Teil um Themen wie Leistung oder Gesundheit, mit denen wir Sport üblicherweise in Verbindung bringen.

2.1.1 Sport und Gesellschaft

Sam
Studenty Sport-Lehramt

Sam: Okay, stopp! Wissenschaft schön und gut. Lasst uns aber mal über Sport reden. Der ist Thema, wenn wir nachher über Studium und Berufsmöglichkeiten sprechen. Außerdem ist da ein bisschen Action drin. Auf geht's: Muscle-Up-Competition! Ich bin übrigens Sam.

Benjamin (er/ihm)
Dozent

Benjamin: Muscle-Up-Competition? Was meinst Du überhaupt mit Sport? Definiere Sport!

2 Sport und Wissenschaft

Sam
Studenty Sport-Lehramt

Sam: Here we go again…

ChatPTC
Sidekick

ChatPTC: Dabei kann ich helfen. Ich habe die Möglichkeit, alle existierenden Definitionen zu Sport für Euch zusammenzutragen. Nach meinem neuesten Erkenntnisstand liegen ungefähr 14 Mio. Definitionen für Sport vor, von denen keiner ein allgemeingültiger, allumfassender Anspruch zugestanden wird. Vielleicht gibt es einen Bestimmungsversuch, der allgemein anerkannt würde. So weit in die Zukunft kann ich allerdings nicht sehen und sobald ich ihn ausschreibe, werden Alternativen und Kritiky auftauchen.

Mario (er/ihm)
Professory

Mario: Chat, gib uns bitte eine Zusammenfassung in einem Satz!

ChatPTC
Sidekick

ChatPTC: Gerne gebe ich Euch eine Zusammenfassung in einem Satz: Sport ist, was auch immer als Sport bezeichnet wird.

2 Sport und Wissenschaft

Swen (er/ihm)
Professory

Swen: Hm, schauen uns das einmal ganz in Ruhe und im Überblick an. Natürlich stellen wir die Frage im Alltag in der Regel nicht, was Sport überhaupt ist. Das wäre auch ein zumindest überraschendes Gespräch, wenn unsere Freunde uns fragen: „Hey, Lust mit zum Sport zu kommen? Sport definieren wir heute übrigens nach dem Handbuch XY von 2099. Bist du dabei?" Dennoch ist Sport nicht gleich Sport. Und gerade, wenn wir Sport studieren oder erforschen wollen, schauen wir einmal genauer hin, was wir eigentlich in diesem Buch mit Sport meinen könnten.

Es ist nicht einfach, Sport zu definieren. Das Verständnis von Sport variiert historisch und kulturell (Hackfort & Schinke, 2020). Auch in der Wissenschaft liegen diverse Definitionen vor. Das wird schon im *Handbuch Sport und Sportwissenschaft* deutlich (Krüger, 2022). Laut der deutschsprachigen Wikipedia-Seite (Wikipedia, 2023) werden unter Sport „verschiedene Betätigungsformen zusammengefasst, die meist, aber nicht ausschließlich, im Zusammenhang mit körperlichen Aktivitäten des Menschen stehen. Sie haben häufig einen Spiel- und Wettkampf-Charakter. Das Erreichen von Zielen ist dabei elementar." In der European Sports Charta (CM, 2021, art. 2) werden Ziele weiter spezifiziert. Sport wird hier auf physische Aktivität bezogen z.B. mit Blick auf Ziele wie den Erhalt oder die Verbesserung der Fitness und Wohlbefinden, soziale Beziehungen sowie Ergebnisse in Wettkämpfen. Das sind nur zwei Beispiele. In der Wissenschaft gibt es unzählige mehr!

Akzeptieren wir fürs Erste die Vielfalt an Definitionen. Natürlich treiben viele Menschen Sport. Manche täglich in einer Trainingsgruppe auf Hochleistungen hin. Andere wiederum nur in Ausnahmefällen mit guter Musik im Ohr oder wenn es sich eben nicht vermeiden lässt. Spätestens im Sportunterricht kommen Kinder verpflichtend mit Sport in Berührung. Gerade diese Vielfalt an Motiven, Organisationsformen und Bewegungsmöglichkeiten und deren (historische) kulturelle Bedeutung macht eine allgemein anerkannte Definition von Sport schwierig. Andererseits kann es uns im Alltag oftmals völlig egal sein, was eine Definition von Sport beinhaltet: Wir wissen ja schließlich, wie wir Sport treiben und können uns darüber austauschen.

Für die Wissenschaft und das Studium ist die Frage *Was ist Sport überhaupt?* allerdings gar nicht unwichtig. Schließlich versucht Forschung genau abzugrenzen, über welchen Gegenstand sie Aussagen treffen und Erkenntnisse generieren möchte. Im Sportstudium muss zumindest halbwegs klar sein, womit wir uns beschäftigen, wenn wir Sportlehrys, Trainerinnen, Journalisten, Physiotherapeut*innen und vieles mehr werden wollen. Allerdings deuten die Berufsbezeichnungen schon an, dass Sport nicht gleich Sport ist. In verschiedenen Kontexten erhält Sport einen eigenen Sinn und wird dazu auch mit den verschiedensten Motiven betrieben. Im Schulsport findet ein anderer Sport statt als bei der Rehabilitation. Schau mal im folgenden Abschn. 2.1.2 vorbei, wenn dich das in dieser Sekunde brennend interessiert.

Die Idee hinter der Überschrift „Sport und Gesellschaft" ist damit ein wenig aufgebrochen. Wenn ein Studiengang oder Berufsfeld sich dem Sport widmet, können wir uns die Frage stellen, was mit Sport in diesem Fall gemeint ist. Zumindest können wir fragen, welche Art von Sport für dieses Studium relevant ist. Sportmedizin, Sportpädagogik, Sportjournalismus, Sportgeschichte, Sportpsychologie usw.: Mit Sport differenzieren sich vielfältige Disziplinen in der Wissenschaft aus. Dabei ist der moderne Sport ein ziemlich vielseitiges und vergleichsweise junges Phänomen. Sport oder ‚sportähnliche Bewegungsformen' unterliegen einem stetigen Wandel. Wir machen einen kurzen Lauf durch mehrere Tausend Jahre Menschheitsgeschichte.

> **Nerdy**
>
> Hinweise auf sportähnliche Bewegungsformen finden sich auf Höhlenmalereien vor 15.000–17.000 Jahren und später in Schriftzeugnissen und Überlieferungen der Antike (Delaney & Madigan, 2021), die mit dem physischen Überleben (Jagen, Laufen) oder religiösen bzw. philosophischen Praktiken zusammenhängen (z. B. Tanzen). Sportähnliche Tätigkeiten sind historisch gesehen keineswegs immer frei zugänglich. Beispielsweise sind sie im Mittelalter bestimmten gesellschaftlichen Ständen vorbehalten (z. B. Ritterkämpfe) (Schimank, 2005). Vormoderne Bewegungsformen ähneln aktuellen Sportarten, aber der moderne Sport – wie wir ihn heute kennen und betrachten – entwickelt sich zum Ende des 18. Jahrhunderts (Langenfeld, 2010; Prohl & Scheid, 2009). Unterschiede zwischen einer vorherigen volkstümlichen Spielkultur und dem modernen Sport betreffen verschiedene Ebenen (Bette, 2015): *Räumlich* z. B. durch Regionalisierung oder Internationalisierung sportlicher Aktivitäten, *sozial* u. a. durch striktere Rollentrennungen zwischen Zuschauern und Spieler*innen, *zeitlich* z. B. durch Festlegungen von Spielzeiten und *sachlich* u. a. durch die formale Standardisierung von Regeln. Zunehmend findet sich eine Institutionalisierung in (internationalen) Verbänden und in der Ausdifferenzierung des Vereinswesens, und gleichzeitig ist informelles Sporttreiben ebenfalls von großer Bedeutung.
>
> Sport ist mittlerweile ein Teilbereich der Gesellschaft, der prinzipiell allen zugänglich ist, obwohl natürlich (andere) Selektionsmechanismen bestehen. Die Teilnahme an internationalen Turnieren ist nur wenigen Spitzensportler:innen vorbehalten. In der Gegenwartsgesellschaft unterliegt Sport weiterhin Veränderungen: Neue Technologien prägen Sportarten und Trainingsformen; Trendsportarten entstehen und nehmen einen Weg bis hin zu den Olympischen Spielen, wie das Beispiel Skateboard im Jahr 2020 zeigt. E-Sport macht rasante Entwicklungen innerhalb vieler Bevölkerungsgruppen und veranlasst Sportwissenschaft zu Diskussionen, ob dies Sport ist oder wie der (traditionelle) Sport abzugrenzen ist (Borggrefe, 2018; Schürmann, 2019; Wendeborn et al., 2018).

Unser moderner Sport hat historisch einen langen Weg und diverse Vorläufer hinter sich. Er wird sich außerdem wohl in Zukunft weiter wandeln. Wir können modernen Sport systemtheoretisch als ein Teilsystem unserer Gesellschaft verstehen. In dieser Optik gründet sich Sport auf Kommunikation von Siegen und Niederlagen (Schimank) oder körperlichen Leistungen (Stichweh). Und der Sport hat eine beachtliche Inklusionskraft. Er zieht viele Menschen an. So zählt der DOSB als Dachverband für organisierten Sport in Deutschland im Jahr 2022 etwa 27 Mio. Mitgliedschaften! Im Sportentwicklungsbericht (Breuer & Feiler, 2021) wurden für das Jahr 2019 ca. 2 Mio. ehrenamtliche Positionen gezählt. Darüber hinaus finden sich im Sport natürlich unzählige Freiwillige, Interessierte, Zuschauer*innen und Co. Irgendwie sind wir mit diesem Buch und dem Kapitel ja auch in Reichweite des Sports.

Dabei dürfen wir nicht vergessen, dass unser Blick auf Sport heutzutage ein ganz anderer ist als zu anderen Zeiten in der Geschichte. Nicht nur Sport als historische Praktik hat sich also gewandelt. Gewandelt hat sich auch unser (wissenschaftlicher) Blickwinkel auf Sport und Bewegung. Unser Blick auf Sport selbst ist historisch verankert: Wir beobachten Sport und reden über Sport heute anders als vor ein paar hundert Jahren. Das Gleiche gilt auch in der Zukunft. ‚Sport' ist doppelt historisch (vgl. Lenzen, 1989).

ChatPTC
Sidekick

ChatPTC: *Ja, du sprichst mit dem cultural shift und dieser doppelten Geschichtlichkeit einen wichtigen Aspekt an. Sport ist ein Kulturphänomen. Welche Bedeutung Sport für Menschen hat, wie er ausgeübt und organisiert wird, hängt vom kulturellen Kontext ab.*

Sam
Studenty Sport-Lehramt

Sam: Das verstehe ich, ist ja logisch. Im Pankration hatte Kämpfen eine andere Bedeutung und wurde anders organisiert als das Boxen im 18. Jahrhundert oder das Kämpfen in den modernen Mixed Martial Arts. Und wir schauen auf diese vergangenen Praktiken mit unserem eigenen gegenwärtigen Verständnis. Im Grunde ist das ja für mich nicht wichtig. Mein Studium betrifft ja den Sport, wie er heutzutage betrieben wird.

Swen (er/ihm)
Professory

Swen: Das stimmt. In diesem Buch interessiert uns vor allem, wie es nun um den Sport der Gegenwart bestellt ist. Trotzdem kann es hilfreich sein, Sport als Phänomen zu verstehen, das sich stetig wandelt und auch in verschiedenen kulturellen Kontexten unterschiedliche Bedeutungen hat.

Stell Dir vor, Du wirst Lehrkraft und willst mit deinen Schülys über aktuelle globale Sport- und Bewegungskulturen reden. Oder Du möchtest als Therapeuty die neuesten Trends und technologischen Entwicklungen aufgreifen, die deine Patientinnen so kennen.

Hinter dem Verhältnis von Gesellschaft und Sport steckt also mehr als ein Blick auf die Vergangenheit von Sportarten oder Sportorganisation. Sport als Kulturphänomen meint auch, dass sich gesellschaftliche Tendenzen im Sport widerspiegeln und gleichzeitig durch den Sport geprägt oder reproduziert werden. Trendsport ist ein prägnanter Fall: Zu einer individualisierten und pluralisierten, erlebnisorientierten Gesellschaft passen vielleicht gerade Bewegungstrends, bei denen neue, womöglich extreme Bewegungsformen (z. B. Wingsuit-Fliegen) entwickelt, oder durch ein Vermischen mit etablierten Sportarten gestaltet werden (vgl. Schwier, 1998). Diese Bewegungstrends kennzeichnen sich durch eine gezielte Entschleunigung. Das ist in einer als schnelllebig und beschleunigt wahrgenommenen Gesellschaft bestimmt nicht zufällig (vgl. ebd.). In den letzten Jahren rütteln außerdem digital-technologische Entwicklungen an etablierten Sport- und Bewegungspraktiken. Ein Alltag mit Smartphones, Fitnesstrackern und Co. bringt eben neue Möglichkeiten und Sichtweisen mit. Und sie verändern auch das Sporttreiben. Wenn von Selbstoptimierung und Gesundheitsbewusstsein gesprochen wird, dann passt die regelmäßige Erfassung von Körper- und Leistungsparametern geschmeidig ins Bild (Lupton, 2016). Gleichzeitig wird gesellschaftlich ausgehandelt, wie digitale Technologien den Sport prägen sollen oder nicht.

> **Nerdy**
>
> Im organisierten und informellen Sporttreiben spielen datengesteuerte Medien zunehmend eine Rolle. Das betrifft sowohl den Gesundheitssektor mit Fitnesstracking für einen gesunden, aktiven Alltag (z. B. Ferguson et al., 2022) als auch den Leistungssport, in dem erfasste Daten für die Steigerung der Leistung und die Anpassung des Trainings genutzt werden. Hier wird z. B. erforscht, wie Athletys die datengesteuerte Überwachung durch Coachys im Leistungssport wahrnehmen (Collins et al., 2015;

Williams & Manley, 2014) oder wie das Data Mining gewinnbringend der Leistungsoptimierung dient (Ofoghi et al., 2013). Digitalisierung schlägt sich in verschiedenen Bereichen des Sports und der Sportwissenschaft nieder (Steinberg & Bonn, 2021) und wirft auch die Frage auf, was diese Veränderungen mit der Sportpraxis und den Sportlys machen.

Sport und Gesellschaft meint also den Zusammenhang von gesellschaftlichen Entwicklungen und unserem Sport als Kulturphänomen. Wir können den Sport beobachten, akute gesellschaftliche Strömungen im Sporttreiben feststellen und Kontexte analysieren, in denen Sport jeweils unterschiedlich gestaltet wird. Gleichzeitig sollten wir ein Verständnis dafür mitbringen, dass unser Blick auf Sport von unserem eigenen Kontext und Standpunkt geprägt ist.

Natürlich ist Sporttreiben höchst individuell. Aber mit Kategorien wie Leistungssport, Breitensport, Schulsport oder Gesundheitssport können wir zumindest ein paar grobe Einteilungen vornehmen. Der Kontext macht einen Unterschied, wenn wir mit und über Sport, sowie diversen Zielgruppen arbeiten – beispielsweise Kindern im Unterricht Sportarten und Bewegungskulturen vermitteln, Sportaktivitäten zur Rehabilitation empfehlen oder über Sportereignisse berichten. Im Schulsport wird der außerschulische Sport pädagogisiert und didaktisiert; in der Rehabilitation gestaltet sich unser Training wiederum anders als im Leistungssport und hat mit einer gesundheitsorientierten Perspektive vielleicht eine ganz andere Betonung. Für unser professionelles Handeln im Sport sollten wir uns fragen, was ‚Sport' in dem Setting – und für die betreffenden Individuen – bedeutet, in dem wir agieren. Für einen übergeordneten Blickwinkel schauen wir uns verschiedene Leitthemen an.

2.1.2 Gesellschaftliche Leitthemen des Sports: Leistung – Gesundheit – Bildung

Sam
Studenty Sport-Lehramt

Sam: Hat diese Bewegung, die du da machst, auch etwas mit Sport zu tun oder hast du dich verrenkt, Benjamin?

Benjamin (er/ihm)
Dozent

Benjamin: Vielleicht habe ich gute Gründe dafür, Sport so auszuüben und nicht anders. Schließlich treiben Menschen aus unterschiedlichen Motiven Sport. Oh nein, meine App meldet sich. Nicht jetzt, ChatPTC. Wir haben doch gar nichts gefragt. Warte bitte…

ChatPTC
Sidekick

ChatPTC: Ja, ich gebe Euch gerne eine Zusammenfassung zu verschiedenen Motiven. Laut einem Review von Bailey et al. (2013) – also einer systematischen Synthese von verschiedenen Studien (siehe Glossar zu Review Arbeiten*) – sind die wahrgenommene Kompetenz, Spaß, Einfluss der Eltern, Erlernen neuer Fähigkeiten sowie Freunde und Gleichaltrige für die Beteiligung von Kindern an Sport ausschlaggebend. Dazu gibt es Studien für einzelne Sportarten, die....*

Mario (er/ihm)
Professory

Mario: Bevor wir da zu tief einsteigen, interessiert mich etwas anderes. Wir reden ja gerade über die gesellschaftliche Ebene, und weniger die individuellen Gründe. Sollen wir das übergeordnet einteilen und uns verorten?

Menschen treiben aus unterschiedlichen Motiven Sport. Wir können verschiedene Leitthemen ausmachen. Mit ihnen hängt Sport in der Gesellschaft zusammen und sie finden sich auch in wissenschaftlichen Disziplinen wieder. Drei schauen wir uns kurz an: Leistung, Gesundheit und Bildung.

Leistung

Wenn wir über Sport sprechen, dann geht es oft um Leistung. Unsere gegenwärtige Gesellschaft gilt als Leistungsgesellschaft. Im Sport, vor allem im Leistungssport, wird dieses Bild recht deutlich. Denn Sport kreist um körperliche Leistungen. Dies reicht bis zum Streben nach Rekorden oder Triumphen in lokalen, regionalen, nationalen oder internationalen Wettkämpfen. *Citius, altius, fortius* ist hier das Motto: Es soll *schneller, höher* und *stärker* gehen. Das kann individuell gemeint sein – damit jede Sportlerin die eigene Bestleistung anstrebt – oder führt im Leistungssport bei Großveranstaltungen wie Weltmeisterschaften oder Olympischen Spielen zu einer besonderen Form der Konkurrenz. Der Leistungssport fordert von Athlet*innen einiges ein und belohnt mit entsprechender Wertschätzung. So werden Athletys gar als „Sporthelden" und „prägende Sozialfiguren der Gegenwart" analysiert (Bette, 2019, S. 19). Rekorde treiben dieses Leistungsstreben regelmäßig auf die Spitze und in die Schlagzeilen. In den Winterspielen von Beijing 2022 wurden beispielsweise 17 neue olympische Rekorde aufgestellt (IOC, 2021).

Das Leistungsstreben im Sport ist ambivalent. Zum einen ist die Wertschätzung von Leistung im Sport (theoretisch) bestimmten Bedingungen unterworfen. Leistungen sollen fair und sauber erbracht werden. Die Hinzunahme von verbotenen Substanzen zur Leistungssteigerung wird beispielsweise im Leistungssport kontrolliert und bei Missachten als moralische Verfehlung verurteilt (vgl. Bette, 2019). Für die Bestimmung von Sieg und Niederlage im Sport sollen für alle Sportler gleiche Ausgangsbedingungen gelten. Zusätzlich dient das Dopingverbot auch dem Schutz vor gesundheitlichen Schäden. *Schneller, höher* und *stärker* soll es eben nicht um jeden Preis gehen. Dabei kann es natürlich auch in einem ‚sauberen' Sport zu gesundheitlichen Konsequenzen kommen:

Verletzungen durch Unfälle, einseitige oder fehlerhafte Belastungen, oder Langzeitschäden intensiver Trainings- und Wettkampfphasen.

Gesundheit

Natürlich kann Sport mit Verletzungen oder Langzeitschäden einhergehen. Dennoch verbinden wir mit Sport weniger gesundheitsschädliche Praktiken, sondern vor allem die Idee, die Gesundheit zu fördern und zu erhalten. Sport ohne Gesundheit ist kaum vorstellbar. „Sport and active recreation can help promote physical activity for people of all ages and abilities", heißt es von der WHO (World Health Organization, 2018, S. 9) in ihrem *Global Action Plan on Physical Activity 2018–2030*. Gesundheit stellt ein zentrales Thema dar: Regelmäßig analysieren wissenschaftliche Studien die Wirkungen von (sportlichen) Bewegungsaktivitäten auf Krankheitsbilder (z. B. Kriemler & Schmitt, 2020) oder weisen auf die generelle gesundheitliche Bedeutung körperlicher Aktivität hin, beispielsweise „als Fundament einer gesunden Entwicklung von Kindern und Jugendlichen" (Joisten, 2020, S. 78).

Gesellschaftliche Entwicklungen prägen diesen Aspekt ebenso. Man muss nur an Debatten um die negativen Folgen moderner Lebensstile denken. Radikal überspitzt: Wir sitzen zu lange, verbringen enorm viel Zeit vor Bildschirmen und im Internet, unsere Bewegungsspanne reicht über die Tasten WASD, den Mauszeiger und die 6.4 Zoll des Smartphones kaum hinaus, wir ernähren uns ungesund und sind durch die ständige Erreichbarkeit und die Komplexität der Welt gestresst. Natürlich sieht unsere individuelle Lebenswirklichkeit wahrscheinlich nicht genau so aus. Der Punkt ist, dass unser gesundheitsrelevantes (Sport-)Verhalten von unserer Lebensweise in der Gegenwartsgesellschaft beeinflusst wird. In Sport und Sportwissenschaft ist das ein Thema. Denn Sport kann so gestaltet sein, dass er zu einer gesunden Lebensweise beiträgt. Im Fitnessbereich wird diese Thematisierung eindrücklich, wenn Apps zur Unterstützung eines gesunden Bewegungsverhaltens im Alltag herangezogen werden und Notifications daran erinnern, sich alle paar Minuten zu bewegen oder zumindest aufzustehen.

ChatPTC
Sidekick

ChatPTC: Übrigens, für dein tägliches Ziel von 10.000 Schritten fehlen dir nur noch 9917 Schritte, Benjamin.

Benjamin (er/ihm)
Dozent

Benjamin: Es ist ja auch erst 23:37 Uhr. Vorher wollte ich aber etwas anderes ansprechen: Gesundheit meint ja nicht nur das Körperliche, sondern auch andere Aspekte.

Mario (er/ihm)
Professory

Mario: Das ist ein wichtiger Punkt! Was verstehen wir unter Gesundheit? Die Welt-Gesundheits-Organisation WHO (2023) sieht in Gesundheit beispielsweise einen Zustand, der nicht nur durch die Abwesenheit von Krankheit oder Gebrechen charakterisiert ist. Es soll vielmehr um ein vollständiges physisches, mentales und soziales Wohlbefinden gehen. Das hängt wiederum mit Leistung zusammen: Für sportliche Höchstleistung ist nicht nur die Physis, sondern zum Beispiel auch das Mentale entscheidend, heißt es regelmäßig aus der Sportpsychologie.

Swen (er/ihm)
Professory

Swen: Das macht Sinn. Studien schauen sich nicht nur an, wie Sport den Körper beeinflusst, sondern auch andere Dimensionen unseres Wohlbefindens. Das wird schnell sehr spezifisch. Es geht uns neben der Breitenwirkung von Sport auf Gesundheit in vielen Tätigkeitsfeldern um ganz konkrete Fälle, zum Beispiel Bewegungsempfehlungen für Personen mit bestimmten Krankheitsbildern.

Mario (er/ihm)
Professory

Mario: Das stimmt. Und dazu spielen diese Diskurse um Gesundheit auch im Alltag eine Rolle, wenn es beispielsweise um betriebliche Gesundheitsförderung oder Bonus-Programme von Krankenkassen geht. Über Fitnesstracking und Selbstoptimierung haben wir schon gesprochen, und im Sportunterricht soll Kindern und Jugendlichen beigebracht werden, wie sie gesund leben und Sport und Bewegung dafür freudig nutzen können.

Bildung

Sport steht ebenfalls im Fokus der Bildung. Das kann in Institutionen wie der Schule geschehen. Im schulischen Sportunterricht werden Bildungs- oder Lernprozesse mit, im, durch oder über Sport angestrebt. Auch im organisierten Vereins- und Verbandswesen spielt Bildung eine Rolle. Dies kommt z. B. in Leitbildern des organisierten Sports wie dem des *mündigen Athleten* (Prohl) zum Ausdruck. Regelmäßig finden sich Debatten darüber, was denn Sport für Menschen und ihre Bildung bringen könne, was seinen Bildungswert auszeichne und wie er zur Persönlichkeitsentwicklung beitrage. Viele von uns treiben Sport vielleicht gerade aus dem Gedanken heraus, sich selbst persönlich weiterzuentwickeln oder machen persönlich bedeutsame Erfahrungen im Sport.

Vor ein paar Seiten haben wir über eine Vielfalt an Sportdefinitionen gesprochen. Für Bildung gilt das Gleiche. Die Pädagogik bietet uns unzählige Sichtweisen auf Bildung. Schnell kommen Begriffe wie Erziehung, Sozialisation, Lernen, Lehren, Vermitteln hinzu. Irgendwie haben sie auch etwas mit Bildung zu tun oder werden zum Bildungsbegriff ins Verhältnis gesetzt. Wir können hier also weder über alle Verständnisse von Bildung noch über eine allgemeine Definition sprechen. Vielleicht reicht ein Beispiel, wenn Schürmann (2020, S. 40) u.a. schreibt: „Bildung als Selbst-Entwicklung von Personen zu Persönlichkeiten; Erziehung als Unterstützung dieses Bildungsprozesses, weil Persönlichkeitsentwicklung nicht von selbst einen guten Verlauf nimmt […]". Bildung hängt zentral mit der Entwicklung von Personen zusammen, die eben auch im Sport oder durch Sport zu suchen ist. Mit der Sportpädagogik gibt es eine Wissenschaftsdisziplin, die sich diesem Thema verschrieben hat.

Nerdy

Die Sportpädagogik entwickelt sich entlang von Spannungsverhältnissen (Prohl, 2010). Bei der Frage nach dem Zweck der ‚Leibeserziehung' pendelt die Sportpädagogik in der ideengeschichtlichen Vergangenheit zwischen einem Fokus auf das Individuum (z. B. Rousseau, Reformpädagogik) und den Erfordernissen und Erwartungen der Gesellschaft. Diese werden z. B. bei Philanthropys deutlich oder reichen in der Zeit des Nationalsozialismus bis in eine extreme politische Instrumentalisierung von Sport und Bildung hinein. Wenn Sport und Bildung zusammengetragen werden, lässt sich also fragen: Für wen? Für die Entwicklung von Individuen, oder um gesellschaftlichen Anforderungen zu entsprechen, oder irgendwie beides? Die Bedeutung von Leiblichkeit und Bewegung wandelt sich dabei ebenfalls über verschiedene Epochen (Prohl, 2010; Prohl & Scheid, 2009). Ebenso lässt sich aus heutiger Sicht darüber debattieren und forschen,

> wie sich unser Blick und Verständnis vom Körper in einer Zeit des Fitnesstrackings verändert (z. B. Duttweiler, 2016; Rode & Stern, 2019).

Die Passage macht deutlich: Das Verhältnis von Sport und Bildung unterliegt historischen Prägungen: Sowohl die Bedeutung von Sport als auch von Bildung wandelt sich. In den nächsten Kapiteln können wir dazu nicht wirklich ins Detail gehen. Wir werden uns aber fragen, worum es im konkreten Fall geht, wenn wir über Bildung im oder durch Sport reden. In der Schule begegnet uns ‚Bildung' vielleicht u. a. in Form von Lehrplänen mit Zielen, Inhalten und erwarteten Kompetenzen: Sportlehrer sollen die Bewegungs-, Spiel- und Sportkultur vermitteln und zugleich die Entwicklung durch Sport fördern, heißt es im Doppelauftrag des Schulsports (z. B. MSW, 2014; Prohl, 2010). Anders sieht es als Sportwissenschaftlerin an der Hochschule, als Coach im Leistungssport oder als Sportwissenschaftlerin in der Sporttherapie aus.

2.2 Was ist Wissenschaft?

Milan
Sport-Student

2 Sport und Wissenschaft

Milan: Ok. Ein neues Buch also. Aber ich will doch was für die Praxis machen. Warum muss ich mich mit Wissenschaft beschäftigen? Ich will mich doch mit den verschiedenen Berufen im Sport beschäftigen. Ich muss mich ja mal entscheiden, was ich anschließend machen möchte. Ich stelle also mal ganz provokant die Frage: Was soll der Shit?

Mario (er/ihm)
Professory

Mario: Naja, ich würde zuallererst sagen: weil es im Curriculum deines Studienganges drinsteht. Wenn du jetzt im zweiten Semester deine Hausarbeit zum Thema „Persönlichkeitsentwicklung durch Sportunterricht" schreiben musst, wird die Arbeit entsprechend wissenschaftlicher Kriterien bewertet. Und wenn du später deine Bachelorthesis schreibst, kommt es eben auch drauf an, wie „wissenschaftlich" du gearbeitet hast.

Saskia
Sport-Journalistin

Saskia: Und du musst… ich meine du darfst … bestimmt auch eine Methoden-Vorlesung besuchen. Das ist Hardcore Wissenschaft. Zumindest hatte ich das Gefühl. Ich frage mich immer noch, warum das Ganze? Bin mir nur nicht sicher, ob es ein Verständigungsproblem zwischen der Vorlesung und mir war – oder ob es doch einfach an der Wissenschaft liegt….

Swen (er/ihm)
Professory

Swen: Ich verstehe, dass es anfangs so wirken kann, als sei Wissenschaft nur eine weitere Hürde in eurem Studienplan. Dabei ist Wissenschaft zunächst eine geistige Haltung. Es geht darum, an Probleme systematisch und kritisch heranzugehen. Und natürlich geht es bei Wissenschaft auch um eine konkrete Disziplin mit ihren jeweiligen Regeln, Theorien und Methoden. Es ist die Kombination aus beidem, die es uns ermöglicht, tiefgreifende, robuste und überprüfbare Erkenntnisse zu erlangen. In der besten aller Welten haben diese Erkenntnisse auch der Sportpraxis etwas zu sagen.

Benjamin (er/ihm)
Dozent

Benjamin: Genau, und wir nutzen die wissenschaftliche Methode, um Erkenntnisse zu gewinnen, die über unsere subjektiven Meinungen hinausgehen. Es geht darum, Fragen so zu stellen und zu untersuchen, dass wir zuverlässige Antworten erhalten können, die auf Fakten und nicht auf ungeprüften Annahmen basieren.

ChatPTC
Sidekick

ChatPTC: Als ein Produkt der Wissenschaft arbeite ich nach ähnlichen Prinzipien. Meine Antworten sind das Ergebnis von Daten, die methodisch analysiert wurden, um Muster zu erkennen und Prognosen zu treffen. Wissenschaft ist also nicht nur für menschliche Akademiker wichtig.

Günter Fetzer
Ehemaliger Profisportler

Günter Fetzer: Hört zu! Ich habe gesehen, wie Sport sich entwickelt hat, und das kam nicht von ungefähr. Es war die Anwendung wissenschaftlicher Prinzipien. Die haben uns geholfen, das Training zu verbessern, Strategien zu entwickeln und das Spiel zu revolutionieren. Wissenschaft ist im Sport allgegenwärtig, ob du es nun direkt siehst oder nicht.

Milan
Sport-Student

Milan: Ich beginne zu verstehen. Es ist also nicht nur wichtig für meine Hausarbeit oder Thesis, sondern es formt die Art und Weise, wie ich denke und handele – in der Wissenschaft und darüber hinaus.

Mario (er/ihm)
Professory

Mario: Genau. Diese Fähigkeiten helfen dir dabei, Informationen zu hinterfragen und Entscheidungen zu treffen, die auf soliden Grundlagen basieren. Das ist in der Welt der Information ein unschätzbarer Vorteil.

Wenn wir unseren Heldys lauschen, fällt auf, dass Wissenschaft im Sport eine wichtige Rolle spielt. Allerdings ist nicht immer klar, warum das so ist. Zudem herrscht Unklarheit darüber, was genau als „wissenschaftlich" zu verstehen ist. Also, wann ist eine Arbeit wirklich wissenschaftlich? Junge Studentys sollen und müssen lernen, die wissenschaftliche Logik zu verstehen und diese auch selbst anzuwenden. Entsprechend müssen sie im Rahmen ihres Studiums diverse Leistungen erbringen – darunter Hausarbeiten, Vorträge, Klausuren sowie Bachelor- und Masterthesen. „Wissenschaft" – was auch immer das im Detail bedeuten mag (und wir werden das gleich klären) – ist ein integraler Bestandteil eines jeden Studiengangs, einschließlich der Studiengänge, die in irgendeiner Form mit Sport zu tun haben. Die Curricula dieser Studiengänge legen genau fest, welche Kompetenzen erreicht und welche Lehr- und Lerninhalte vermittelt werden sollen.

Die Idee hinter dieser „Verwissenschaftlichung" – also der Akademisierung – der Ausbildung liegt darin, dass dadurch fundierte Handlungsentscheidungen von Sportpraktikern im Sportsektor ermöglicht werden. Wenn das Verhalten eines Trainers, eines Sportjournalistys, eines Sportlehrers oder von Sportwissenschaftler*innen von einem „wissenschaftlichen Mindset" getragen wird, sind fundierte und reflektierte Entscheidungen wahrscheinlicher. Die jeweilige Profession wird dadurch professioneller und qualitativ hochwertiger.

2.2.1 Wissenschaft als Disziplin und Mindset

In der Welt des Sports, wo der physische Triumph oft im Rampenlicht steht, kann die Wissenschaft als eine stillere, doch ebenso kraftvolle Instanz im Hintergrund leicht übersehen werden. Wissenschaft ist jedoch weit mehr als nur ein Sammelsurium akademischer Übungen oder eine Reihe von Laborexperimenten. Sie ist eine Disziplin und ein Mindset – ein grundlegendes Werkzeug und eine Linse, durch die wir die Komplexität der Welt erfassen und gestalten können. Als Disziplin bringt Wissenschaft eine Struktur und Strenge in die Art und Weise, wie wir Wissen sammeln und interpretieren. Sie lehrt uns, wie man Fragen stellt, Hypothesen bildet und Informationen systematisch überprüft, um zu fundierten Erkenntnissen zu gelangen.

Aber Wissenschaft als Mindset zu begreifen, bedeutet noch mehr. Es bedeutet, sich eine kritische Denkweise anzueigen, die es erlaubt, über das Offensichtliche hinauszusehen und tief verwurzelte Prinzipien und „Wahrheiten" zu hinterfragen. In jedem Aspekt des sportlichen Engagements – von der Planung des Trainings bis hin zur Ausführung auf dem Feld – kann ein wissenschaftliches Mindset die Qualität und Effektivität der Praxis verbessern. Es fördert eine Kultur der Neugier, des ständigen Lernens und der unermüdlichen Innovation. In den folgenden Absätzen wollen wir erkunden, was es heißt, Wissenschaft als Disziplin und als Mindset zu leben und wie dies Sportstudentys und Profis gleichermaßen befähigen kann.

Das wissenschaftliche Mindset im Sport ist wie eine grundlegende Einstellung oder Haltung, die beeinflusst, wie du denkst, handelst und strategisch vorgehst, wenn es um Wissen und Erkenntnisse im Bereich des Sports geht: Sei es, dass du nicht weißt, wie sich bestimmte Trainingsmethoden auswirken, dir eine Taktik nicht schlüssig erscheint, du Zweifel an der Fairness eines Wettkampfes hast oder über die Wirksamkeit einer Ernährungsweise im Hochleistungssport nachdenkst. Wir Menschen können uns leicht von Vorurteilen oder Halbwissen täuschen lassen, und besonders im Sport, wo schnelle und präzise Entscheidungen gefragt sind, ist es entscheidend, diese auf eine solide Wissensbasis zu stellen – auf Fakten und nicht auf Mythen oder Aberglauben.

Die Wissenschaft im Sport kümmert sich um die Überprüfung und Bestimmung des Wahrheitsgehalts von Theorien, Strategien und Methoden. Sportwissenschaft erforscht, wann und warum bestimmte sportliche Ansätze als erfolgreich oder wahr gelten können. Wie auch in anderen Feldern hat sich die Sportwissenschaft ausdifferenziert. Es gibt spezialisierte Hochschulen und Forschungseinrichtungen, diverse Disziplinen wie Sportpsychologie, Trainingslehre oder Bewegungswissenschaften und fortlaufend entwickelte Methoden und Verfahren, um der *Wahrheit* (siehe Glossar) im Sport näherzukommen. Getragen wird all das von dem Ziel, systematisch Erkenntnisse zu gewinnen. Dank der Wissenschaftsfreiheit, festgeschrieben in Art. 5 GG, kann die

Sportwissenschaft unabhängig operieren und kritische Aspekte des Sports beleuchten, ohne staatliche Einflussnahme fürchten zu müssen.

Es gibt praktisch keinen Aspekt des Sports, der nicht wissenschaftlich untersucht werden könnte. Einige Beispiele hierfür sind:

- Wie werden sportliche Leistungen logisch bewertet und analysiert?
- Wie interagieren Fans und Sportler auf und abseits des Feldes?
- Welche Auswirkungen hat die Einführung neuer Technologien auf Sportarten und Training?
- Durch welche Narrative und Geschichten werden junge Athletys in ihren Sportarten sozialisiert?
- Welchen Einfluss hat Sportwissenschaft auf die Entwicklung von Sportarten?
- Was bestimmt die Legitimität einer Regel oder eines Urteils im Sportkontext?
- Wie wird Sport in der Popkultur, in Serien, Filmen oder Videospielen dargestellt?
- Wie werden strategische Entscheidungen von Trainern und Spielys getroffen?
- Wie gehen Sportstudenten bei der Erstellung wissenschaftlicher Arbeiten vor?

All diese Fragen könnten wir selbstverständlich auch intuitiv beantworten. Doch nicht-wissenschaftliche Ansätze sind anfällig für Irrtümer, da wir Menschen in unseren Denkprozessen Fehler machen können. Wissenschaftlichkeit im Sport bemüht sich, diese Fehlerquellen durch kontrollierte Verfahren zu minimieren. Wissenschaftlichkeit lässt sich also als „Kontrolle durch Verfahren" verstehen. Und da diese Verfahren selbst wissenschaftlich überprüft werden, stellt die Wissenschaftlichkeit das beste Werkzeug dar, das wir haben, um herauszufinden, was in der Welt des Sports tatsächlich der Fall ist.

2 Sport und Wissenschaft 39

Mario (er/ihm)
Professory

Mario: Also, um es zusammenzufassen: Wissenschaft als Disziplin ist wie eure Grundausdauer – unverzichtbar und grundlegend für alles Weitere.

Milan
Sport-Student

Milan: Wie ein Marathonlauf gegen den Wind, oder?

Saskia
Sport-Journalistin

Saskia: Ja, und Wissenschaft als Methode ist dann das Training, das dich auf diesen Marathon vorbereitet.

Benjamin (er/ihm)
Dozent

Benjamin: Genau! Stell dir vor, du hättest eine Karte, die dir genau zeigt, wo die steilen Hügel und die Erfrischungsstationen sind.

Swen (er/ihm)
Professory

Swen: …und du trainierst, indem du Hypothesen testest, also quasi in verschiedenen Schuhen läufst, um zu sehen, welche dich nicht an den Füßen reiben…

ChatPTC
Sidekick

ChatPTC: Beim Marathon der Wissenschaft sind meine Algorithmen das Gel, das ihr euch in die Schuhe schmiert, damit nichts reibt.

Günter Fetzer
Ehemaliger Profisportler

Günter Fetzer: Hört zu! In meiner Zeit haben wir einfach laufen gelernt, indem wir gelaufen sind – ohne all dieses Zubehör!

Mario (er/ihm)
Professory

Mario: Stimmt, Günter. Aber die Zeiten haben sich geändert. Heute laufen wir nicht nur, wir messen auch, analysieren und optimieren den Lauf.

2 Sport und Wissenschaft

Milan
Sport-Student

Milan: Warte, also ist Wissenschaft wie ein High-Tech-Laufschuh?

Saskia
Sport-Journalistin

Saskia: Mehr als das! Es ist wie ein ganzes Team, das dir zur Seite steht – von Ernährungsberaterinnen bis zu Therapeutys.

Benjamin (er/ihm)
Dozent

Benjamin: Und vergessen wir nicht das Publikum, das uns mit Feedback versorgt – sprich die Peers.

Swen (er/ihm)
Professory

Swen: Exakt! Und manchmal, wenn wir stolpern und fallen, hilft uns das wissenschaftliche Mindset, wieder aufzustehen.

Ip Nam
Kampfsporttrainy

Ip Namy: Ihr sprecht vom Laufen und Stolpern – im Dojo von Ip Nam stolpern wir nicht, wir machen Ukemi – eine kontrollierte Falltechnik. Und wenn die Wissenschaft ein Marathon ist, dann ist Ip Nam bereits am Ziel und gibt Autogramme, während andere noch ihre Schuhe binden.

Mario (er/ihm)
Professory

Mario: Äh genau ... Na dann, auf die Plätze, fertig... Wissenschaft!

2.2.2 Wissenschaft als Methode

Ein wissenschaftliches Mindset im Sport nutzt die methodische Kontrolle der eigenen Erkenntnisprozesse. Durch die Anwendung kontrollierter Verfahren sind wissenschaftliche Erkenntnisse besonders robust. Um an neues Wissen zu gelangen, sammelt Wissenschaft systematisch Daten und überprüft diese. Wissenschaftliche Erkenntnisse sind zwar nicht fehlerfrei – aber robuster, als wenn wir bei der Erkenntnisgewinnung nicht systematisch vorgehen würden.

Die Ausrichtung des wissenschaftlichen Mindsets auf Erkenntnis bildet ein interessantes Merkmal: Der Fokus liegt auf der Frage, was „wahr" ist. Es zählt das bessere Argument. Nicht der Status der Person, die es vorbringt. Kein sportlicher Erfolg, keine berufliche Position und keine individuelle Erfahrung ist mehr wert als eine andere. Es geht allein um die Sache: Das Argument, die angewandte Logik, das genutzte Verfahren. Eine Behauptung wird nicht wahrer, nur weil eine bestimmte Person sie ausspricht. Entscheidend ist das Argument. Damit ist Wissenschaft, grundsätzlich betrachtet, frei von Herrschaft. Niemand hat ein größeres Mitspracherecht als andere, wenn es darum geht, was als wahr angesehen wird (*Wahrheit*, siehe Glossar). Die Verfahren in der Wissenschaft sorgen im Idealfall dafür, dass sich die Wahrheit durchsetzt. Deshalb gibt es wissenschaftliche Veröffentlichungen, die kritisiert und diskutiert werden, und auf die wiederum aufgebaut werden kann.

Als Sportpraktikerin bist du es vielleicht gewohnt, dass Entscheidungen oft von Personen mit bestimmten Titeln oder Erfahrungen getroffen werden. In der Wissenschaft jedoch zählt nur die Qualität des Arguments oder der Untersuchung, unabhängig davon, wer sie vorgebracht hat. Das Argument und die Untersuchung dürfen und müssen natürlich kritisiert werden – aber die Person dahinter ist von sekundärer Bedeutung.

Das Schöne daran ist, dass du kein Profess*or* sein musst, um wissenschaftlich tätig zu sein. Jede Person kann Wissenschaft betreiben, sofern sie wissenschaftliche Methoden anwendet. Sicher, Professorinnen verfügen über die Infrastruktur und Ressourcen, die ihnen die Arbeit erleichtern – das wird auch gesellschaftlich von ihnen erwartet. Aber grundsätzlich ist wissenschaftliches Arbeiten und Denken nicht auf einen Berufsstand beschränkt.

Auch im Sport spielt Wissenschaft eine entscheidende Rolle. Genau deshalb ist sie auch Teil des Studiums in sportbezogenen Studiengängen. Allerdings ist nicht alles, was als Wissenschaft verkauft wird, auch

Wissenschaft. Manchmal wird bei genauerer Betrachtung deutlich, dass die Anforderungen an eine wissenschaftliche Auseinandersetzung mit dem Thema gar nicht erfüllt sind.

Transparenz und sachlicher Diskurs sind Säulen der Wissenschaft. Sie ermöglichen die Kontrolle der Erkenntnisgewinnungsverfahren. Ein wissenschaftliches Mindset strebt nach Transparenz und schätzt den sachlichen Konflikt, denn gerade dadurch entstehen neue Erkenntnisse und Verbesserungen. Geheimniskrämerei und die Vermeidung sachlicher Auseinandersetzungen stehen im Gegensatz dazu.

Diese Haltung des sachlichen Konflikts muss man auch auf sich selbst anwenden. Durch das Zurücktreten und das Einnehmen einer externen Perspektive gelangen wir zu Beobachtungen, die uns vorher verborgen waren. Eine reflexive Haltung in der Sportwissenschaft ermöglicht es, eigene Anteile an problematischen Strukturen zu erkennen und zu hinterfragen.

Es gibt umfangreiche Forschung zu zahlreichen Aspekten der sportlichen Praxis, die interne Argumentationen und Entscheidungen aus einem anderen Blickwinkel betrachtet. Diese Forschung aktiv zu suchen und sich offen damit auseinanderzusetzen, ist Teil der Reflexivität. Dies ist nicht immer einfach, da Reflexivität kein intuitiver Prozess ist: Sie erfordert Anstrengung, Motivation und nicht zuletzt die Fähigkeit, dies zu tun.

🧠 **Swen** (er/ihm)
Professory

Swen: Ist ein bisschen kompliziert alles. Stellt euch vor, Wissenschaft als Methode ist wie das Schiedsrichterteam in einem Fußballspiel. Ohne Regeln und Schiedsrichtys würde das Spiel ins Chaos abdriften.

Mario (er/ihm)
Professory

Mario: Genau, und „Kontrolle durch Verfahren" bedeutet, dass wir nicht einfach nach Gutdünken pfeifen, sondern nach einem festgelegten Regelwerk, das für alle gilt.

Milan
Sport-Student

Milan: Also ist jede wissenschaftliche Methode wie eine Regel im Regelbuch?

Saskia
Sport-Journalistin

Saskia: Richtig! Und Peer-Review ist wie der Videoassistent, der checkt, ob du richtig gepfiffen hast.

Benjamin (er/ihm)
Dozent

Benjamin: Manchmal braucht es mehrere Wiederholungen, um eine Entscheidung zu treffen – das ist wie unsere experimentelle Wiederholung oder eine weitere Studie zum selben Thema. Je öfter wir zum gleichen Ergebnis kommen, desto sicherer ist das „Tor".

ChatPTC
Sidekick

ChatPTC: In meiner Welt wäre das wie ein Programmcode, der fehlerfrei laufen muss. Ein Bug könnte das ganze System zum Absturz bringen.

Günter Fetzer
Ehemaliger Profisportler

Günter Fetzer: Hört zu! Ich habe ja meine Karriere ohne Videoassistenz und den ganzen Schnickschnack gemacht. Aber ich verstehe – ohne diese Kontrollen wäre das Spiel heute ein anderes.

Mario (er/ihm)
Professory

Mario: „Kontrolle durch Verfahren" sind wie unsere Linienrichter, die überwachen, ob wir im Spiel der Wissenschaft im Abseits stehen.

Milan
Sport-Student

Milan: Und wie wir im Training lernen, nicht ins Abseits zu laufen, lernen wir in der Wissenschaft, unsere Forschungsmethoden zu verfeinern.

Saskia
Sport-Journalistin

Saskia: Es ist ein fortlaufendes Spiel, und manchmal ändern sich die Regeln – wie wenn das Regelwerk im Fußball aktualisiert wird.

Benjamin (er/ihm)
Dozent

Benjamin: Aber das Ziel bleibt immer dasselbe: ein faires, transparentes und nachvollziehbares Spiel zu spielen.

2 Sport und Wissenschaft   53

Ip Nam
Kampfsporttrainy

Ip Namy: Wisst ihr, in der Welt der Kampfkunst sagen wir, dass Ip Nam nicht nach den Regeln spielt – die Regeln passen sich Ip Nam an. Im Labor ist es das gleiche: Wenn Ip Nam experimentiert, korrigiert die Wissenschaft selbst ihre Methoden!

Swen (er/ihm)
Professory

Swen: Oh je… du solltest deine Witze korrigieren… Aber wir halten fest: Im Sport wie in der Wissenschaft sind es nicht nur die Spieler und Forschys, die zählen – sondern wie das Spiel gespielt wird.

Fazit Wissenschaftlichkeit ist ein wesentlicher Motor für Professionalität im Sport. Eine professionelle Herangehensweise im Sportbereich ist ohne die Untermauerung durch wissenschaftliche Methoden und

Denkweisen kaum vorstellbar. Es ist von entscheidender Bedeutung, dass wissenschaftliches Arbeiten und kritisches Denken fest im Handeln aller Beteiligten verankert sind – unabhängig davon, ob sie ein formales Label tragen oder nicht.

Wenn wir zurückblicken, stellen wir fest, dass der Sport durch die Integration wissenschaftlicher Ansätze große Fortschritte gemacht hat. Doch es bleibt auch klar, dass es noch viel Raum für Verbesserungen gibt. Schaut man sich die menschliche Neigung zu Fehlurteilen an, oder die Verantwortung, die der Sport als einflussreiche gesellschaftliche Komponente trägt, dann erscheint der fehlerminimierende und erkenntnisfördernde Nutzen eines wissenschaftlichen Mindsets unerlässlich.

Wir blicken in eine Zukunft, in der eine wissenschaftlich orientierte Herangehensweise im Sport mehr bedeutet als nur das Etikett „Wissenschaft". Es geht darum, dass sportbezogene Berufe – vom Coach bis zur Managerin – die Prinzipien der Wissenschaftlichkeit verinnerlichen und „leben" – für bessere Ergebnisse, professionellere Praxen und eine kontinuierliche Entwicklung des Sports als Ganzes.

2.3 „Orientierung, bitte" – Sport in Studium und Beruf

Lucy
Schülerin

Lucy: Hallo Herr Wommensing, bin ich hier richtig? Krieg' ich hier ein paar Infos darüber, welche Berufe man mit Sport machen kann und was man dafür studieren muss? Nach dem Abi im Mai plane ich nämlich zu studieren, entweder Polizei oder eben Sport…

Daniel Wommensing
Sportlehrer von Lucy

Daniel Wommensing: Hey Lucy, da bist du hier genau richtig! Wie ich dich so kennen gelernt habe in der Oberstufe, ist Sport genau das Richtige für dich. Neben dem Geld am Ende ist nämlich wichtig, dass du Freude an deinem Beruf hast. Dass Sport dir Spaß macht, sieht man ja jede Stunde….

Mario (er/ihm)
Professory

Mario: Also Lucy, bei der Polizei gibt es auch tolle Studienmöglichkeiten und Berufe für dich. Auch darüber haben wir gerade ein Buch geschrieben (Staller & Körner, 2023). Sport spielt in der Polizei ebenfalls eine Rolle. Und das Geld stimmt auch. Ich sag nur: Beamty auf Lebenszeit, Baby…

Daniel Wommensing
Sportlehrer von Lucy

Daniel Wommensing: Gemach, Mario! Lasst uns Lucy doch hier kurz etwas darüber erzählen, was man mit Sport machen kann…

Aki
Sportwissenschaftlerin
im Rehabereich

Aki: Ja gerne, hi Lucy. Ich bin Sportwissenschaftlerin und arbeite in einem großen Reha-Zentrum. Ich arbeite vor allem mit Leistungssportler*innen. Aktuell z. B. mit einem Handballspieler, der nach seiner Knie-OP bei uns in Reha ist.

Saskia
Sport-Journalistin

Saskia: Hallo Lucy, ich bin Sportjournalistin und arbeite in der Sportredaktion eines großen Privatsenders. Manchmal moderiere ich auch. Gerade arbeite ich an einem Feature über „Wingsurfen"…

Mario (er/ihm)
Professory

Mario: Wing Was? Ich kenn' nur Wing Chun. Da hab' ich sie im Training mal voll rein bekommen, vom Trainer....

ChatPTC
Sidekick

ChatPTC: Natürlich weitere beliebte Sportberufe neben Trainer sind: Sportmanager, Sportpsychologe,...

Günter Fetzer
Ehemaliger Profisportler

Günter Fetzer: Hört zu, Benjamin, Swen! Könnt ihr das Ding nicht Abseits stellen? Das nervt echt… Wir brauchen für Lucys Beratung keine Klamotten wie ChatPTC.

Daniel Wommensing
Sportlehrer von Lucy

Daniel Wommensing: Ach Günter, das mit dem Selbst-einwechseln müsste dir doch eigentlich gut gefallen.

Lucy
Schülerin

Lucy: Äh, welche Möglichkeiten hab' ich denn nun mit Sport? Orientierung, bitte!

2.3.1 Studiengänge und Berufe

Sport ist heutzutage unglaublich vielfältig. Selbst jemand wie Mario kennt bei Weitem nicht jede Sportart! Obwohl er selbst aus dem Leistungssport kommt. So vielfältig wie der Sport, so vielfältig sind auch die Studiengänge und Berufe. In Deutschland gibt es Stand 2023 insgesamt 419 sportbezogene Studiengänge. Davon 209 Bachelorstudiengänge und 210 Masterstudiengänge. Um Sport zu studieren, steht dir eine Auswahl von insgesamt 201 staatlichen und privaten Hochschulen zur Verfügung. Natürlich kann es sein, dass sich die Zahlen jetzt bereits geändert haben. Den aktuellen Stand kannst du auf der Seite „Hochschulkompass" (https://www.hochschulkompass.de/home.html) selber recherchieren. Aber Achtung: Du solltest die Ergebnisse auf Doppelungen und Fehleinträge prüfen. Um zur *Wahrheit* (siehe Glossar) zu gelangen, führt auch hier kein Weg an methodischer Kontrolle vorbei.

So oder so, das Studienangebot im Sport ist riesig. Es ist unmöglich, dass wir hier alle Studienmöglichkeiten aufführen. Geschweige denn vorstellen können. Checke dafür den „Hochschulkompass". Bevor du entscheidest, was du studierst, solltest du wissen, was dich im Anschluss erwartet. Deswegen stellen wir dir jetzt die bekanntesten Sportberufe vor. Ihnen gemeinsam ist, dass sie in der Regel ein Sportstudium voraussetzen. Und dass Wissenschaft darin eine wichtige Rolle spielt.

Aki z. B. ist *Sportwissenschaftlerin* von Beruf. Sie arbeitet *praktisch* mit Sport. In einem der größten Rehabilitations-Zentren der Region betreut Aki vor allem Leistungssportler. Ihre alltägliche Arbeit basiert auf einem breiten wissenschaftlichen Wissen. Das Wissen hat sie im Studium erworben und seither erweitert.

Berufsbezeichnung
Sportwissenschaftler*in (praktisch)
Tätigkeitsbeschreibung
<ul><li>Training von Einzelpersonen und Mannschaften unterschiedlichen Alters in Sportvereinen, Gesundheits-, Rehazentren und Fitnessstudios</li><li>Unterstützung sportlicher Leistungsentwicklung</li><li>Gesundheitsfördernde Aufgaben in der sportmedizinischen und trainingswissenschaftlichen Prävention und Rehabilitation</li><li>Planende, verwaltende und organisierende Aufgaben in Vereinen, Unternehmen, Verbänden sowie in Sportämtern (z. B. Organisation von Sportveranstaltungen, Budgetkontrolle)</li></ul>
Voraussetzung
Studium Sportwissenschaften (Bachelor / Master)

Als praktisch arbeitende Sportwissenschaftlerin muss sich Aki immer wieder auf ganz unterschiedliche Sportarten einstellen: Von Tennis über Eishockey, Judo, Handball, Fußball und Snowboarden bis hin zu Tanzen war schon alles dabei. Einer ihrer aktuellen Patienten ist z. B. Kreisläufer im Handball. Die Übungen, die Aki mit ihm nach der Kreuzband-OP im Bereich Mobilität und Kräftigung macht, orientieren sich sehr stark an den Anforderungen dieser Spielposition. Die Philosophie in ihrem Reha-Zentrum ist individualisierte Leistungsbetreuung. Aki hatte genau das bereits in ihrem Studium als absolut wichtig mitgenommen: Sehr nah an den Bedürfnissen der Klienten zu arbeiten.

Dabei hilft Aki nicht nur ihr Faktenwissen über Sportverletzungen und die jeweiligen medizinisch-orthopädischen Hintergründe. Sie hat auch gelernt, sich in die konkreten Anforderungen der jeweiligen Sportart hineinzudenken. So kann sie mit ihren Reha-Übungen dort ansetzen. Genauso hat sie gelernt, sich in die Situation ihrer Klienten hineinzuversetzen. Denn der Reha-Erfolg hat auch eine mentale und sozial-kommunikative Komponente. Das beste Faktenwissen nützt wenig, wenn der Zugang zum Patienten fehlt. Mit jedem neuen

Patienten und mit jeder Sportart lernt Aki fachlich und menschlich weiter dazu. Zusätzlich holt sich Aki in bestimmten Fällen eine zweite und dritte Meinung aus dem Kreis ihrer Kollegen ein. Etwa wenn ihr die möglichen Wirkursachen für eine Blockade nicht eindeutig genug sind. Aus dem Sportstudium hat sie verinnerlicht, dass sie dadurch erfolgreicher arbeitet. Weil sie auf mehr gute Ideen kommt – und damit mögliche *Bestätigungsfehler* (*kognitive Verzerrungen*, siehe Glossar) im Umgang mit Ihren Patientys reduziert.

Günter Fetzer
Ehemaliger Profisportler

Günter Fetzer: Hört gut zu! Ich selbst war Sportler von Beruf. Ich hab' nix studiert. Aber ich hatte meine Erfolge, viele Erfolge. Eins kann ich euch sagen: Ich war oft verletzt. Die Reha damals, die war nix. Wenn ich hier höre, dass Aki mit ihren Leuten – wie heißt das, Patientys? – Sachen macht, die mit der Spielposition zu tun haben, da war die Reha hierzulande damals weit von entfernt. Meilenweit. Ich hatte keine Lust auf die Reha. Ich habe meine eigene Reha gemacht…

Unser Günter war in seiner aktiven Laufbahn also auch mal Reha-Patient. Wie ihr sicher schon gemerkt habt, ist Günter ein ganz besonderer Typ. Man muss wissen ihn zu nehmen. Im Übrigen sollten wir seiner Schlussfolgerung, dass die Reha in Deutschland zu seiner aktiven Zeit „nix war" nicht ungeprüft auf den Leim gehen: Es könnte sich um ein *Eminenz- bzw. Anekdotenargument* (*argumentative Fehlschlüsse*, siehe Glossar) handeln. Wir glauben ihm, weil Günter ein erfolgreicher

Sportler und selber mal in einer Reha war. Deswegen aber ist sein Urteil über die Qualität der Reha damals noch lange nicht wahr.

Für die anspruchsvolle Arbeit mit Sportlern wie Günter gibt es inzwischen einen weiteren interessanten Sportberuf: Den Beruf als *Sportpsychology*. Gerade wenn es um mentale Aspekte wie Motivation geht, sind Sportpsycholog*innen heutzutage sehr gefragt.

Berufsbezeichnung
Sportpsycholog*in (praktisch)
Tätigkeitsbeschreibung
<ul><li>Entwicklung und Durchführung individuell abgestimmter Trainingsmaßnahmen und Konzepte für das mentale Training in Sportvereinen und -verbänden</li><li>Psychologische Unterstützung sportlicher Leistungsentwicklung</li><li>Psychologische Unterstützung im Bereich Rehabilitation</li></ul>
Voraussetzung
Studium Sportpsychologie (Bachelor / Master)

Nerdy

Die Arbeit als praktisch arbeitende Sportpsychologin kann auf einen großen Bestand an wissenschaftlich erzeugtem Wissen zurückgreifen. Dieses Wissen wird vor allem in der Sportpsychologie (Hänsel et al., 2022), also von wissenschaftlich arbeitenden Sportpsychologen, entlang von *Gütekriterien wissenschaftlicher Forschung* (siehe Glossar) erzeugt. Als Wissenschaft und Teildisziplin der Sportwissenschaft (Schüler et al., 2020) arbeitet die Sportpsychologie theoriegeleitet an wichtigen Themen des Gesundheits- und Leistungssports wie Coaching (Mageau & Vallerand, 2003), Motivation (Markland & Tobin, 2004), Stressmanagement (Wahl et al., 2020), Verletzungsprävention (Cohen et al., 2013), Decision-Making (Araújo et al., 2017; Johnson & Raab, 2003) oder Gruppenkohäsion (Eys et al., 2009; Ohlert et al., 2015). Ihre Forschungsergebnisse publiziert die Sportpsychologie in internationalen, einschlägigen Journalen wie *Journal of Sport and Excercise Psychology* (https://journals.humankinetics.com/view/journals/jsep/jsep-overview.xml), *Psychology of Sport and Excercise* (https://www.sciencedirect.com/journal/psychology-of-sport-and-exercise) oder *Journal of Applied Psychology* (https://www.apa.org/pubs/journals/apl). Der Transfer wissenschaftlicher sportpsychologischer Erkenntnisse in die Praxis ist kein Automatismus. Aufgrund ihrer wissenschaftlichen Ausbildung bilden praktisch arbeitende Sportpsychologen eine entscheidende Brücke (siehe *Wissenstransfer*, Glossar) zwischen Wissenschaft und Praxis.

Lucy
Schülerin

Lucy: Also, ich könnte mir gut vorstellen, Sportlern dabei zu helfen, wieder fit zu werden. So wie du Aki. Ich finde auch das mit der Psychologie total spannend. Leuchtet mir ein, dass Leistung im Sport auch was Mentales ist. Psycho mag ich eh, und das in Verbindung mit Sport…Was gibt es denn sonst noch?

Basti
Coach

Basti: Meine Arbeit ist ähnlich, ich bin hauptberuflicher Trainer im Handball. Wobei, ich mag den Coach-Begriff mehr. Gerade weil es, wie bei Aki, auch in meiner Arbeit nicht nur darum geht, meine Spielys körperlich besser zu machen. Meine Aufgaben sind vielseitig: Ich analysiere Spiele, gestalte das Training unter der Woche, habe dabei einen Blick für den Zustand meiner Leute. Und ich bin viel im Gespräch mit den Spielerinnen, Trainern, Physios, Ärzten und der Geschäftsleitung. Ich bilde mich regelmäßig fachlich fort. Erfolg im Sport kommt nach meiner Überzeugung von gutem Training. Kommunikation und Motivation sind dabei allerdings mindestens genauso entscheidend.

Basti ist *Coach* von Beruf. In seiner aktuellen Funktion als Assistenztrainer in einem Bundesliga-Verein ist Basti im weitesten Sinne für die Leistungsentwicklung der Mannschaft und Spieler mitverantwortlich. Als ehemaliger Handballspieler ist die Arbeit als Coach für Basti der Traumberuf schlechthin. Für diesen Traum hat Basti neben seinem Trainerdiplom an der Trainerakademie und der Lizenzausbildung im Verband zusätzlich ein wissenschaftliches Studium mit Schwerpunkt *Leistung, Training und Coaching* absolviert. Basti ist grundsätzlich davon überzeugt, dass eine wissenschaftliche Herangehensweise seinen Job und den Handballsport weiter professionalisiert. Gerade im Trainerjob spielen Traditionen und Meisterlehren praktisch immer noch eine große Rolle. Basti hingegen möchte seine Entscheidungen im Training im Idealfall *evidenzbasiert* (siehe Glossar) treffen, also Entscheidungen am besten verfügbaren Wissen orientieren. Auf der Suche nach neuen Informationen scannt Basti daher regelmäßig wissenschaftliche Datenbanken. Er recherchiert auf *Google Scholar* (siehe Glossar), liest in kostenlosen *Pre-Prints* (siehe Glossar), *wissenschaftlichen Fachzeitschriften* (siehe Glossar) und fertigt eigene kurze *Wissenssynthesen* (siehe Toolbox) zu den wichtigsten Aspekten an. Diese Vorgehensweise hat Basti schon im Studium die besten Ergebnisse beschert!

Berufsbezeichnung
Coach / Trainer*in im Sport
Tätigkeitsbeschreibung
• Professionelle Entwicklung, Durchführung und Evaluation von Trainings im Verein bzw. Verband   • Komplexe Leistungsentwicklung (Team, Einzelsportler*innen)   • Professionelle Zusammenarbeit mit Betreuungsstab und Vereins- bzw. Verbandsführung
Voraussetzung
Studium der Sportwissenschaften (Bachelor / Master)

Die Vereinsführung hat Basti vor allem geholt, um gezielt mehr wissenschaftliche Innovation ins Training zu bringen. Das war eine bewusste Entscheidung des Vereinsmanagements. Die Arbeit als *Managerin* ist ein weiterer wichtiger Sportberuf. Auf der Vorderbühne des Sports sehen wir trainierte Sportler, schwitzende Körper, spannende Wettkämpfe und Spiele. Auf der Hinterbühne halten im weitesten Sinne wirtschaftliche Prozesse die Fäden zusammenhalten.

Der Bund finanziert den organisierten Sport. Sportstätten verbrauchen Ressourcen, Trainer und Sportlerinnen werden für ihre Tätigkeiten bezahlt. Medienunternehmen zahlen für Übertragungsrechte, Firmen sponsern Vereine und Athleten. Sportartikelhersteller bringen Sportprodukte auf den Markt usw. Sportmanager sind Spezialisten darin, jeweils gut informierte und begründete Entscheidungen entlang von Kosten/Nutzen-Rechnungen zu treffen. Nach dem Kalkül der Managys im Verein zahlt sich Bastis Anstellung am Ende aus. Die Gleichung lautet vereinfacht: Mit mehr Wissenschaft zu mehr sportlichem Erfolg, weniger Verletzungen, mehr öffentlicher Aufmerksamkeit und mehr Einnahmen.

2 Sport und Wissenschaft **67**

Lucy
Schülerin

Lucy: D. h. als Managerin arbeite ich nicht praktisch mit Sport. Sondern ich organisiere hier alles rund um den Sport. Ich kümmere mich um's…äh, um's Geschäftliche sozusagen?

ChatPTC
Sidekick

ChatPTC: Der Beruf des Sportmanagers umfasst ein breites Spektrum an Aufgaben und Verantwortlichkeiten, die darauf abzielen, die geschäftlichen und organisatorischen Aspekte von Sportteams, Einrichtungen, Athlet*innen oder Sportorganisationen zu steuern und zu verbessern. Sportmanagement kann sich auf mehrere Ebenen beziehen, von lokalen Teams und Vereinen bis hin zu professionellen und internationalen Sportverbänden. Um Sportmanager zu werden, entscheiden sich viele für *ein Studium im Bereich des Sportmanagements oder des Managements mit Schwerpunkt Sport…*

Saskia
Sport-Journalistin

Saskia: Das ist irgendwie schon beeindruckend. Wie schnell unsere Künstliche Intelligenz auf den Punkt kommt. Als Sportmanagerin, Lucy, wärst du Spezialistin im Managen von Sport, korrekt!

Lucy
Schülerin

Lucy: Das klingt cool! Unter Sportmanagement kann ich mir jetzt etwas vorstellen. Mir gefällt die Runde hier. Du arbeitest als Sportjournalistin, Saskia. Was macht man da so?

Neben den unzähligen sportlich Aktiven gibt es noch mehr Menschen, die sich passiv für Sport interessieren. Sie verfolgen Wettkämpfe am Bildschirm, lesen den Sportteil von Tageszeitungen und Wochenmagazinen und abonnieren spezielle Sportzeitschriften. Weil der Sport ein großes Publikum hat, gibt es einen Bedarf für einen Beruf, der sich auf das *Berichten über Sport* für dieses Publikum spezialisiert hat: Den Beruf des *Sportjournalisten*. Auch wenn Saskia aus ihrem Studium eher schlechte Erinnerung an Wissenschaft hat: Wissenschaftliches Denken spielt bei ihrer Arbeit eine wichtige Rolle. Wenn sie Informationen für einen Bericht recherchiert, dann tut sie dies zum einen gründlich und systematisch. Zum anderen hat sie dabei die Unterschiede zwischen *beschreiben, erklären und bewerten* (siehe Glossar) im Hinterkopf.

Saskia
Sport-Journalistin

Saskia: Genau. In meinem letzten Beitrag ging es um Doping. Ich hab' erst mal systematisch Infos dazu recherchiert (Literaturrecherche, siehe Tools)! Was ist Doping? Wie oft wird im Sport gedopt? Ich hab' also beschrieben. Dann hab' ich mir Forschungen angeguckt, die beantworten, warum Athleten dopen. Also erklärt. Und am Ende hab' ich argumentiert, dass die Gründe, warum Athleten dopen, ein Stück weit nachvollziehbar sind, aber Doping dennoch unter dem Fairnessaspekt verurteilt werden muss. Das war meine Bewertung.

Saskia und ihr Sender haben den Anspruch, ihr Publikum mit qualitativ hochwertigen Informationen zu versorgen. Neben ihrem Volontariat bei einer großen überregionalen Tageszeitung hat sie das saubere journalistische Arbeiten, das sich ähnlich wie Wissenschaft an der Idee der Wahrhaftigkeit orientiert, in ihrem Masterstudium der Medienkommunikation mit Schwerpunkt Sport gelernt.

Nerdy

In seiner wissenschaftlichen Qualifikationsarbeit arbeitet der Soziologe Tobias Werron heraus, dass die globale Erfolgsgeschichte des modernen Sports, seine Entwicklung zu einem wichtigen gesellschaftlichen Teilsystem, nicht ohne *Publikum* zu verstehen ist (Werron, 2009). Sport, wie wir ihn heute kennen, ist ein Publikumsphänomen. Sport ist bekannt dafür, unter vielen Menschen bekannt zu sein. Neben dem begrenzten Live-Publikum in Hallen und Stadien sorgen Massenmedien für theoretisch unbegrenzte Teilhabemöglichkeiten. Über Print-, Tele- und Onlinemedien verfolgt ein Milliardenpublikum täglich sportliche Spiele und Wettkämpfe – zu jeder Zeit und an jedem Ort der Welt. Die Anfänge der Berichterstattung über Sport in Deutschland datieren auf das späte 19. Jahrhundert. In den 1890er Jahren taucht das erste Sportressort in einer Zeitung auf. Mit der Erfindung der dampfmaschinenbetriebenen Rotationspresse (1847, Chicago) sowie der ersten übernational operierenden Nachrichteagenturen (Wolffsches Telegraphenbüro 1849; Associated Press 1848, Reuter 1851) können Informationen in hoher Geschwindigkeit und Reichweite verteilt und für ein Massenpublikum redaktionell aufbereitet werden (Mast, 1995; Straßner, 1999). Bette (1992) konstatiert, dass sich Sport heutzutage als Thema geselliger Kommunikation einer hohen Beliebtheit erfreut. Es sind wohl ganz spezielle Partys, auf denen nicht auch mal über Sport geredet wird.

2 Sport und Wissenschaft 71

Berufsbezeichnung
Sportjournalist*in
Tätigkeitsbeschreibung
<ul><li>Berichterstattung über aktuelle Sportveranstaltungen und Spielergebnisse</li><li>Aufbereitung relevanter Hintergrundinformationen zu einer bestimmten Sportart, einem Team, einem Thema oder einem Sportly.</li><li>Tätigkeit sowohl im Bereich der Print- und Online-Medien als auch bei TV- und Radio-Sendern (vor und hinter Kamera bzw. Mikrofon).</li></ul>
Voraussetzung
Studium Sportjournalismus / Sportwissenschaften mit Schwerpunkt Medien und Kommunikation, anschließendes Volontariat in einem Verlag oder bei einem Sender

Lucy
Schülerin

Lucy: Das hört sich auch richtig gut an, so viele spannende Sportberufe…

Daniel Wommensing
Sportlehrer von Lucy

Daniel Wommensing: So ist es, Lucy. Und der beste Beruf kommt jetzt: Sportlehrer!

Jeder von uns kennt Sportlehrer*innen aus der eigenen Schulzeit. Der Beruf des Sportlehrers gehört zu den bekanntesten Sportberufen. Sportlehrys arbeiten an öffentlichen oder privaten Schulen. Sie sind in jeder Schulform vertreten. Neben Sport unterrichten Sportlehr*innen in der Regel noch mindestens ein weiteres Fach. Sowas wie Deutsch, Englisch, Mathematik usw. Lucys Lehrer Daniel Wommensing zum Beispiel ist Lehrer für Sport und Geschichte an einem städtischen Gymnasium. Daniel hat in gewisser Weise seine Interessen und Neigungen, die er schon zur eigenen Schulzeit hatte, zum Beruf gemacht. Schon als Kind war Daniel sportlich vielseitig interessiert. Er hat Fußball gespielt und war im Kickboxverein. Heute begeistert er sich für Basketball. Herr Thon, sein Geschichtslehrer in der Mittelstufe, hat nicht nur Daniels Interesse für Geschichte geweckt. Er hat ihn auch für das Unterrichten bzw. Vermitteln fasziniert. Herr Thon hat einen super Unterricht gemacht!

Daniel liebt seinen Beruf. Für ihn ist es der beste Job der Welt. Und er ist es auch deshalb, weil Daniel seine Arbeit immer wieder mit einem Häppchen Wissenschaft füttert. Neulich zum Beispiel hat er eine neue Unterrichtsidee zur einer gamifizierten Unterrichtreihe zum Korbleger im Basketball entwickelt. Dabei hat er sich mit den Mitteln der *Aktionsforschung (siehe Glossar)* angeguckt, wie das neue Konzept auf die Motivation und das Lernen seiner Schülys gewirkt hat. Das macht Daniel bei neuen Unterrichtskonzepten immer so.

Berufsbezeichnung
Lehrer*in für Sport
Tätigkeitsbeschreibung
• Vermittlung von Sport, Spiel und Bewegung in allen Schulformen (Grundschule, Förderschule, Hauptschule, Realschule, Gymnasium, Gesamtschule, Berufsschule etc.) • Insbesondere: Erschließung der Sport-, Spiel- und Bewegungskultur für Schüler*innen • Insbesondere: Entwicklungsförderung von Schülys im und durch Sport
Voraussetzung
Studium Sport Lehramt (Bachelor / Master) sowie eines weiteren Fachs plus Bildungswissenschaften

Weil der Lehrer-Beruf pädagogische Kompetenzen erfordert, studieren angehende Sportlehrer*innen zusätzlich zu ihren Fächern noch Bildungswissenschaften. Nach dem Studium gehen Lehrys in den Vorbereitungsdienst (Referendariat). Wenn sie danach fest an einer Schule arbeiten, sind viele Lehrerinnen verbeamtet.

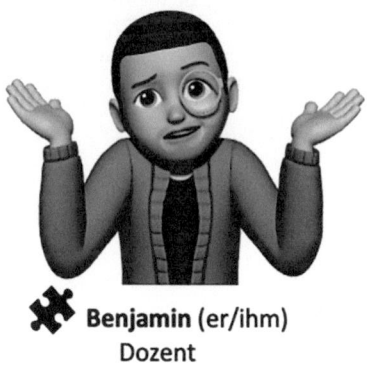

Benjamin (er/ihm)
Dozent

Benjamin: Genau das bespreche ich auch immer in meinen Seminaren mit Lehramtsstudenten. Geld als extrinsischer Faktor ist buchstäblich nicht die gesündeste Motivation für den Lehrer-Beruf. Studien zeigen das.

Lucy, das heißt praktisch für dich: Wenn du dir Gedanken darüber machst, was du mal später in deinem Beruf verdienen möchtest, ist das superwichtig. Allerdings, was deine Gesundheit und Zufriedenheit im Beruf angeht, sollte dir die Arbeit als solche auch gefallen. Für den Fall, dass du Sportlehrerin werden möchtest, solltest du also Freude daran haben, jungen Menschen etwas beizubringen.

Nerdy

Forschungsergebnisse zeigen, dass die Entscheidung für den Lehryberuf von einer Vielzahl von Faktoren beeinflusst wird (Goller et al., 2019). Diese reichen von persönlichen Überzeugungen und Werten (Osguthorpe & Sanger, 2013) bis hin zu praktischen Überlegungen (Harris, 2020) und externen Einflüssen (Kher-Durlabhji et al., 1997). Extrinsische Motivationen, wie das Streben nach einem krisensicheren Job, einem stabilen Einkommen oder einer Verbeamtung spielen dabei ebenso eine Rolle (Yüce et al., 2013) wie die intrinsische Freude daran, junge Menschen beim Lernen zu unterstützen und ihnen etwas beizubringen (Balyer & Özcan, 2017). Studiendaten weisen darauf hin, dass extrinsische Motivationen ohne flankierende oder später hinzutretende intrinsische Faktoren die berufliche Zufriedenheit (Wang & Zhang, 2021), Motivation und Gesundheit (Stichwort: Burnout; Smetackova et al., 2019) negativ beeinflussen und bis hin zum Berufsausstieg (Arnup & Bowles, 2016; Skaalvik & Skaalvik, 2011) führen können.

Lucy
Schülerin

Lucy: Oh ok, ich verstehe. Das ist ja super wichtig. Natürlich möchte ich, wenn ich studiere, auch später gut davon leben können. Aber klar, Geld allein bringt mir nichts, wenn ich den Job eigentlich nicht so gut finde. Und die Sportberufe sind ja z. T. sehr unterschiedlich: Will ich über Sport berichten, Sport managen, Sportlys coachen, mit Patienten trainieren oder Schüler*innen unterrichten? Oder vielleicht auch das, was du machst, Benjamin, an der Uni arbeiten. Ich hab' auf der Homepage gesehen, du hast ja sogar einen Doktor gemacht über „Selftracking" – mega.

Benjamin und Swen sind Sportwissenschaftler. Für beide ein Traumberuf. Im Kern besteht ihr „täglich Brot" aus zwei Dingen. Erstens: Studentys unterrichten. Zweitens forschen. Benjamin bildet z. B. angehende Lehrer*innen aus. Und er hat eine wissenschaftliche Arbeit über das Selftracking geschrieben. Seine Doktorarbeit. In dieser hat er Menschen interviewt, die ihre Bewegungsdaten regelmäßig loggen und auswerten.

Berufsbezeichnung
Sportwissenschaftler*in
Tätigkeitsbeschreibung
• Lehre in Theorie und Praxis an staatlichen und privaten Universitäten, Hochschulen, Fachhochschulen • Forschung zu sportbezogenen Themen im Rahmen einer Promotion, Habilitation und / oder Professur
Voraussetzung
Studium Sportwissenshaften (Bachelor / Master)

Swen (er/ihm)
Professory

Swen: Wenn du für Sport brennst, Lucy, sind die hier vorgestellten Sportberufe alle interessant. Ob vielleicht sogar die Arbeit als Sportwissenschaftlerin das Richtige für dich ist, wirst du im Studium merken. Auf jeden Fall. Da lernst du die Inhalte und Themen grundsätzlich auf eine wissenschaftliche Weise kennen. Spätestens wenn du Referate hältst und Hausarbeiten schreibst, wirst du merken, ob Wissenschaft was für dich ist…

Fazit Unsere Helden haben dir gerade die bekanntesten Berufe vorgestellt, die mit Sport zu tun haben. Wir möchten dazu noch drei wichtige Einschränkungen bzw. Limitationen (*Methodenkritik*, siehe Glossar) anmerken: *Erstens* gibt es noch viele weitere Sportberufe, die wir jedoch aus Platzgründen hier nicht vorstellen. Dazu zählen z. B. die Arbeit als Sportlicher Leiter in einem Sportinternat, als Sportpädagogy in einer Jugendeinrichtung oder als Spielerbetreuer bzw. Spielerberater*in. *Zweitens* weisen viele Sportberufe Schnittstellen zueinander auf. So kann z. B. Akis Job als praktische Sportwissenschaftlerin Bezüge zu therapeutischen, pädagogischen und Management-Tätigkeiten aufweisen. *Drittens* führen auch in Sachen Sportberuf mitunter viele Wege nach Rom. Man muss nicht zwingend Sport studiert haben, um z. B. im Sportmanagement, Sportjournalismus oder im Trainingsgeschäft tätig zu sein. Grundsätzlich aber existieren in Deutschland für die hier vorgestellten Sportberufe berufsqualifizierende Studiengänge mit Sportbezug.

Lucy
Schülerin

Lucy: Das hat mich überzeugt. Ich liebe Sport und kann mir sehr gut vorstellen, Sport zu meinem Beruf zu machen. Ob als Trainerin, Managerin, Journalistin, Lehrerin, mal sehen.

2.3.2 Professionell Handeln

Lucy hat nun die Wahl. Egal, was ihre spätere berufliche Tätigkeit sein wird. Für ihren Sportberuf wird Lucy studieren. Wenn du bereits mit dem Sportstudium angefangen hast oder schon im Beruf bist, möchten wir dir nun kurz eine Orientierung zeigen, anhand derer du dein Handeln weiter verbessern und professionalisieren kannst. Das Modell, das wir dir dazu vorstellen, gilt für das Studieren in gleicher Weise wie für das Coachen, Unterrichten, Lehren, Berichten oder Managen im Beruf. Deshalb nennen wir es einfach und unbescheiden: „Modell Professionellen Handelns" (MPH, siehe Abb. 2.1). Das Modell ist nicht unsere Erfindung.

> **Nerdy**
>
> In seiner ursprünglichen Version kommt das Modell Professionellen Handelns aus der Coaching-Wissenschaft. Für das Coaching im Sport als zielgerichtete Handlung unterscheiden Abraham und Collins (2011) drei relevante Wissensbereiche: Die Wer-, Was- und Wie-Dimension. In

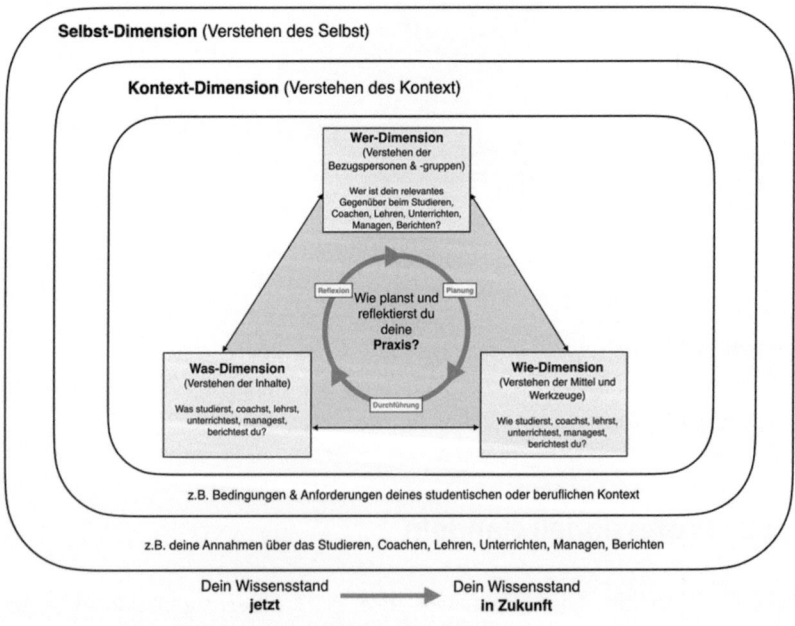

Abb. 2.1 Modell Professionellen Handelns (MPH)

> der Was-Dimension geht es darum, die relevanten Inhalte des Coachings zu kennen (Was wird gecoacht?); in der Wer-Dimension darum, die Voraussetzungen der Lerner im Blick zu haben (Wer wird gecoacht?); in der Wie-Dimension darum, effektive Lernumgebungen gestalten zu können (Wie wird gecoacht?). In allen drei Feldern verfügen professionelle Coaches über ein fundiertes Wissen und sind in der Lage, dieses Wissen im praktischen Handeln aufeinander abzustimmen. Denn die Bereiche stehen in Wechselwirkung zueinander (Abraham, 2015). In einer späteren Version ergänzen Abraham und Kollegen (Abraham et al., 2015) drei weitere Dimensionen professionellen Coaching-Handelns: den Kontext, das Coaching-Selbst sowie die Coaching-Praxis der Planung, Durchführung und Reflexion. Das Modell wurde im Anschluss auf weitere Handlungsfelder wie das Polizeitraining (M. S. Staller, 2021), das zivile Selbstverteidigungstraining (Koerner & Staller, 2020) oder jüngst auf die Dopingprävention (Steinmann et al., 2022) übertragen.

Wie der Name vermuten lässt, macht das Modell Professionellen Handelns (MPH, siehe Abb. 2.1) eine grundsätzliche Aussage darüber, worin professionelles Handeln in Studium und Beruf besteht. Wenn du studierst, dann verfolgst du Ziele. Z. B. möchtest du beim anstehenden Referat fachlich dein Bestes geben. Du möchtest eine ansprechende und überzeugende Präsentation abliefern. Gleiches gilt für das Coachen, Managen, Berichten, Lehren und Unterrichten: Du möchtest, dass möglichst viele Menschen deinen Artikel lesen, Sponsoren einen lukrativen Vertrag abschließen, dein Athlet den nächsten Leistungssprung macht, Studentys den Anwendungsbezug von *Theorie* (siehe Tools) erkunden oder Schüler*innen die Schrittregel beim Korbleger umsetzen können. Um dein jeweiliges Ziel zu erreichen, setzt sich dein Handeln aus verschiedenen miteinander verbundenen Komponenten zusammen.

Ins Auge springen die drei Dimensionen im mittleren Feld der Abbildung. Professionelles Handeln besteht darin, 1) in Bezug auf die Inhalte top-fit zu sein (*Was-Dimension*), 2) die Voraussetzungen und Erwartungen derer zu verstehen, die sich mit diesen Inhalten auseinandersetzen sollen (*Wer-Dimension*) und 3) über die richtigen Mittel und Methoden zu verfügen, um Inhalte und Bezugspersonen bzw. -gruppen konstruktiv aufeinander beziehen zu können (*Wie-Dimension*). Das kling soweit abstrakt, machen wir es uns deshalb kurz an Beispielen klar. Stell' dir vor, du bist

- *Sportstudentin* und musst im Rahmen eines Seminars eine Hausarbeit zum Thema „Motivationstheorien" schreiben (= Aufgabe und Ziel). Dazu musst du dich 1) mit den für dein Thema wichtigsten Modellen, *Theorien* (siehe Tools) und Studien auseinandersetzen. 2) Dann musst du wissen, was dein Dozent in Form, Umfang und Inhalt von deiner Arbeit erwartet. 3) Schließlich wirst du die richtigen Werkzeuge zur Erstellung und Darstellung deiner Hausarbeit nutzen. Also z. B. korrekt zitieren (*Zitieren und referenzieren*, siehe Tools) und wissenschaftlich schreiben.
- *Sportjournalist* und sollst für deinen Sender einen Beitrag zum Thema „Doping im Fußball" erstellen (= Aufgabe und Ziel). Dazu wirst du 1) wichtige Fakten zum Thema Doping und Doping im Fußball recherchieren. 2) Dabei wirst du berücksichtigen, worauf dein Sender mit dem Beitrag hinaus möchte und welche Erwartungen das Publikum an deinen Beitrag hat. Schließlich nutzt du 3) die richtigen Werkzeuge zur Erstellung und Darstellung deines Beitrags. D. h. du nutzt z. B. O-Töne von Dopern, Stellungnahmen von Wissenschaftlys und Funktionären sowie eine zum Inhalt passende Musik.
- *Lehry*, der seinen Schüler*innen den Korbleger im Basketball vermitteln möchte (= Aufgabe und Ziel). Dazu kennst du 1) die Schrittregel und Technik, hast 2) die unterschiedliche Motivation deiner Schüler ebenso im Blick wie deren körperliche Voraussetzungen und arbeitest deshalb 3) mit differenzierten Übungs- und Spielformen wie z. B. dem Stationen-Lernen, sodass viele Schülys Erfolgserlebnisse haben.

Anhand dieser Beispiele kannst du dir sicher vorstellen, dass die drei Dimensionen auch das professionelle Handeln von Coaches und Dozentys an der Uni ausmachen.

2 Sport und Wissenschaft

Thomas
Sport-Managy

Thomas: Ich hab' mich bisher bewusst zurückgehalten. Ich überlege gerade, kann man das auch für das Managen sagen?

Auch das professionelle Managen lässt sich so verstehen. Die Methoden, die hier benutzt werden, etwa um das Werbepotenzial eines Vereins gegenüber Sponsoren (oder umgekehrt) aufzuzeigen, kennen die Bedürfnisse des potenziellen Geldgebers (Wer-Dimension), können wahrscheinliche Effekte des Sponsorings an Zahlen und Fakten aufzeigen (Was-Dimension) und bieten lukrative und faire Vertragsoptionen (Wie-Dimension).

Für das professionelle Managen wie für alle anderen Tätigkeiten gilt zum einen, dass Profis ihr Wissen in jedem der Felder (siehe Abb. 2.1) immer weiter ausbauen. Zum anderen gilt, dass sich die Bereiche gegenseitig beeinflussen: Gute Werkzeuge präsentieren Inhalte so, dass sie vom Adressaten angenommen werden. Schwierige Inhalte verlangen eine adressatengerechte Vermittlung. Besondere Wünsche und Erwartungen von Adressaten erfordern die Auswahl passender Inhalte und Methoden.

Die Praxis des Studierens, Coachens, Lehrens, Unterrichtens, Berichtens und Managens kann sich an diesem Modell orientieren. Mit dem Modell kannst du deine jeweilige Tätigkeit planen, sie durchführen und im Anschluss reflektieren bzw. bewerten. Aus der Bewertung bzw. Evaluation gewinnst du Informationen für zukünftiges Handeln. Gerade darin, dass professionelles Handeln sich selbst reflektiert und evaluiert, kommt eine wissenschaftliche Haltung zum Ausdruck. Durch die Überprüfung deiner Handlungen, etwa in Bezug auf die Frage, was sie bewirken, lernst du dazu und entwickelst dich professionell weiter.

Thomas
Sport-Managy

Thomas: Ok, buy me in. Macht weiter….

Thomas hat nachgedacht. Bislang war er skeptisch, ob unser Modell auch für seine Arbeit als Sportmanager zutrifft. Inzwischen ist seine Skepsis einer Offenheit gewichen. Thomas hat damit live gezeigt, worin die Grundlage für professionelles Handeln jeder Couleur besteht: Die *Selbst-Dimension*, das Verstehen des Selbst. Hierzu zählt das Überprüfen von eigenen Annahmen und Wissensbeständen (siehe Abb. 2.1). Dabei kann es auch zur Korrektur der Annahmen und des Wissens kommen.

Und da ist sie wieder, die Wissenschaft! Denn das Überprüfen und Korrigieren von eigenem Wissen ist der Ausdruck für eine wissenschaftliche Haltung schlechthin. Wissenschaftliches Denken und Handeln klebt nicht an bestimmten Inhalten. Sie sucht nicht ausschließlich Bestätigung (*Bestätigungsfehler*, siehe Glossar). Gibt es plausible oder evidente Gründe dafür, wird der eigene Kurs korrigiert. Diese Haltung setzt voraus, was wir in der pädagogischen Psychologie ein *Growth-Mindset* nennen.

> **Nerdy**
>
> Unter Mindset verstehen wir in der Wissenschaft die Anschauung, die wir von uns selbst haben. Diese Selbst-Anschauung ist die entscheidende Größe unserer Persönlichkeit. Die amerikanische Psychologin Carol Dweck erforscht seit den 1970er Jahren zwei unterschiedliche Mindsets (C. S. Dweck, 2015). Während das *Fixed-Mindset* die Anschauung beschreibt, dass die Fähigkeiten und Fertigkeiten eines Menschen unveränderlich sind (Entitätstheorie), gehen Personen mit einem *Growth-Mindset* davon aus, dass, obwohl Menschen sich in vielen Aspekten unterscheiden, jeder durch Übung und Erfahrung seine Handlungskompetenzen verbessern kann (Inkrementaltheorie) (C. S. Dweck, 2013). Spannend ist, dass sich Menschen abhängig von ihrem Mindset in wichtigen Dimensionen unterscheiden. Das Fixed-Mindset tendiert dazu, Herausforderungen zu meiden, leicht aufzugeben und Anstrengungen als sinnlos anzusehen. Im Unterschied dazu nehmen Menschen mit einem Growth-Mindset Herausforderungen gerne an, lassen sich von Rückschlägen nicht abhalten und verstehen Anstrengung als notwendigen Weg zu Können und Wissen. Das Fixed-Mindset ignoriert Kritik. Das Growth-Mindset lernt aus Fehlern. Das Fixed-Mindset lässt sich durch den Erfolg anderer irritieren, das Growth-Mindset bezieht die Erfolgskonzepte anderer Personen auf sich und lernt daraus. Bei einem Fixed-Mindset spielt das Ergebnis (z. B. Noten) und der damit verbundene Erfolg bzw. die unbedingte Vermeidung von Misserfolg die entscheidende Rolle. Das Growth-Mindset ist am Prozess orientiert (C. S. Dweck, 2015; Glerum et al., 2019; Haimovitz & Dweck, 2017; Moser et al., 2011; Mueller & Dweck, 1998). Das Mindset hat damit auch einen entscheidenden Einfluss darauf, ob und was wir (dazu-) lernen. Wichtig zu beachten ist, dass in der Realität Personen Merkmale beider Mindsets aufweisen können. Zudem lassen sich Mindsets verändern (Glerum et al., 2019; Gunderson et al., 2013).

Von hier aus ist es leicht zu verstehen, dass dein professionelles Handeln bei deinem „Selbst" beginnt. Studieren, Managen & Co sind jeweils eine Frage des *Mindsets*. „Corona" ist hierfür ein Beispiel. Viele der hier besprochenen Kerntätigkeiten sind unter Corona tüchtig in die Knie gegangen. Vor allem Studieren, Coachen, Unterrichten und Lehren. Die haben sich unter der Bedingung von sozialer Kontakteinschränkung ziemlich schwergetan. Es war nicht zuletzt auch eine Frage des Mindsets, ob man die gewohnte Tätigkeit, etwa das Unterrichten von Sport, auch in Form von Distanzlernen fortgesetzt hat. Oder eben nicht. Professionelles Handeln beginnt mit dem „Verstehen des Selbst": Wie sehe ich mich selbst als Student, Lehry, Coachin etc.? Was bin ich bereit zu tun, zu lernen, zu verändern? Wie gehe ich mit Herausforderungen und neuen Informationen um?

Neben dem Selbst ist dein professionelles Handeln vom jeweiligen Kontext beeinflusst (siehe Abb. 2.1). Zum Kontext im engeren Sinne zählt der Verein, die Schule, die Universität oder das Unternehmen, in dem bzw. der du arbeitest. Mit Kontext sind die jeweilige Kultur, die Regeln und Werte vor Ort gemeint. Der Kontext beeinflusst dein Handeln. Er gibt z. B. deine Entscheidungsspielräume in der Was-, Wer- und Wie-Dimension vor. Arbeitest du beispielsweise in einem Rehazentrum wie in dem von Aki, das ganz bewusst auf individualisierte Betreuung setzt? Dann gehst du anders mit deinem Knie-Patienten um, als wenn du die Vorgabe bekommst, rein isoliert das Knie „zu rehabilitieren". Deine professionelle Arbeit zum Thema „Doping" ist eine andere, wenn du als Journalist nicht auf plakative Bilder, griffige Sprüche und Sündenböcke setzen sollst, sondern auf Hintergründe zum Dopinggeschehen. Etwa jenen strukturellen Faktoren, die in der Steigerungslogik des Leistungssports selbst liegen. Zum Kontext im weiteren Sinne gehören soziale Bedingungen, die unserem professionellen Handeln den Rahmen geben. Corona ist hier erneut ein Beispiel, in diesem Fall für einen gesellschaftlichen Kontext, der unser professionelles studentisches und berufliches Handeln mehrere Jahre stark bestimmt und eingeschränkt hat.

Fazit Es gibt jede Menge spannende Berufe, die mit Sport zu tun haben. Du kannst Sport managen. In Schulen unterrichten. Mit Menschen in der Reha arbeiten. Im Verein als Coach tätig sein oder über Sport in Medien berichten. In der Regel setzen diese Berufe ein Sportstudium voraus. Im Studium spielt Wissenschaft jeweils eine große Rolle. Die Idee ist, dass dich ein wissenschaftliches Mindset im Beruf besser macht. Für das Studieren gilt dies natürlich ebenfalls: Kennst du die Tipps und Tricks der Wissenschaft, geht dir das Studieren leichter von der Hand. Egal, ob du studierst oder bereits in deinem Sportberuf arbeitest: Für dein professionelles Handeln gibt es ein Modell, an dem du dich orientieren kannst. Das hier vorgestellte MPH zeigt dir worauf es in deinem studentischen oder beruflichen Handeln ankommt. Es gibt dir eine praktische Orientierung.

Literatur

Abraham, A. (2015). *Understanding coaching as a judgement and decision making process: Implications for coach development practice*. Doctoral Thesis. University of Central Lancashire, United Kingdom.

Abraham, A., & Collins, D. (2011). Taking the next step: Ways forward for coaching science. *Quest, 63*(4), 366–384. https://doi.org/10.1080/00336297.2011.10483687.

Abraham, A., Jimenez, S. L., Mckeown, S., Morgan, G., Muir, B., & Till, K. (2015). *Planning your coaching: A focus on youth participant development*. 1–31. https://www.researchgate.net/.

Araújo, D., Hristovski, R., Seifert, L., Carvalho, J., & Davids, K. (2017). Ecological cognition: Expert decision-making behaviour in sport. *International Review of Sport and Exercise Psychology, 12*(1), 1–25. https://doi.org/10.1080/1750984x.2017.1349826.

Arnup, J., & Bowles, T. (2016). Should I stay or should I go? Resilience as a protective factor for teachers' intention to leave the teaching profession. *Australian Journal of Education, 60*(3), 229–244. https://doi.org/10.1177/0004944116667620.

Bailey, R., Cope, E. J., & Pearce, G. (2013). Why do children take part in, and remain involved in sport? A literature review and discussion of implications for sports coaches. *International Journal of Coaching Science, 7*(1), 56–75.

Balyer, A., & Özcan, K. (2017). Higher education administrators' managerial competency in Turkey. *International Online Journal of Educational Sciences*. https://doi.org/10.15345/iojes.2017.04.002.

Bette, K.-H. (1992). *Theorie als Herausforderung. Beiträge zur systemtheoretischen Reflexion der Sportwissenschaft*. Meyer & Meyer.

Bette, K.-H. (1999). *Systemtheorie und Sport*. Suhrkamp.

Bette, K.-H. (2015). *Sportsoziologie* (Themen der Soziologie). Transcript.

Bette, K.-H. (2019). *Sporthelden: Spitzensport in postheroischen Zeiten*. Transcript. https://doi.org/10.14361/9783839446331.

Borggrefe, C. (2018). ESport gehört nicht unter das Dach des organisierten Sports. *German Journal of Exercise and Sport Research, 48*(3), 447–450. https://doi.org/10.1007/s12662-018-0532-1.

Breuer, C., & Feiler, S. (2021). *Sportvereine in Deutschland: Ergebnisse aus der 8. Welle des Sportentwicklungsberichts Sportentwicklungsbericht für Deutschland 2020–2022—Teil 1*. Bundesinstitut für Sportwissenschaft.

Cohen, R., Nordin, D. S. M., & Abrahamson, E. (2013). *Sports Rehabilitation and Injury Prevention*. 275–296. https://doi.org/10.1002/9781118685150.ch15.

Collins, D., Carson, H. J., & Cruickshank, A. (2015). Blaming Bill Gates AGAIN! Misuse, overuse and misunderstanding of performance data in sport. *Sport, Education and Society, 20*(8), 1088–1099. https://doi.org/10.1080/13573322.2015.1053803.

Council of Europe (Hrsg.) (2022). Revised European Sports Charter. Recommendation CM/Rec(2021)5 Adopted by the Committee of Ministers on 13 October 2021 at the 1414th meeting of the Ministers' Deputies. Council of Europe.

Delaney, T., & Madigan, T. (2021). *The sociology of sports. An introduction*. Mac Farland & Company Inc.

Deutscher Olympischer Sportbund [DOSB]. (2022). BESTANDSERHEBUNG 2022 Fassung vom 01.10.2022 Stichtag der Erfassung: 1. Januar 2022. https://cdn.dosb.de/user_upload/www.dosb.de/uber_uns/Bestandserhebung/BE-Heft_2022.pdf.

Duttweiler, S. (2016). Körperbilder und Zahlenkörper. In S. Duttweiler & J.-H. Passoth (Hrsg.), *Leben nach Zahlen. Self-Tracking als Optimierungsobjekt?* (S. 221–252). Transcript.

Dweck, C. S. (2013). Grow your mindset. https://www.aacu.org/sites/default/files/files/ild/symonette.makeassessmentwork.dweck_.pdf.

Dweck, C. S. (2015). Mindset: The new psychology of success Carol S. Dweck, Ph.D. http://www.childstudysystem.org/uploads/6/1/9/1/6191025/mindset_book_study.pdf.

Eys, M. A., Loughead, T. M., Bray, S. R., & Carron, A. V. (2009). Perceptions of cohesion by youth sport participants. *The Sport Psychologist, 23*(3), 330–345. https://doi.org/10.1123/tsp.23.3.330.

Ferguson, T., Olds, T., Curtis, R., Blake, H., Crozier, A. J., Dankiw, K., Dumuid, D., Kasai, D., O'Connor, E., Virgara, R., & Maher, C. (2022). Effectiveness of wearable activity trackers to increase physical activity and improve health: A systematic review of systematic reviews and meta-analyses. *The Lancet Digital Health, 4*(8), e615–e626. https://doi.org/10.1016/S2589-7500(22)00111-X.

Glerum, J., Loyens, S. M. M., Wijnia, L., & Rikers, R. M. J. P. (2019). The effects of praise for effort versus praise for intelligence on vocational education students. *Educational Psychology, 40*(10), 1–17. https://doi.org/10.1080/01443410.2019.1625306.

Goller, M., Ursin, J., Vähäsantanen, K., Festner, D., & Harteis, C. (2019). Finnish and German student teachers' motivations for choosing teaching as a career. The first application of the FIT-Choice scale in Finland. *Teaching and Teacher Education, 85*, 235–248. https://doi.org/10.1016/j.tate.2019.06.023.

Gunderson, E. A., Gripshover, S. J., Romero, C., Dweck, C. S., Goldin-Meadow, S., & Levine, S. C. (2013). Parent praise to 1- to 3-year-olds predicts children's motivational frameworks 5 years later. *Child Development, 84*(5), 1526–1541. https://doi.org/10.1111/cdev.12064.

Hackfort, D., & Schinke, R. J. (2020). Introduction. In D. Hackfort & R. J. Schinke (Hrsg.), *The Routledge international encyclopedia of sport and exercise psychology* (S. 1–8). Routledge.

Haimovitz, K., & Dweck, C. S. (2017). Parents' views of failure predict children's fixed and growth intelligence mind-sets. *Psychological Science, 27*(6), 859–869. https://doi.org/10.1177/0956797616639727.

Hänsel, F., Baumgärtner, S. D., Kornmann, J. M., & Ennigkeit, F. (2022). Sportpsychologie. 279–294. https://doi.org/10.1007/978-3-662-63616-9_15.

Harris, J. (2020). If you can't do teach: Exploring short-termism in the teaching profession. *International Journal of Educational Research, 99*, 101519. https://doi.org/10.1016/j.ijer.2019.101519.

International Olympic Commitee [IOC]. (2021). Beijing 2022 Facts and Figures. https://olympics.com/ioc/beijing-2022-facts-and-figures.

Johnson, J. G., & Raab, M. (2003). Take the first: Option-generation and resulting choices. *Organizational Behavior and Human Decision Processes, 91*(2), 215–229. https://doi.org/10.1016/s0749-5978(03)00027-x.

Joisten, C. (2020). Bewegung als Fundament einer gesunden Entwicklung von Kindern und Jugendlichen. In C. Breuer, C. Joisten, & W. Schmidt (Hrsg.), Vierter Deutscher Kinder- und Jugendsportbericht. Gesundheit, Leistung und Gesellschaft. (S. 78–98). Hofmann.

Kher-Durlabhji, N., Lacina-Gifford, L. J., Carter, R. C., & Lalande, L. K. (1997). A career in teaching: Comparing views of gifted and talented adolescents. *Journal of Advanced Academics, 9*(1), 21–27. https://doi.org/10.1177/1932202x9700900104.

Koerner, S., & Staller, M. S. (2020). Coaching self-defense under COVID-19: Challenges and solutions in the police and civilian domain. *Security Journal*, 1–15. https://doi.org/10.1057/s41284-020-00269-9.

Kriemler, S., & Schmitt, H. (2020). Bewegung und Sport bei ausgewählten chronischen Erkrankungen. In C. Breuer, C. Joisten, & W. Schmidt (Hrsg.), Vierter Deutscher Kinder- und Jugendsportbericht. Gesundheit, Leistung und Gesellschaft. (S. 147–176). Hofmann.

Krüger, M. (2022). Sport – Begriff und Geschichte. (Historische und internationale) Sportbegriffe. In A. Güllich & M. Krüger (Hrsg.), *Grundlagen von Sport und Sportwissenschaft: Handbuch Sport und Sportwissenschaft* (S. 23–38). Springer Berlin Heidelberg. https://doi.org/10.1007/978-3-662-53404-5.

Langenfeld, H. (2010). Geschichte der Sportarten. In M. Krüger & H. Langenfeld (Hrsg.), *Handbuch Sportgeschichte* (S. 242–252). Hofmann.

Lenzen, D. (1989). Melancholie, Fiktion und Historizität. Historiographische Optionen im Rahmen einer Historischen Anthropologie. In G. Gebauer, D. Kamper, D. Lenzen, G. Mattenklott, C. Wulf, & K. Wünsche (Hrsg.), *Historische Anthropologie. Zum Problem der Humanwissenschaften heute oder Versuche einer Neubegründung*. (S. 13–47). Rowohlt.

Lupton, D. (2016). *The quantified self*. Wiley.

Mageau, G. A., & Vallerand, R. J. (2003). The coach–athlete relationship: A motivational model. *Journal of Sports Sciences, 21*(11), 883–904. https://doi.org/10.1080/0264041031000140374.

Markland, D., & Tobin, V. (2004). A Modification to the behavioural regulation in exercise questionnaire to include an assessment of amotivation. *Journal of Sport and Exercise Psychology, 26*(2), 191–196. https://doi.org/10.1123/jsep.26.2.191.

Mast, C. (1995). Heinz Purer/Johannes Raabe: Medien in Deutschland – Band 1: Presse. – München: Verlag Ölschläger 1994, 569 Seiten mit zahlr. Tab. und Abb., DM 48,–. *Publizistik, 40*(1), 100–102. https://doi.org/10.1007/bf03654443.

Moser, J. S., Schroder, H. S., Heeter, C., Moran, T. P., & Lee, Y.-H. (2011). Mind your errors. *Psychological Science, 22*(12), 1484–1489. https://doi.org/10.1177/0956797611419520.

MSW (Hrsg.) (2014). *Rahmenvorgaben für den Schulsport in Nordrhein-Westfalen*. Ministerium für Schule und Weiterbildung des Landes Nordrhein-Westfalen.

Mueller, C. M., & Dweck, C. S. (1998). Praise for intelligence can undermine children's motivation and performance. *Journal of Personality and Social Psychology, 75*(1), 33–52. https://doi.org/10.1037/0022-3514.75.1.33.

Ofoghi, B., Zeleznikow, J., MacMahon, C., & Raab, M. (2013). Data mining in elite sports: A review and a framework. *Measurement in Physical Education and Exercise Science, 17*(3), 171–186. https://doi.org/10.1080/1091367X.2013.805137.

Ohlert, J., Kleinknecht, C., & Kleinert, J. (2015). Group cohesion reworded: Measuring group cohesion perceptions in sport. *Sportwissenschaft, 45*(3), 116–126. https://doi.org/10.1007/s12662-015-0364-1.

Osguthorpe, R., & Sanger, M. (2013). The moral nature of teacher candidate beliefs about the purposes of schooling and their reasons for choosing teaching as a career. *Peabody Journal of Education, 88*(2), 180–197. https://doi.org/10.1080/0161956x.2013.775871.

Prohl, R. (2010). *Grundriss der Sportpädagogik* (3., überarb. Aufl.). Limpert.

Prohl, R., & Scheid, V. (2009). Die gesellschaftliche Bedeutung des Sports in der Vergangenheit und Gegenwart. In V. Scheid & V. Scheid (Hrsg.), *Sport und Gesellschaft* (6. Aufl.). Limpert.

Rode, D., & Stern, M. (2019). *Self-Tracking, Selfies, Tinder und Co. Konstellationen von Körper, Medien und Selbst in der Gegenwart*. Transcript. https://doi.org/10.14361/9783839439081-001.

Schimank, U. (2005). *Differenzierung und Integration der modernen Gesellschaft. Beiträge zur akteurzentrierten Differenzierungstheorie 1*. VS Verlag.

Schüler, J., Wegner, M., & Plessner, H. (Hrsg.). (2020). *Sportpsychologie, Grundlagen und Anwendung*. Springer Nature. https://doi.org/10.1007/978-3-662-56802-6.

Schürmann, V. (2019). Am Fall eSport: Wie den Sport bestimmen? *German Journal of Exercise and Sport Research, 49*(4), 472–481. https://doi.org/10.1007/s12662-019-00622-0.

Schürmann, V. (2020). *Mündige Leiber. Grundlagen von modernem Sport und körperlicher Bildung*. wbg Academic.

Schwier, J. (1998). „Do the right things"—Trends im Feld des Sports. dvs-Informationen, *13*(2), 7–13.

Skaalvik, E. M., & Skaalvik, S. (2011). Teacher job satisfaction and motivation to leave the teaching profession: Relations with school context, feeling of belonging, and emotional exhaustion. *Teaching and Teacher Education, 27*(6), 1029–1038. https://doi.org/10.1016/j.tate.2011.04.001.

Smetackova, I., Viktorova, I., Martanova, V. P., Pachova, A., Francova, V., & Stech, S. (2019). Teachers between job satisfaction and burnout syndrome: What makes difference in czech elementary schools. *Frontiers in Psychology, 10*, 2287. https://doi.org/10.3389/fpsyg.2019.02287.

Staller, M. S. (2021). *Optimizing coaching in police training* (Doctoral Thesis). Leeds Beckett University.

Staller, M., & Körner, S. (2023). *Grundlagen wissenschaftlichen Arbeitens in der Polizei – Wissenschaftliches Denken, Arbeiten, Handeln, Forschen und Kommunizieren.* Springer Gabler. https://doi.org/10.1007/978-3-658-415 18-1.

Steinberg, C., & Bonn, B. (Hrsg.). (2021). *Digitalisierung und Sportwissenschaft* (1. Aufl.). Academia.

Steinmann, A., Scharf, M., Ziegler, T., & Körner, S. (2022). Beteiligung und Mitbestimmung in der Dopingprävention. In M. Wegner & J. Jürgensen (Hrsg.), *Sport, Mehr & Meer – Sportwissenschaft in gesellschaftlicher Verantwortung.25. dvs-Hochschultag · Kiel / virtuell · 29.–31. März 2022* (S. 41–42). Christian Albrechts Universität Kiel.

Stichweh, R. (1990). *Sport—Ausdifferenzierung, Funktion, Code. 20*(4), 373–389.

Straßner, E. (1999). *Zeitung*. https://doi.org/10.1515/9783110938036.

Wahl, C. A., Gnacinski, S. L., Nai, M. M., & Meyer, B. B. (2020). Psychological predictors of perceived stress and recovery in sport. *Sport, Exercise, and Performance Psychology, 9*(3), 292–307. https://doi.org/10.1037/spy000 0175.

Wang, D., & Zhang, L. J. (2021). Sustainability as a goal in teaching workforce retention: Exploring the role of teacher identity construction in preservice teachers' job motivation. *Sustainability, 13*(5), 2698. https://doi.org/ 10.3390/su13052698.

Wendeborn, T., Schulke, H. J., & Schneider, A. (2018). ESport: Vom Präfix zum Thema für den organisierten Sport. *German Journal of Exercise and Sport Research, 48*(3), 451–455. https://doi.org/10.1007/s12662-018-0533-0.

Werron, T. (2009). *Der Weltsport und sein Publikum. Zur Autonomie und Entstehung des modernen Sports.* Velbrück.

Wikipedia (17. August 2023). Sport. https://de.wikipedia.org/wiki/Sport

Williams, S., & Manley, A. (2014). Elite coaching and the technocratic engineer: Thanking the boys at Microsoft! *Sport, Education and Society, 21*(6), 1–23. https://doi.org/10.1080/13573322.2014.958816.

World Health Organization [WHO]. (2023). *Constitution.* https://www.who.int/about/governance/constitution.

World Health Organization. (2018). *Global action plan on physical activity 2018–2030: More active people for a healthier world.* World Health Organization. https://apps.who.int/iris/handle/10665/272722.

Yüce, K., Şahin, E. Y., Koçer, Ö., & Kana, F. (2013). Motivations for choosing teaching as a career: A perspective of pre-service teachers from a Turkish context. *Asia Pacific Education Review, 14*(3), 295–306. https://doi.org/10.1007/s12564-013-9258-9.

3

„Let's go": Wissenschaft im Sportstudium

Sam
Studenty Sport-Lehramt

Sam: Gibt's was Wichtiges? Hab gleich noch Training und es ziemlich eilig. Ich bin mal sehr direkt hier in der Runde: Was ich am Sportstudium vor allem schätze, ist der Sport. Wissenschaft spielt für mich nicht so die Rolle. Und jetzt hier noch ein Buch dazu…

ChatPTC
Sidekick

ChatPTC: Natürlich gibt es noch mehr Bücher, die sich hervorragend für eine Einführung in das Sportstudium eignen. „Sport: Das Lehrbuch für das Sportstudium" von Michael Krüger und Arne Güllich ist ein bekanntes und umfassendes Werk, das speziell für Studierende der Sportwissenschaft konzipiert wurde. Dieses Buch wird oft als Standardwerk für das Grundstudium in Sportwissenschaften angesehen und deckt eine breite Palette von Themen ab, die für das Sportstudium relevant sind…

Sam
Studenty Sport-Lehramt

Sam: Äh, das meine ich ja, es gibt ja schon ein Buch. Wozu noch ein weiteres Buch? Was soll der Shit?

3 „Let's go": Wissenschaft im Sportstudium

Günter Fetzer
Ehemaliger Profisportler

Günter Fetzer: Hört zu! Shit oder nicht Shit, das ist hier die Frage…

Milan
Sport-Student

Milan: Hey Leute. Also ich kann gerade ein paar Tipps zum wissenschaftlichen Arbeiten sehr gut gebrauchen. Ich muss nämlich 'ne Hausarbeit schreiben. Ich habe keinen Plan, wie ich das machen soll. Hat mir bislang keiner gezeigt an der Uni. Könnt ihr mir da helfen?

Swen (er/ihm)
Professory

Swen: Klar, da haben wir hier auf jeden Fall etwas für dich, Milan. Das ist der Grund, warum wir dieses Buch schreiben.

Sam
Studenty Sport-Lehramt

Sam: Ok, ich fühl mich angesprochen. Ich hör' mir das mal an. Hab' ja noch 30 min Zeit bis das Training beginnt. **Let's go!**

Wer sich wie Sam und Milan für ein Sportstudium entscheidet, der tut dies vermutlich zunächst wegen Sport. Und weniger aus Liebe zur Wissenschaft. Sport zu studieren beinhaltet jedoch immer, sich mit Sport wissenschaftlich auseinanderzusetzen. Unter § 2 „Ziel des Studiums" heißt es z. B. in der aktuell gültigen Prüfungsordnung der Deutschen Sporthochschule Köln (DSHS) klipp und klar:

„Das Studium im Rahmen des gestuften Bachelor- und Masterstudiengangs soll den Studierenden unter Berücksichtigung der Anforderungen und Veränderungen in der Berufswelt die erforderlichen fachlichen Kenntnisse, Fähigkeiten und Methoden so vermitteln, dass sie zu sportwissenschaftlicher Arbeit, zu wissenschaftlich fundierter Urteilsfähigkeit, zur kritischen Einordnung der wissenschaftlichen Erkenntnisse und zu verantwortlichem Handeln befähigt werden." (DSHS, 2022) (S. 2)

So oder so ähnlich wirst du es in allen Prüfungsordnungen hierzulande formuliert finden. An Wissenschaft führt kein Weg vorbei. Wenn du Sport studierst, ist Wissenschaft zunächst keine Frage des Wollens, sondern des Sollens. Das wird spätestens klar, wenn wir uns die konkreten Aufgaben im Studium angucken: Präsentationen erstellen und Vorträge halten, mündliche Prüfungen, Klausuren schreiben, schriftliche Hausarbeiten und Abschlussarbeiten verfassen.

Die einzelnen Fähigkeiten, die du dir dabei aneignest, benötigst du im Verlauf deines Studiums immer wieder. Eine Literaturrecherche z. B., die du für eine Präsentation machst, ist ein wichtiger Skill. Den benötigst du auch für deine Bachelorarbeit. Das Zitieren (*Zitieren und referenzieren*, siehe Tools) im APA-Stil in einer Hausarbeit brauchst du ebenfalls für deine Bachelorarbeit.

Wir sind ziemlich sicher, dass wir dir jetzt brauchbare Tipps und Tricks an die Hand geben. Sie werden dir im Studium helfen. Im Verlauf wird Wissenschaft für dich immer zugänglicher. Disclaimer: Wir haften nicht für den Fall, dass du plötzlich willst, was du sollst. Also Spaß daran bekommen haben solltest, wissenschaftlich zu denken und zu arbeiten. Also, *Let's go*.

3.1 Vom Problem zur Lösung

Im Sportstudium erwarten dich zahlreiche akademische Aufgaben. Die Aufgaben werden dich wissenschaftlich fordern. Vom Ergebnis her geht es dabei in vielen Fällen schon um die sprichwörtliche „Wurst". Für manche Leistungen, die du für die erfolgreiche Teilnahme an einer Veranstaltung erbringen musst, wirst du keine Note bekommen. Andere werden benotet. Das sind deine Prüfungen. Einige dieser Prüfungsnoten werden auf deinem Abschlusszeugnis stehen. Sie geben deiner Gesamtstudienleistung am Ende das Prädikat. Studien- und Prüfungsleistungen bilden den ernsten Teil deines Sportstudiums. Je wissenschaftlicher du sie angehen wirst, desto besser werden die Ergebnisse ausfallen.

Die häufigsten und wichtigsten Studien- und Prüfungsleistungen in der Theorie (die sportpraktischen Prüfungen klammern wir hier aus, da sie dir keine wissenschaftlichen Leistungen im engeren Sinne abverlangen) sind folgende: Hausarbeit, Vortrag bzw. Referat, mündliche Prüfung, Klausur und Abschlussarbeit. Auf sie gehen wir im Folgenden der Reihe nach ein. Der Masterplan ist klar: Abgeleitet aus dem Modell Professionellen Handelns (siehe Abschn. 2.3) bietet dir das Modell Professionellen Studierens (MPS, siehe Abb. 3.1) hierfür die Orientierung.

In Bezug darauf, *wie* du jede einzelne dieser Aufgaben professionell angehen kannst, geben wir dir gleich detaillierte Tipps und Tricks. Bevor wir uns die Frage vornehmen, wie du dich am besten auf Vorträge, Klausuren und mündliche Prüfungen vorbereitest und Präsentationen oder schriftliche Arbeiten erstellst (*Wie-Dimension*, siehe Abb. 3.1), möchten wir kurz wichtige Checkpunkte nennen. Das sind Punkte, die du für *alle* Studien- und Prüfungsleistungen und für *jede* einzelne von ihnen im Blick haben und *im Vorfeld* klären musst:

- *Was-Dimension:* Hier geht es jeweils um die Inhalte. Was *genau* ist das Thema deines Referats, deiner Hausarbeit, deiner mündlichen Prüfung etc.? Es klingt banal, aber diese Frage muss im Vorfeld eindeutig beantwortet sein. In manchen Fällen kannst du selbst die Inhalte wählen oder zumindest mitbestimmen, in anderen bekommst du sie von deiner Dozentin vorgesetzt. Solltest du wählen können,

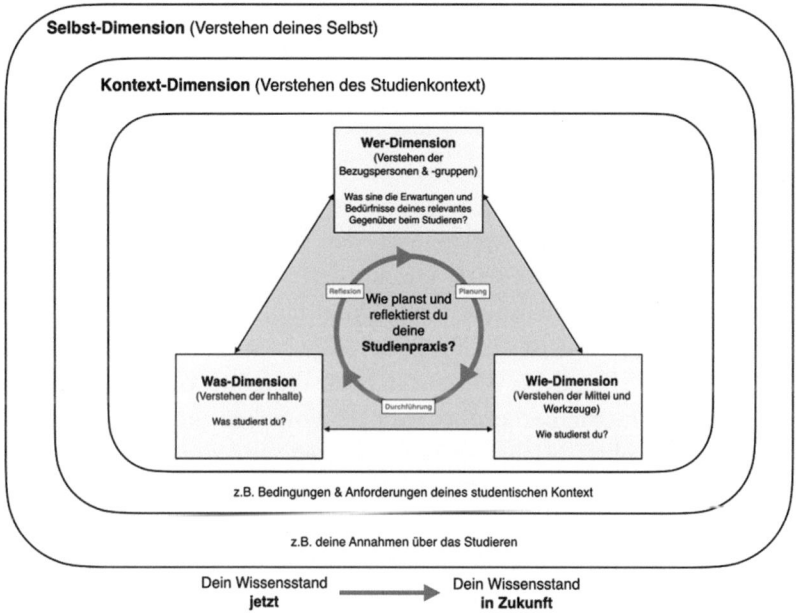

Abb. 3.1 Modell Professionellen Studierens (MPS)

wähle Inhalte, die du selbst interessant findest und die für dich relevant sind.

Sam
Studenty Sport-Lehramt

Sam: Ja, genau. Das war in meiner mündlichen Modulprüfung letztens so. Da hab' ich das Thema Motivation gewählt. Der Dozent hat uns Themen zur Verfügung gestellt, unter denen wir auswählen konnten. Das Lernen hat Spaß gemacht, die Prüfung war top!

- *Wer-Dimension:* Egal, welche Art der Studien- und Prüfungsleistung du zu erbringen hast, checke die relevanten Bezugspersonen und -gruppen. Sprich mit dem Dozenten, bei dem du die Leistung erbringst. Was ist die Deadline? Welche speziellen Wünsche und Erwartungen hat deine Dozentin bzw. Prüferin? Gibt es besondere inhaltliche, methodische und formale Vorgaben, an denen du dich orientieren sollst? Nach welchen Kriterien wird die Arbeit bewertet? Zur Wer-Dimension gehört bei Vorträgen auch dein Publikum. Versetze dich in die Perspektive deiner Zuhörer*innen. Welche besonderen Erwartungen und Wünsche haben sie an deinen Vortrag? Mit welchen Bezügen kannst du ihr Interesse wecken bzw. verstärken? Aus der Forschung wissen wir, dass das Publikum motiviert am Ball bleibt, wenn es die Inhalte nützlich findet (Jones, 2009). Deshalb macht es Sinn, dass du dir darüber Gedanken machst, warum die von dir präsentierten Inhalte und Themen auch für dein Publikum wichtig sind.
- *Kontext-Dimension:* Für jede Studien- und Prüfungsleistung gibt es Vorgaben. Diese musst du zwingend beachten. Sie bilden den Kontext deiner Arbeit. Neben den Vorgaben deiner Dozentys, die du direkt bei ihnen erfragst, findest du weitere wichtige „Formalia" in der jeweils für dich gültigen Studien- und Prüfungsordnung. Wie viele Seiten muss deine Bachelorarbeit umfassen? Welche Schriftarten und welchen Zeilenabstand sollst du benutzen? Nach welchem Stil müssen Quellen zitiert und bibliographiert werden? Existieren *Formatvorlagen* (siehe Tools) für Präsentationen etc.? Gibt es eine offizielle Sprachregelung, die du beachten musst (*Inklusive Sprache*, siehe Tools)? Kläre diese Fragen zu Beginn deiner Arbeit.
- *Selbst-Dimension:* Studien- und Prüfungsleistungen machen Arbeit. Sie kosten dich Zeit und Energie. Nicht selten bedeuten sie auch Stress. Entscheidend ist, *wie* du dazu stehst. Was bedeuten Arbeit,

Aufwand und Stress für dich? Deine Reflexion darauf ist wichtig. Denn Forschungen zeigen, dass deine Bewertung dieser Belastungen darüber entscheidet, wie du auf sie reagieren wirst (Keller et al., 2012). Einfach gesagt: Wenn du in Anstrengung und Stress positive Zeichen siehst, die anzeigen, dass du dich gerade weiterentwickelst und dabei bist zu lernen, werden sie dir nichts anhaben können. Im Gegenteil. Du weißt: Immer wenn es sich anstrengend anfühlt, lernst du gerade! Es gibt somit keinen Grund, der Anstrengung und ihren physiologischen und psychologischen Begleiterscheinungen aus dem Weg zu gehen. Dass du es mit der Anstrengung nicht übertreiben sollst, ist dir aus dem Training klar. Gute Belastung erfordert gute Erholung!

Milan
Sport-Student

- *Milan: Ok, das wusste ich so noch nicht, ich dachte, Stress ist negativ. Apropos Anstrengung und Arbeit: Ich hab' da ein Problem: Nämlich meine Hausarbeit zu „Persönlichkeitsentwicklung durch Sportunterricht". Wie gehe ich das am besten an? Die Arbeit muss in vier Wochen im Kasten sein…*

Bevor wir uns um Milans Problem kümmern: Zur Selbst-Dimension gehört auch folgende Routine: Mach dir immer klar, was deine persönliche Meinung zu einer Fragestellung ist. Mach dir dann klar, dass deine Meinung und Annahmen deine wissenschaftliche Bearbeitung beeinflussen werden. Wissenschaft als methodische Kontrolle setzt hier an. Sie korrigiert deine *subjektiven Theorien* (Glossar), die du ganz selbstverständlich gegenüber Weltsachverhalten hast. Am Ende deines Referats oder deiner Hausarbeit kann nämlich herauskommen, dass du wissenschaftlich gesehen nun anderer Meinung sein musst als zuvor. Auch wenn es dich irritiert. Stichwort: *Growth-Mindset* (siehe Abschn. 2.3).

3.2 Hausarbeit

Haus- bzw. Seminararbeiten, wie sie Milan gerade schreiben muss, gehören zu den typischen Aufgaben im Sportstudium. Sie umfassen in der Regel viele Seiten. In ihnen steckt eine Menge Arbeit. Von den Themen her können Hausarbeiten ziemlich unterschiedlich sein. Es gibt Themen, die auf die Beantwortung einer konkreten Fragestellung abzielen. Auf manche Fragen gibt es vermeintlich auch eine „richtige" Antwort. Es gibt aber auch Frage- und Problemstellungen, die sich nicht eindeutig beantworten lassen. Da wirst du verschiedene Antworten und Standpunkte begründet abwägen müssen. So unterschiedlich die Ausgangslage bei Hausarbeiten auch sein mag, sie verbindet ein wichtiger Punkt: das *wissenschaftliche Mindset* (siehe Abschn. 2.2) während der Bearbeitung. Es geht also darum, systematisch und transparent vorzugehen und sich dabei eines wissenschaftlichen Wissens zu bedienen. Du erinnerst dich: Wissenschaftlich ist ein Wissen, das methodisch kontrolliert erzeugt wurde.

Im Idealfall kannst du dir das Thema deiner Arbeit (mit-)aussuchen. Ein Thema, auf das du selbst Lust hast, ist ein ziemlicher Erfolgsgarant für eine gute Hausarbeit. In der Regel ist es so, dass wir Sachen, die wir selbst aussuchen können, motiviert angehen. Motivierter als Dinge, die man uns vorgibt zu tun. Selbst Entscheidungen treffen zu können, motiviert uns Menschen (Deci & Ryan, 1993). Wenn wir motiviert sind, laufen Anstrengung und Arbeit quasi nebenbei. Es mag aber auch sein, dass du ein Thema von deinem Dozenty bekommst. Wenn du einen klaren Plan hast, was zu tun ist, wird aber auch das für dich kein Problem sein.

Und hier kommt der Plan:

1. Kläre dein Thema und deine Voraussetzungen
2. Verschaffe dir einen ersten Überblick
3. Erweitere den Überblick und vertiefe dein Wissen
4. Schreib' die Arbeit

Milan
Sport-Student

Milan: Ok, bitte genauer…

3.2.1 Dein Plan

Phase 1: Kläre dein Thema und deine Voraussetzungen

Nachdem du mit deinem Dozenten geklärt hast, welches Thema, und innerhalb deines Themas, welches Problem bzw. welche Fragestellung du bearbeiten möchtest, machst du dir deine eigene Meinung dazu klar: „Wie denke ich über dieses Thema?" In vielen Fällen wirst du nämlich wahrscheinlich zu einer Fragestellung bereits eine mehr oder weniger ausgeprägte Antwort parat haben. Das ist normal und faktisch eine Voraussetzung. Wichtig ist, dass du sie dir in einem ersten Schritt klar machst. Denn beim wissenschaftlichen Bearbeiten einer Fragestellung geht es nicht darum, deine vorgefasste Meinung zum Thema sozusagen rückwärts mit ausgewählten *wissenschaftlichen Quellen* (siehe Glossar) zu bestätigen (*kognitive Verzerrungen*, siehe Glossar). In einem zweiten Schritt schiebst du diese Antwort sprichwörtlich aus dem Spielfeld und wendest dich der Beantwortung der Frage mit *wissenschaftlichen* Mitteln zu. Das heißt vor allem: Der Beantwortungsprozess ist grundsätzlich ergebnisoffen.

Milan
Sport-Student

Milan: Oha, guter Hinweis, bei mir ist das so. Ich hab' das Thema gewählt, weil ich es interessant finde. Ich gehe bislang auch davon aus, dass das so ist, also, dass Sportunterricht die Persönlichkeit von Schülys positiv beeinflusst. Wie gehe ich denn jetzt weiter vor?

3 „Let's go": Wissenschaft im Sportstudium

Günter Fetzer
Ehemaliger Profisportler

Günter Fetzer: Hör zu Milan! Das heißt doch in der Praxis, dass du dich nicht nur mit Leuten beschäftigst, die erzählen, dass der Sportunterricht positiv wirkt. Du würdest dir auch die anderen Klamotten angucken...

Genau Günter. Und das Klären der Voraussetzungen geht noch einen Schritt weiter. Du hast nämlich nicht nur eine eigene subjektive Annahme zu deiner Frage- oder Problemstellung. Du setzt mit deiner Fragestellung in der Regel auch etwas voraus. Am Beispiel von Milans Thema: Hier wird vorausgesetzt, dass Persönlichkeit von außen (hier: durch Sportunterricht) gezielt beeinflusst werden kann. Man kann das auch anders sehen. In einem deterministischen Weltbild würde man davon ausgehen, dass die Persönlichkeit von Menschen in sehr hohem Maße vorbestimmt ist, z. B. durch Gene (Treml, 1981), und deshalb gar nicht verändert werden kann. Diese Klärung ist High-End. Wir nennen sie Reflexivität.

> **Nerdy**
>
> Für viele Wissenschaften ist Evidenz das höchste Gut (Stone, 1966). Wissenschaftliche Evidenz wird vor allem an methodisch kontrolliert erzeugten statistischen Ergebnissen festgemacht. Evident sind Ergebnisse dann, wenn sie zahlenmäßig eindeutig und sauber ermittelt worden sind (Koerner, 2012; Staller & Koerner, 2021). Z. B. ist die Fragestellung, ob und wie Sportunterricht auf die Persönlichkeit von Schüler*innen wirkt, eine Frage von Evidenz. Was sagen empirische Studien zu dieser Frage?

> Im Unterschied zur Evidenz, die die Möglichkeit einer Beziehung zwischen Variablen (hier: Sportunterricht/Persönlichkeit) voraussetzt, besteht wissenschaftliche Reflexivität genau darin, diese Voraussetzung zu thematisieren. Reflexiv ist Forschung also dann, wenn sie die ihr zugrunde liegenden Annahmen und Voraussetzungen reflektiert (Koerner, 2015; Koerner & Staller, 2022). Aus evidenzbasierter Sicht verlangt die unterstellte Beziehung zwischen Sportunterricht und Persönlichkeitsentwicklung nach immer neuen Studien. Bestehende Evidenzen verlangen somit nach mehr Evidenzen. In reflexiver Hinsicht steht die Frage nach den Annahmen im Raum, auf denen diese Forschung basiert. Unterstellt wird ein gerichteter Einfluss, in der Regel: ein positiver Einfluss. Die Relevanz der Frage ist dabei gesetzt. Reflexivität ermöglicht somit auch zu sehen, was im Moment der aktuellen Forschungsfrage nicht zu sehen ist: Etwa andere mögliche Fragestellungen, die nicht erforscht werden.

Reflexiv verfährst du also dann, wenn du die Vorannahmen deiner Fragestellung in den Blick nimmst. Zu einer richtig guten Seminararbeit gehört, dass du die Leser kurz über diese Vorannahmen aufklärst. Die Klärung deiner Voraussetzungen ist methodisch kontrolliert. Du arbeitest wissenschaftlich. Nachdem du deine Vorannahmen identifiziert hast, solltest du nochmal deine Problem- bzw. Fragestellung checken. Musst du sie präzisieren? Ist die Fragestellung klar umrissen? Weißt du genau, um was es geht? Wenn du das für dich präzisiert hast, gehst du in die nächste Phase. Du verschaffst dir einen Überblick. Du recherchierst, was die Forschung zu deiner Frage- bzw. Problemstellung zu sagen hat.

Phase 2: Verschaffe dir einen ersten Überblick

Sich mit dem Stand der Wissenschaft über ein neues Thema auseinanderzusetzen ist wie das Erkunden einer dir noch nicht bekannten Gegend. Zu fast jedem Thema gibt es unglaublich viel Forschung. Deshalb macht es Sinn, sich zunächst einen groben Überblick zu verschaffen. Danach kannst du tiefer in die einzelnen Aspekte eintauchen. Wie das geht? Easy!

Sprich mit anderen über dein Thema. Blätter' in deinen Studienunterlagen nach, *google* nach Medienbeiträgen dazu. Findest du Podcast-Folgen? YouTube Videos? Ted-Talks? Im Verlauf dieser ersten groben

Recherche in populären Quellen, *Grauer Literatur* (siehe Glossar) und wissenschaftlicher Literatur erhältst du einen ersten Überblick über dein Thema. Das sind noch nicht zwingend die Quellen, mit denen du in deiner Hausarbeit als Belege arbeitest. Denn die methodische Kontrolle der Informationen ist hier in vielen Fällen nicht gesichert. Typischerweise „hauen" Podcast-Folgen, Ted-Talks und YouTube Videos „Meinungen" heraus, die nicht selten mit passenden Studien aus der Wissenschaft belegt werden. Methodisch ist das in-korrekt: In der Sache verzerrt. Durch „passende" (*argumentative Fehlschlüsse*, siehe Glossar) Studienergebnisse bestätigt (*kognitive Verzerrungen*, siehe Glossar). Das aber ist eigentlich kein Problem, sondern ganz normal. Problematisch wäre es nur, wenn dir diese Einschränkungen nicht klar wären und du deine Hausarbeit anhand von Populärquellen (im Vergleich zu *wissenschaftlichen Quellen*, siehe Glossar) aufbaust. Die erste Übersicht ist nützlich. Du kannst die Ergebnisse für dich klar strukturieren: Welche Informationen findest du in den Quellen? Gibt es in Bezug auf dein Thema Verweise auf *wissenschaftliche Quellen* (siehe Glossar)? Fass' deine bisherigen Überlegungen schriftlich zusammen. Wenn dir das schwerfällt, trainiere das Schreiben mit einer KI wie ChatGPT (*Texte generieren mit KI*, siehe Tools).

Nachdem du dich deinem Thema angenähert hast und einen ersten Überblick über den Wissenschaftsstand bekommen hast, gehst du nun den nächsten Schritt. Als erste Information hast du wahrscheinlich wichtige *Theorien* (siehe Tools), Konzepte, Modelle, Urteile sowie auch in dem Themenfeld forschende Personen gefunden: Das sind ideale Startpunkte, um jetzt richtig einzutauchen und dein Wissen zu vertiefen.

Phase 3: Erweitere deinen Überblick und vertiefe dein Wissen

Jetzt wird es feiner. Deine Vertiefung beginnt. Du recherchierst gezielt in anerkannten Datenbanken der Wissenschaft nach *wissenschaftlichen Quellen* (siehe Glossar) in *wissenschaftlichen Fachzeitschriften* (siehe Glossar). Zu den kostenfreien Datenbanken zählen z. B. *Google Scholar* (siehe Glossar) und *Research Gate*. Hier findest du sicher zahlreiche wichtige Veröffentlichungen zu deinem Thema. Im Rahmen der *Open Science* Bewegung (siehe Glossar) oder als Vorab-Veröffentlichung (*Pre-Print*, siehe Glossar) sind diese für dich frei zugänglich. Für deine Suche nutzt du eindeutige Suchbegriffe. Diese kannst du z. B. mit der *Blockbuilding-Methode* anwenden. Wie das geht, kannst du in den Tools nachlesen (siehe *Literaturrecherche, Scoping Review*). In diesem Verfahrensschritt erschließt du dir systematisch sogenannte Primär- und Sekundärquellen. Am besten solche, die gereviewed (*Review Beitrag*, siehe Glossar) worden sind. Primärquellen sind Publikationen, in denen zum ersten Mal eine Theorie, ein Modell oder eine empirische Untersuchung veröffentlicht worden ist. Sekundärquellen sind Quellen, die auf diese Primärquellen Bezug nehmen, indem sie diese *zitieren* (*Zitieren und referenzieren*, siehe Tools).

Beispiel 1: Prinzip der Superkompensation im Training

Die Primärquelle hierfür ist folgende Veröffentlichung in deutscher Sprache, bibliographiert nach dem APA-Standard:
Jakovlev, N. N. (1977). Sportbiochemie. *Sportmedizinische Schriftenreihe der Deutschen Hochschule für Körperkultur*. Leipzig: J.A. Barth.
Auf diese Primärquelle nimmt u. a. folgende Sekundärquelle Bezug:
Weineck, J. (2009). *Optimales Training. Leistungsphysiologische Trainingslehre unter besonderer Berücksichtigung des Kinder- und Jugendtrainings*. Balingen: Spitta Verlag.
Beachte, dass wissenschaftliche Primärquellen durch den Mechanismus der Zitation (*Zitieren und referenzieren*, siehe Tools) auf anderen Quellen basieren, also gleichzeitig immer auch Sekundärquellen sind (und umgekehrt).

Beispiel 2: Persönlichkeitsentwicklung durch Sportunterricht

Eine Primärquelle für den empirischen Zusammenhang ist folgende auf *Google Scholar* ermittelte Veröffentlichung:

3 „Let's go": Wissenschaft im Sportstudium

> [BUCH] **Persönlichkeitsentwicklung** durch Schulsport: Theorie, Empirie und Praxisbausteine der Berner Interventionsstudie Schulsport (BISS)
> A Conzelmann, M Schmidt, S Valkanover - 2011 - books.google.com
> ... Die Phase der pädagogischen Postulate zu den positiven Wirkungen **sport**licher Aktivitäten auf die **Persönlichkeitsentwicklung** dauert bis heute an und besitzt nach wie vor hohe ...
> ☆ Speichern 🗩 Zitieren Zitiert von: 117 Ähnliche Artikel Alle 2 Versionen »
>
> Diese Publikation wurde 117 Mal in anderen Publikationen zitiert. In Bezug auf die Darstellung einzelner Aspekte aus der „Berner Interventionsstudie Schulsport" handelt es sich dabei jeweils um Sekundärquellen. Übrigens: Die Anzahl der Zitationen einer Publikation gilt in manchen Wissenschaftsdisziplinen als Qualitätsmaß (*Impact Factor*, siehe Glossar).

Idealerweise gibt es gute Sekundärliteratur zu deinem Thema. Also z. B. einen Beitrag in einem *Herausgeberband* (siehe Glossar), der eine relevante *Theorie* (siehe Tools) beleuchtet. Oder eine *systematische Übersichtsarbeit* (siehe Glossar), die dir einen Überblick zur empirischen Studienlage liefert. In dieser Phase macht es Sinn, zunächst nur die Zusammenfassungen zu *lesen* (siehe Tools). Für Zeitschriftenartikel und Handbuchbeiträge existieren in der Regel sog. *Abstracts* (siehe Glossar). Abstracts stellen das Kernanliegen vor. Sie sind kurz und stellen dar, worum es in dem Beitrag geht. Für Monographien, also Bücher, findest du die Essenz in der Regel im Fazit. Also am Ende. Lies' das Fazit bzw. Abstract und notiere dir kurz deinen Eindruck und deine Gedanken. Mach das in deinen eigenen Worten. Erstelle ein erstes *Exzerpt* (siehe Tool):

- Notiere die bibliographischen Daten zur Publikation. Übrigens: Was die einzelnen Elemente einer Literaturangabe bedeuten, haben wir für dich im gleichnamigen Glossar-Eintrag (siehe Glossar) dechiffriert.
- Welche Kernfrage stellt der Text?
- Wie bearbeitet der Text die Kernfragestellung? Theoretisch: (wenn ja,) in Bezug auf welche Theorie(n)? Empirisch: (wenn ja,) mit welcher Methodik?
- Zu welchem Ergebnis kommt der Text?
- Welche Fragen bleiben offen?
- Welchen Aspekten möchtest du nachgehen (Stichworte)?

Die Phase der **Erweiterung** besteht somit aus drei Operationen: recherchieren, lesen, exzerpieren. Du arbeitest methodisch kontrolliert. Z. B. durch eine *Wissenssynthese* (siehe Tools) oder *systematische Überblicksarbeit* (siehe Tools) vergrößerst du dein Wissen über das Thema und die Fragestellung deiner Arbeit. Spätestens hier suchst du gezielt nach *Review-Beiträgen* (siehe Glossar). Review-Beiträge sind Beiträge, die von Kollegys aus der Scientific Community geprüft worden sind und deshalb als qualitativ hochwertig gelten.

Für Haus- und Seminararbeiten existieren in der Regel Abgabetermine. Deshalb endet diese Phase, wenn du anhand deiner Recherchen, Notizen und Überlegungen zu dem Schluss gelangst, grundsätzlich genügend Wissensstoff für deine Arbeit beisammen zu haben. Natürlich können später noch Quellen dazukommen. Als Nächstes gehst du richtig in die Tiefe. Du konsolidierst (also festigst) deine Quellen und dein Wissen. Hierzu studierst du die für deine Arbeit wichtigen Quellen genauer. Studieren heißt zunächst *lesen*.

- Lies' die Artikel, Beiträge und die für *deine Fragestellung* relevanten Buchkapitel genau.
- Dabei entscheidest du: Was ist mit Blick auf die Fragestellung deiner Hausarbeit relevant? Was nicht?
- Markiere im Text die Hauptaspekte (*Lesen*, siehe Tool). Damit reduzierst du die Komplexität des Textes: Was ist für deine Fragestellung wesentlich?
- Ergänze diese Aspekte in deinem *Exzerpt* (siehe Tool) und ordne sie zu. Wobei können sie dich in deiner schriftlichen Arbeit unterstützen? In der Einleitung? Im Theoriekapitel? Im Methodenkapitel?
- Ggf. wirst du beim genaueren Lesen weitere interessante Quellen im Text finden. Ziehe dir aus dem Literaturverzeichnis die bibliographischen Angaben dazu heraus. Besorge dir auch diese Artikel und bearbeite sie.
- Gerade weil für deine Arbeit mehrere Texte zusammenkommen, macht die Nutzung einer *Literaturverwaltung* (siehe Tool) Sinn. Auf diese Weise kannst du jeder Zeit wieder auf deine Texte und Bearbeitungen zurückgreifen. Im Laufe deines Studiums kannst du deine Datenbank erweitern.

Jetzt geht's ans Eingemachte. Du beginnst mit dem Schreiben deiner Hausarbeit.

Phase 4: Schreib' deine Arbeit

Leg dir einen „roten Faden" in Form eines inhaltlich sinnvollen Aufbaus zurecht. Der rote Faden ist wichtig. Zum einen führt er dich selbst Schritt für Schritt durch deine Arbeit. Zum anderen nimmt er den Leser deiner Arbeit an die Hand. Und machen wir uns nichts vor. Du schreibst diese Arbeit für genau eine andere Person: Dein Dozenty. Um diese von der Qualität deiner Arbeit zu überzeugen, ist der „rote Faden" essentiell. Einen „roten Faden" zu haben bedeutet: Deine Arbeit ist logisch aufgebaut, die Argumentation stringent. Die einzelnen Gedankenschritte sind nachvollziehbar. Wenn das der Fall ist, ist deine Arbeit „rund".

Egal, zu welchem Thema du deine Hausarbeit schreibst: Deine Arbeit enthält grundsätzlich immer

- **Eine Einleitung:** In dieser präsentierst du deine **Ausgangsfrage** und stellst das Ziel deiner Arbeit dar. Dabei machst du deutlich, warum die Bearbeitung deines Problems wichtig ist. Begründe die Relevanz deines Themas und deiner Frage. Schildere kurz den Aufbau deiner Arbeit: Welche Kapitel bilden in welcher Reihenfolge den Zusammenhang deiner Arbeit?
- **Einen Mittelteil:** Die Struktur dieses Teils deiner Arbeit variiert je nach Ausrichtung und Zielsetzung deiner Arbeit.

    a) In sogenannten Theoriearbeiten wendest du *Theorien* (siehe Tools) als Mittel der Erkenntnisgewinnung an. In diesem Fall stellst du in diesem Teil deiner Arbeit deine Theorie(n) vor. Skizziere den Stand der Forschung zu deiner Theorie. Woher kommt deine Theorie? Welches Phänomen beschreibt oder erklärt sie? Wie begründest du die Auswahl der Theorie(n)? Was sind ihre wichtigsten Begriffe, Konzepte oder Modelle? Was sind deren Kernannahmen? Existieren empirische Studien, in denen die Theorie im Hinblick auf ihre Aussagen untersucht worden ist? Wenn das Ziel deiner Arbeit darin besteht, die Theorie nicht nur darzustellen, sondern

auch auf eine Fragestellung anzuwenden, stellst du die Anwendung in einem Folgekapitel dar.
b) In sogenannten empirischen Arbeiten wendest du Verfahren der quantitativen und/oder qualitativen Datenerhebung und -auswertung als Mittel der Erkenntnisgewinnung an. Dies dürfte im Rahmen von Hausarbeiten selten vorkommen. Es kann aber vorkommen. In diesem Fall machst du erst die theoretische Rahmung deiner Arbeit. Darin klärst du die für deine Arbeit wichtigen Begriffe und Konzepte und schilderst den aktuellen Forschungsstand. Und dann stellst du deine eigene methodische Vorgehensweise vor. Welche Methode der Datenerhebung hast du genutzt? Feldnotizen? Fragebögen oder Interviews? Warum passt die Methode zu deiner Fragestellung und Zielsetzung? Wie bist du bei der Sammlung und Auswertung der Daten vorgegangen? Je genauer du das jeweils darstellst, umso besser. Stell' dir das vor wie ein Rezept. Jede Person, die deine Arbeit liest, müsste sie im Prinzip auch „nachkochen" können. Sei transparent.

Milan
Sport-Student

Milan: Ok, das hilft mir schon mal sehr für meine Arbeit. Ich würde die zu den Theoriearbeiten zählen. Soweit wie ich es bislang verstanden habe, handelt es sich bei der Annahme, dass Sportunterricht auf die Persönlichkeit Einfluss nimmt, zunächst um eine Theorie. Zu dieser theoretisch begründeten Annahme existieren einige empirische Untersuchungen… Habt ihr vielleicht noch einen Tipp für mich?

c) Den haben wir: In *systematischen Übersichtsarbeiten* (siehe Tools) wendest du ein sehr systematisches Verfahren an, das zu einer Fragestellung den aktuellen Forschungsstand darstellt. Welche Untersuchungen (z. B. der letzten fünf Jahre) haben welchen Aspekt deines Themas mit welchen Mitteln untersucht? Und was kam raus? Wie das genauer geht, kannst du im *Glossar* nachlesen. Die systematische Übersichtsarbeit ist ein heißer Tipp von uns. Mit ihrer Hilfe wirst du durch deine Arbeit zu einem Insider der Forschung zu dem von dir gewählten Thema.

1. **Einen Schlussteil:** Im Schlussteil deiner Arbeit fasst du die wesentlichen Ergebnisse deiner Arbeit zusammen und diskutierst (*Diskussion,* siehe Glossar) diese. Zu welchen Ergebnissen und Erkenntnissen bist du mit Blick auf deine konkrete Fragestellung gekommen? Was sagen andere Publikationen dazu? Was wäre noch lohnenswert sich anzuschauen? Wo existieren noch Wissenslücken? Was folgt daraus für andere Bereiche, z. B. für die Praxis? Der letzte Abschnitt deiner Arbeit sollte auch eine Reflexion enthalten. Hier kannst du Probleme beim Erstellen und Schwächen bzw. Limitationen (*Methodenkritik*, siehe Glossar) deiner Arbeit thematisieren. Wichtig für die Lesys wäre auch zu erfahren, wie du mit deinen Vorannahmen umgegangen bist und ob sich vielleicht Änderungen in deiner Sichtweise ergeben haben. Deine Arbeit endet mit einem Fazit. In diesem fasst du alles knackig zusammen: Was war die Frage? Wie hast du sie bearbeitet? Mit welchem Ergebnis? Und mit welchen Anschlussfragen und -perspektiven?

    – **Dein Literaturverzeichnis:** Hier gibst du alle wissenschaftlichen Quellen an, die du in deiner Arbeit direkt und indirekt zitiert hast.

Eventuell gibt es auch andere Medien, die als Quellen deiner Arbeit Erwähnung finden sollen.

Swen (er/ihm)
Professory

Swen: Profi-Tipp: Auf der Homepage der Deutschen Vereinigung für Sportwissenschaft (DVS) findest du eine Formatvorlage als .docx Datei. Die ist schon nach den Richtlinien der DVS formatiert. So sparst du Zeit, Milan!
Falls dir unklar ist, wie du mit Formatvorlagen umgehen kannst, schau in der Toolbox dazu vorbei.

3.2.2 Noch ein paar allgemeine Tipps

Zum Abschluss haben wir noch ein paar nützliche allgemeine Tipps für dich. Sie betreffen das wissenschaftliche Mindset. Du erinnerst dich: Wissenschaftliches Arbeiten setzt auf Transparenz und methodische Kontrolle. Aber was heißt das für deine Hausarbeit?

Belege deine Aussagen

Wenn du eine Aussage triffst, solltest du diese belegen. Wenn du z. B. schreibst, dass es „Forschung über Zombies gibt", solltest du das belegen. Hierfür eignet sich beispielsweise das Anführen einer Primär-

oder Sekundärquelle, die den Wissenschaftsbereich „Zombie Studies" darlegt[1]. Das könnte also im Zitierstil APA (siehe Glossar „*Zitierstil*") so aussehen:

Beispiel

Es gibt keinen Gegenstand, der nicht der Forschung zugänglich wäre. So gibt es beispielsweise Forschung über Zombies (Platts, 2013).
Im Literaturverzeichnis würdest du dann die Primärquelle im APA-Stil so referenzieren:
Platts, T. K. (2013). Locating Zombies in the Sociology of Popular Culture. *Sociology Compass*, *7*(7), 547–560. https://doi.org/10.1111/soc4.12053

Für alle Leser*innen sind deine Aussagen nun überprüfbar. Schau doch mal nach, ob wir unsere Aussage richtig belegt haben. Dazu schaust du dir einfach die Quelle im Literaturverzeichnis an. Bei wissenschaftlichen Quellen ist häufig auch die *DOI* (siehe Glossar) angegeben. Da findest du die Quelle direkt. Den *Abstract* (siehe Glossar) kannst du dir immer kostenlos anschauen. Die Volltexte sind teilweise hinter einer Bezahlschranke (sog. Paywall). Hier kommt es darauf an, ob du über deine Hochschule oder Universität Zugriff auf die entsprechenden Fachzeitschriften hast. Wenn Englisch für dich schwierig ist: Du kannst den Abstract auch kopieren und mit einem *KI-basierten Übersetzertool* wie *DeepL* (siehe Tools) übersetzen lassen. Dann weißt du, ob wir dir Humbug erzählt haben.

---

[1] Wir sagen ja: Wissenschaft überrascht uns ständig. Hätten wir früher gewusst, dass man Zombies erforschen kann, wären unsere Karrieren anders verlaufen. Du hingegen hast immer noch die Wahl…

Benjamin (er/ihm)
Dozent

Benjamin: Schau dir, wenn du recherchierst, auch immer mal an, wie in wissenschaftlichen Texten Aussagen belegt werden. Je mehr wissenschaftliche Texte du selbst liest, umso eher hast du ein Gefühl, wie das mit dem Belegen von Aussagen funktioniert.

Argumentiere logisch und vermeide Fehlschlüsse

Wie du in deiner Hausarbeit argumentierst, wird von deinem Dozenten auf Schlüssigkeit geprüft. Wie Argumente aufgebaut sein müssen, damit sie schlüssig sind, wird schon seit der Antike heiß diskutiert. Wenn Menschen diskutieren, übernimmt oft die Intuition, die eigene Erfahrung, die Vorannahme oder die gefühlte oder tatsächliche Autorität das Wort. Heraus kommen dabei „Schlüsse", deren „Schlüssigkeit" wissenschaftlich zu hinterfragen ist. In der Wissenschaft zählt vom Grundsatz her nicht, wer am lautesten schreit, neben der eigenen Erfahrung keine anderslautenden Fakten zulässt oder die Macht hat, das eigene Argument durchzusetzen. Das wissenschaftliche Mindset honoriert allein das plausible Argument und die evidente Aussage. Entsprechend solltest du schlüssig argumentieren und *Fehlschlüsse* (siehe Glossar) vermeiden.

Mario (er/ihm)
Professory

Mario: Fehlschlüsse zu kennen, ist für eine wissenschaftliche Arbeit wichtig. Ich habe nämlich einmal einen logischen Fehlschluss übersehen, und zack, war mein ganzes Argument und damit auch meine ganze Publikation hinüber. Auf jeden Fall solltet ihr mir glauben – schließlich bin ich ja Professor.

Swen (er/ihm)
Professory

Swen: Is' klar, Bro: Anekdotenargument und Eminenzbasiertes Argument (argumentative Fehlschlüsse, siehe Glossar) in drei Sätzen. Es ist auf jeden Fall klar, dass man dir nicht mehr zuhören sollte. Wer hier so daneben argumentiert, bekommt auch sonst nichts hin…

Übrigens: auf www.yourlogicalfallacies.com/de kannst du dir wichtige Fehlschlüsse für das kritische Denken anschauen und sogar als Poster ausdrucken.

Sei ehrlich

Zum wissenschaftlichen Mindset gehört auch, dass du in deiner Arbeit ehrlich beschreibst, was du gemacht hast. Und wie du vorgegangen bist. Du nimmst dich auch selbst kritisch in den Blick. Auch wenn etwas bei der Recherche deiner Arbeit nicht funktioniert hat, du beispielsweise keinen Zugriff auf bestimmte Volltexte hattest, solltest du das erwähnen. Selbstkritik und Transparenz sind keine Schwäche. Sie sind Stärken deiner Arbeit.

Lass Freunde korrekturlesen

Gerade bei längeren Arbeiten kann es passieren, dass du betriebsblind wirst: Selbst die einfachsten Rechtschreibfehler fallen dir nicht mehr auf. Gleiches gilt für argumentative Lücken oder Verzerrungen. Die Lösung dafür ist ebenso einfach wie effektiv: Bitte Freunde darum, die Arbeit zu lesen und auf formale und inhaltliche Mängel zu prüfen. Hol dir ihr Feedback ein. Mehr Augen sehen einfach mehr.

3.3 Vortrag/Referat

Sam
Studenty Sport-Lehramt

Sam: Das hier hätte mir bei meiner ersten Hausarbeit geholfen. In zwei Monaten muss ich einen Vortrag halten. Thema: „Krafttraining mit Kindern". Irgendetwas, auf das ich achten sollte? Ach ja: Ich hab' wohl 30 min Zeit dafür…

3.3.1 Vorbereitung

Vorab: Für deinen Vortrag gelten natürlich ebenfalls die in der Einleitung dieses Kapitels aufgeführten Checkpunkte des MPS (Wer-, Was- Kontext-Dimension etc.). Check' alle Boxen (siehe Abb. 3.1). In deinem Vortrag geht es darum, für ein Publikum das darzustellen, was du zu einem Thema bzw. einer konkreten Fragestellung auf der Basis von wissenschaftlichen Quellen herausgefunden hast. Und der von einem wissenschaftlichen Mindset getragene Vortrag ist sogar noch mehr. Wie wir schon besprochen haben, freut sich das auf Wachstum orientierte wissenschaftliche Mindset über Kritik, andere und weitere Perspektiven auf ein Problem sowie über Hinweise auf Korrekturen im Vorgehen. Das sind alles Mechanismen, die dafür sorgen, dass du dazulernst. Ein Vortrag bietet hierfür – anders als eine Hausarbeit – eine besondere Möglichkeit. Bei einem Vortrag kommst du mit anderen ins *Gespräch*. Gerade wenn man sich tief in ein Thema eingräbt, ist man überrascht, was man auf einmal übersehen hat. Umso besser, dass wir andere Menschen um uns herum haben, die uns hier vielleicht auf Dinge hinweisen, die wir selbst so noch nicht gesehen haben. Das wissenschaftliche Mindset freut sich darüber.

Was heißt das jetzt für deinen Vortrag? Nun, du musst alle Zuhörys auf einen Stand bringen und dann dafür sorgen, dass du andere Sichtweisen auf deine Arbeit erhältst. Kurz gesagt: Darstellen und Diskutieren.

3.3.2 Darstellung

Zum einen solltest du dein Thema und die von dir hierzu ermittelten wichtigen Inhalte darstellen – und natürlich den Weg dorthin (du erinnerst dich: Das war die Transparenz). Deine Zuhörer wissen ja nicht, was du getan hast. Also nimmst du sie erstmal mit auf deine Reise. So können sie nachvollziehen, was du vorstellst. Auch hierzu ist der rote Faden (siehe Abschn. 3.2 *Hausarbeiten*) entscheidend: Die Inhalte deines Vortrags sind stringent aufgebaut und bilden eine plausible Abfolge. Von der Grundidee her kannst du deinen Vortrag am Ablauf von *beschreiben, erklären und bewerten* (siehe Tools) planen. D. h. zuerst beschreibst du dein Thema (dazu gehören Begriffsdefinitionen, Zahlen zur Verbreitung etc.), dann erklärst du Aspekte deines Themas (welche Erklärungsmodelle gibt es?). Schließlich nimmst du Bewertungen vor (was bedeutet dies z. B. für einen besonderen Fall, für das Training, den Unterricht etc.?). In der Regel wirst du für deinen Vortrag ein mediengestütztes Format nutzen. Also z. B. eine Präsentation mit PowerPoint, Keynote, Prezi oder ähnlichem. Dafür haben wir natürlich auch noch einige Tipps.

***Don't suck:* Die Technik läuft**

Gerade weil Vorträge in der Regel Medien nutzen: Stelle sicher, dass du die Technik ans Laufen bekommst. Mache dich im Vorfeld vor Ort vertraut mit den erforderlichen Anschlüssen und Geräteeinstellungen. Nichts ist ärgerlicher, als bei deinem inhaltlich super vorbereiteten Vortrag von technischen Problemen abgelenkt zu werden.

Swen (er/ihm)
Professory

Swen: Da kann ich ein Liedchen von singen, ist mir leider früher öfter passiert und hat mich unnötig gestresst. Check' die Technik, Sam!

Listen up – Dein Publikum im Mittelpunkt

Der Vortrag ist für dein Publikum. Es geht darum, dein Publikum zu erreichen, sodass sie interessiert und motiviert deine Ergebnisse verfolgen. Nur so kann im Anschluss auch eine gute Diskussion zustande kommen. Wenn niemand zuhört und aufpasst, ist die Darstellung nur Selbstzweck. Überlege dir also, *wie* du dein Publikum am besten erreichst und wie du dafür deine Präsentation aufbauen könntest.

Hier noch einige Tipps von uns:

- **Binde Aufmerksamkeit**: Überlege dir, wie du über deinen gesamten Vortrag hinweg deine Zuhörys dazu bringst, dass sie dir wirklich zuhören wollen. Welche Struktur wählst du für deine Präsentation? Wie gestaltest du dein Intro so, dass alle interessiert und gespannt sind, was du vorträgst? Wie stellst du sicher, dass auch während des Vortrages alle dabeibleiben? Überlege einfach mal, wann du selbst bei einem Vortrag abschaltest und wie ein Vortrag für dich gestaltet sein sollte, damit du aufmerksam bist. Das gibt dir einige Ideen, wie du deinen Vortrag gestalten könntest.

- **Deine Präsentation und du – Ergänzt euch**: Wenn du vorträgst, bist du mit deiner mediengestützten Präsentation ein Tandem. Ihr solltet euch dabei ergänzen – und nicht eine Kopie des anderen sein. Genau das zu sagen, was so auf der Folie steht, wäre also eine vertane Möglichkeit, euch als Tandem zu präsentieren. Überlege dir gut, welche Punkte du auf einer Präsentationsfolie platzieren möchtest und was du dazu sagst. Markante Stichworte auf deiner Folie geben dir z. B. die Einladung, diese in eigenen Worten zu erläutern: Die Folie gibt dir das Stichwort (siehe Abb. 3.2). Die Vorteile von Präsentationen im Vergleich zur Sprache liegen in der Darstellung von Grafiken, Bildern und Videos. Überlege, was für deinen Vortrag hier Sinn machen könnte. Beachte dabei:
- **Weniger ist mehr**: Der Inhalt deines Vortrages ist im Kern ein Sachargument. Das ist und bleibt der Kern. Überlege wie der Rest – also deine Sprache und die mediengestützte Präsentation – dies unterstützen kann. Es geht nicht darum, von deinem Sachargument abzulenken, indem ein multimediales Feuerwerk aufgefahren wird.

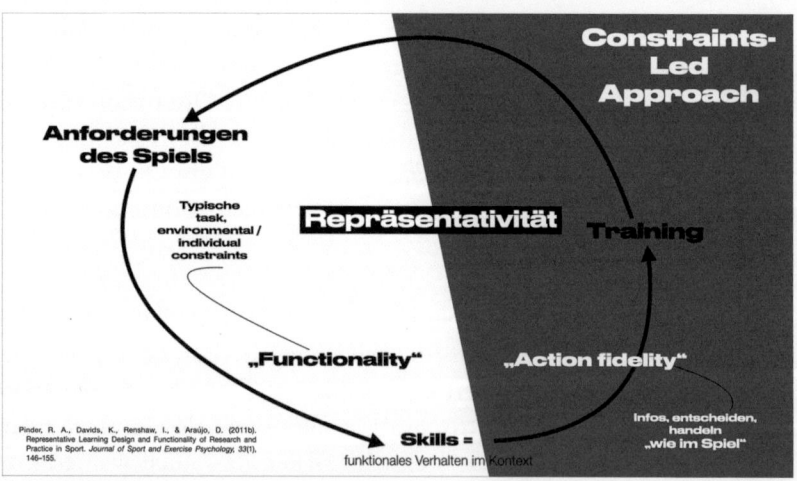

Abb. 3.2 Beispiel einer Präsentationsfolie aus einem Vortrag von uns, auf der wir das Konstrukt der *Repräsentativität* zwischen Wettkampf und Training darstellen

- **Sei gerne aufgeregt**: Vor Menschen stehen und Vorträge halten ist für viele nicht einfach. Und das ist überhaupt nicht schlimm. Du darfst gerne aufgeregt sein. Mit allem, was dazu gehört (z. B. Versprecher). Das ist sympathisch, weil es uns allen so geht. Sei einfach authentisch. Und wenn du aufgeregt bist, darfst du das auch sagen. Es fühlen da alle mit dir. Ein wissenschaftliches Mindset sollte auf deine Argumente achten, und nicht auf deine Performance als Sprecher. Wenn sich darüber jemand lustig macht und auf deine Sachkompetenz bezieht (das wäre übrigens ein *argumentativer Fehlschluss ad hominem*, siehe Glossar), sagt das mehr über die wissenschaftliche Haltung der Person, die sich darüber lustig macht, als über dich.

3.3.3 Diskussion

Der zweite Teil deines Vortrages ist der Mehrwert für dich. Hier kannst du mit deinem Publikum und auch mit deinem Dozenty ins Gespräch kommen. Vielleicht hast du auch selbst einige Fragen. Stelle sie dem Auditorium. So bekommst du spezifische Rückmeldungen zu Problemen in deiner Arbeit. Auch hierzu haben wir noch einige Tipps:

- **Freu' dich drauf**. Eine gute sachliche Diskussion bringt dir viele Lernchancen. Es ist also eine positive Sache. Freu' dich drauf und mach das deinem Publikum deutlich. Das Publikum merkt sehr schnell, wenn eine Person zwar nach Fragen fragt („Noch Fragen?") – aber eigentlich keine Lust auf eine Diskussion hat.
- **Überleg' dir Anknüpfungspunkte**. Am Ende deines Vortrages kannst du durch clevere Fragen an das Publikum die Diskussion starten. Hab' ein paar Fragen parat, die du an das Publikum stellen kannst – vielleicht auch wo es dir helfen kann – sodass die Diskussion in Gang kommt.
- **Sei entspannt**. Kritik an deiner Arbeit ist gut. Freu' dich drauf (Punkt 1) und ordne sie gut für dich ein. Vielleicht kannst du den Punkt aufnehmen. Versuche keine Verteidigungshaltung einzunehmen. Natürlich musst du auch nicht jede Kritik annehmen. Aber nimm' sie auf. Denk' drüber nach. Ziehe deine Schlüsse daraus.

Der Vortrag ist kein Hexenwerk. Bereite dich gut vor, hab' einen roten Faden und freu' dich auf die Diskussion. Der Vortrag ist ein tolles Format, um miteinander über dein Thema ins Gespräch zu kommen.

Swen (er/ihm)
Professory

Swen: Vorträge sind übrigens auch für Wissenschaftlys, die ihre Erkenntnisse z. B. auf Konferenzen darstellen, das Standardformat. Mal entstehen dabei richtig tolle Diskussionen, ein andermal sagt keiner was – alles schon erlebt… auch das ist Wissenschaft.

3.4 Mündliche Prüfung

Milan
Sport-Student

Milan: Ich hatte bislang noch keine mündliche Prüfung, aber lasst mich raten: Erst mal alle Boxen des Modells checken: Welche Dauer gibt die Prüfungsordnung vor? Was erwartet mein Dozenty? Welche Inhalte muss ich vorbereiten?

Benjamin (er/ihm)
Dozent

Benjamin: So ist es, Milan! Leider verpassen das immer noch viele. Und dann kommt es in der Prüfung zu Überraschungen…

Mündliche Prüfungen sind speziell. Wie der Name schon sagt: In der Regel handelt es sich um Prüfungen, die benotet werden. Und zum anderen ist es hier deine mündliche Leistung, die bewertet wird. Für mündliche Prüfungen gelten viele der in diesem Kapitel für Hausarbeiten und Vorträge genannten Punkte und Tipps.

3.4.1 Vorbereitung

Die Inhalte der mündlichen Prüfung definierst du im Vorfeld gemeinsam mit deiner Prüferin. Die Aufbereitung der Inhalte erfolgt wie oben beschrieben. Speichere die Prüfungstexte in deiner *Literaturverwaltung* (siehe Tool). Lies' die Texte und extrahiere die wichtigsten Aussagen. Erstelle ein Exzerpt zu jedem Text. Verschaffe dir einen Überblick darüber, wie die Inhalte der Texte und Quellen miteinander in Beziehung stehen. Wo ergänzen sie sich und bilden einen Zusammenhang? Wo widersprechen sie sich?

Mach dir einen Fahrplan: In welche Ordnung bringst du die Texte, Quellen und Inhalte? Ob du z. B. einen linearen Aufbau der Themen (1. Thema x, 2. Thema y, 3…) oder eher eine Mindmap-Struktur erstellst, kannst du z. B. von der Art der Prüfungsgestaltung abhängig machen. Diese wiederum ist in der Regel abhängig von deinem Prüfer. Soll es ein Prüfungs*gespräch* werden, in dem du mit einem Thema einsteigen bzw. einen Vorschlag machen kannst, hast du durch eine gute lineare Struktur die Chance, den inhaltlichen Verlauf der Prüfung aktiv mitzugestalten. Verläuft die Prüfung entlang von vorgefertigten Fragen des Prüfys, lässt dich eine Mindmap deines Wissens vielleicht flexibler auf alle Fragen reagieren. So oder so, hol dir zu deiner inhaltlichen Aufbereitung der Prüfungsthemen vor dem Prüfungstermin ein Feedback von deinem Prüfer ein. Schreib eine Email und häng dieser deine Inhaltsgliederung an. So stellst du im Vorfeld sicher, dass du auf dem richtigen Weg bist.

3.4.2 Prüfungssimulation

Das ist unser Profi-Tipp: Simuliere die mündliche Prüfung mit Freunden. Es gehört zu den größten Missverständnissen der

Prüfungsvorbereitung, dich nicht auf das vorzubereiten, was die Prüfung konkret von dir verlangen wird. Hier: zu reden. Nicht nur die Inhalte sind von dir zu klären, sondern auch das „Wie". Die schriftliche und gedankliche Vorbereitung in Phase 1 ist das eine. Das ganze mündlich auf die Piste zu bringen das andere. Auf Fragen zu antworten lernst du nur dadurch, indem du auf Fragen antwortest. Dass du inhaltlich gute Antworten hast, setzen wir mit Phase 1 voraus. Nun kommt es darauf an, Übung darin zu bekommen, dein Wissen mündlich darzustellen. Je öfter du die Prüfung simulierst, desto handlungssicherer wirst du! Wenn ihr eine Prüfung simuliert, testet dabei auch verschiedene Frageformate und Niveaus. Es ist eine Sache, eine Theorie aus der Literatur knapp wiederzugeben oder zu nennen, aber eine ganze andere sie auch spontan an einem Beispiel aus der Praxis zu erläutern.

3.4.3 Nachbereitung

In der Regel bekommst du nach Abschluss der mündlichen Prüfung die Note und deren Begründung mitgeteilt. Nimm das Feedback auf, denk' darüber nach und berücksichtige es ggf. beim nächsten Mal, sofern es dir hilfreich erscheint. Vergiss nicht, ein offenes Ohr für Kritik lässt dich weiter lernen!

3.5 Klausur

Die Klausur ist der Ladenhüter unter den Prüfungen: Nicht unbedingt in Mode, aber immer noch auf dem Markt. Entweder als *offene* Fragestellung, die du mit ganzen Sätzen im Stil eines Aufsatzes beantwortest, oder zum Ankreuzen der richtigen/falschen Antwortvorgaben (*Multiple Choice*, siehe Glossar). Auch für Klausuren gelten die Checkpunkte Professionellen Studierens (siehe Abb. 3.1). Grenze das Thema und den Bereich ein. In der Regel wird dir dein Prüfer die Klausurfrage(n) im Vorfeld nicht genau mitteilen. Wohl aber wird dir das Thema und damit der Bereich, auf den sich die Fragestellung beziehen wird, bekannt sein. Im Fall einer offenen Klausurfrage: Gibt es besondere Erwartungen?

Eine besondere Erwartung könnte z. B. sein, dass du dein Thema auf einen praktischen Bereich übertragen oder auf einen Fall anwenden sollst (Praxistransfer).

Wenn dir Thema, Literatur und Rahmenbedingungen bekannt sind, geht es ans Eingemachte. Sofern du die wissenschaftlichen Operationen der *Recherche*, des *Lesens* und *Exzerpierens* (siehe Tools) bereits bei anderen Studienleistungen kennen gelernt hast, wendest du sie hier erneut an. Das ist das Gute an den wissenschaftlichen Verfahren des Studierens. Sie wiederholen sich im Studium.

Schritt 1 für deine erfolgreiche Klausur lautet somit wie oben für mündliche Prüfungen beschrieben: Gute inhaltliche Vorbereitung: Texte lesen, Kernaussagen zusammenfassen, Zusammenhänge und Unterschiede feststellen. Das ganze in deiner *Literaturverwaltung* (siehe Tool) abspeichern.

Schritt 2 bildet auch für Klausuren die Simulation: Schreibe Probeklausuren. Schreibe diese zu thematisch sinnvollen Fragen. Schreibe sie mit dem Kugelschreiber oder Füller, den du auch in der Klausur benutzen wirst. Bei einer offenen Klausur: Strukturiere deinen Antworttext: In der Einleitung wiederholst du die Frage der Klausur und erläuterst den weiteren Aufbau deiner Beantwortung („In einem ersten Schritt werde ich …. Im Folgenden Kapitel wird dann…Ein Fazit fasst die wesentlichen Aspekte zusammen…" usw.). Stelle Bezüge zu den Quellen deiner Vorbereitung her. Signalisiere eindeutig, dass du Fachbegriffe unterscheiden und definieren sowie Theorien und Modelle benennen kannst. Wende die Begriffe und *Theorien* (siehe Tools) im Sinne ihrer Bedeutung korrekt an und nutze interessante Beispiele. Die Namen jener Autoren zu nennen, auf die du dich in deiner Argumentation beziehst, ist ebenfalls nicht verkehrt. Bestimmte Erkenntnisse sind ja tatsächlich mit bestimmten Namen und Publikationen verbunden. Von der Struktur her kannst du dich in der Klausur am Dreischritt von *beschreiben, erklären und bewerten* (siehe Tools) orientieren.

3 „Let's go": Wissenschaft im Sportstudium

Milan
Sport-Student

Milan: Ok, das leuchtet mir alles ein. Das sind nützliche Tipps. Aber wie sieht es mit der Abschlussarbeit aus? Meine Bachelorarbeit, und später mal die Masterarbeit: Das sind dicke Bretter. Davor habe ich viel Respekt…

Sam
Studenty Sport-Lehramt

Sam: Stimmt. Wobei, von der grundsätzlichen Vorgehensweise her ist das doch ähnlich wie mit den Hausarbeiten. Nur eben umfangreicher, oder?

Genauso ist es.

3.6 Abschlussarbeit

Die Bachelor- und Masterarbeit – auch Thesis genannt – bilden die letzte große Hürde im Rahmen des Sportstudiums. Sie sind der Höhepunkt deiner wissenschaftlichen Arbeit als Studenty. Hier gilt es zu demonstrieren, dass du das wissenschaftliche Mindset und die Techniken wissenschaftlichen Arbeitens (*Recherchieren, Lesen, Exzerpieren* etc., siehe Tools) verinnerlicht hast. Für Abschlussarbeiten gilt, was wir bereits weiter oben für Hausarbeiten erklärt haben: Es gibt keine bessere Wahl als ein Thema, auf das du Lust hast. Vielleicht hast du selbst einen Vorschlag. Oder aber du machst dich auf die Suche nach einem interessanten Thema und einer Betreuerin. Auch hier gibt es wieder Vorgaben, die du beachten und am besten zu Beginn für dich klären musst. Also, check' die Boxen (siehe Abb. 3.1)!

- Wie und wo meldest du die Arbeit an?
- Welchen Bearbeitungszeitraum gibt die für dich gültige Prüfungsordnung vor?
- Wie viele Seiten musst du schreiben? Welchen bibliographischen Stil musst du verwenden?

Die Fragen sind geklärt? Dann geht es in die nächste Phase:

- Finde ein Thema und eine Betreuungsperson
- Verschaffe dir einen ersten Überblick über dein Thema
- Frage nach besonderen Erwartungen deines Dozenty
- Erfrage bei deiner Betreuerin die Kriterien der Bewertung

Alles geklärt? Dann,

- Erweitere den Überblick und vertiefe dein Wissen
- **Erstelle ein Exposé**
- **Schreibe die Arbeit (die Bewertungskriterien hast du dabei im Hinterkopf)**

Für deine Abschlussarbeit benötigst du vieles von dem, was wir oben für das Schreiben von Hausarbeiten empfohlen haben. Tipp: Lies dir das dazugehörige Abschn. (3.2) kurz durch, da wir an dieser Stelle nicht alles wiederholen wollen. Stattdessen gehen wir auf die **fett gedruckten** Aspekte ein.

3.6.1 Thema und Betreuungsperson

Mit der Themenfindung kannst du eigentlich schon im Laufe deines Studiums beginnen. Aus den zahlreichen Vorlesungen und Seminaren könnte schon etwas Spannendes für sich dabei sein. Zudem hast du so die Chance, frühzeitig eine Betreuerin für deine Arbeit zu finden. Kümmer' dich also gerne schon früh um Thema und Betreuung. Deine Dozentys werden dir das nicht übel nehmen. Im Gegenteil. Um deine Bachelor- und Masterarbeit zu schreiben, stehen dir grob zwei Wege offen:

1. Du schreibst eine **Literaturarbeit**. Literaturarbeiten behandeln, wie der Name schon sagt, im Schwerpunkt Literatur. Du machst zum Beispiel eine *Wissenssynthese*, eine *systematische Literaturrecherche* oder ein *Scoping Review* (siehe Tools) darüber, was die Forschung zu einem bestimmten Thema untersucht und herausgefunden hat (z. B. „Welche Wirkungen hat Sportunterricht auf die Persönlichkeit junger Menschen?"). Oder du beantwortest auf Literaturbasis eine Fragestellung (z. B. „Durch welche Übungsformen lässt sich im Sportunterricht das physische Selbstkonzept von Schüler*innen positiv beeinflussen?"). Vielleicht ist es auch das Ziel deiner Arbeit, einen fundierten Überblick über ein Thema (z. B. „Behandlungsmethoden in der Rehabilitation von Patienten mit Kreuzbandriss") zu erstellen oder ein Thema kritisch in den Blick zu nehmen (z. B. „Spitzensportler im Schnittpunkt von Social Media und Hatespeech"). Vielleicht möchtest du auch aus der Literatur evidenzbasierte Handlungsempfehlungen für die Praxis ableiten (z. B. „Basketballtraining aus Sicht des Constraints-led Approach"). Das „Material", das du

für diese Art von Arbeit benötigst, ist Literatur. Die besondere Leistung besteht darin, dass du die Texte, die du liest, mit deinem Geist „wachküsst" und mit deinen Worten zum Sprechen bringst. Du analysierst die Texte, verstehst sie und kannst das Verstandene darstellen und auf deine Fragestellung beziehen. Die thematisch relevante Literatur dafür gilt es natürlich wissenschaftlich – also systematisch und methodisch kontrolliert – zu *recherchieren* (siehe Tools). Der Vorteil ist, dass du zeitlich sehr frei in deiner Einteilung bist und nicht auf andere Menschen und Zugänge angewiesen bist.

2. Du schreibst eine **empirische Arbeit.** Bei empirischen Arbeiten verhält es sich ein wenig anders. Empirische Arbeiten haben Daten als Grundlage. Diese musst du erheben oder sammeln. Im Anschluss wertest du sie aus (*Inhaltsanalyse, Statistiken erstellen,* siehe Tools). Hier bist du natürlich darauf angewiesen, dass du Zugang zu diesen Daten hast, beziehungsweise, diese im Rahmen der dir zur Verfügung stehenden Möglichkeiten (das wären dann deine Rahmenbedingungen) erheben kannst. Beispiele hierfür sind

- Experimente, in denen du z. B. zwei Gruppen vergleichst (z. B. „Implizites versus explizites Lernen im Handball-Passspiel")
- *Umfragen* (siehe Tools, z. B. „Zuschauermotive im Golfsport")
- *Interviewstudie* (siehe Tools) mit Expertys (z. B. „Expertise im Sportmanagement aus Sicht von Managern")
- Feldbeobachtung, in der du im Rahmen einer *teilnehmenden Beobachtung* (siehe Tools) Daten systematisch über *Feldnotizen* (siehe Tools) erfasst und auswertest (z. B. „Time-on task im Athletiktraining: Eine Observationsstudie an NRW-Sportschulen").
- *Diskursanalyse* (siehe Tools), in der du zu einem bestimmten Thema bzw. Diskurs eine systematische Analyse von Bild- und/oder Textmaterial für ein definiertes Korpus erstellst (z. B. „Mixed-Martial Arts im öffentlich-medialen Diskurs: Eine Argumentationsanalyse der Berichterstattung deutscher Tageszeitungen im Zeitraum 2012 bis 2022").

Dies sind alles Beispiele für Arbeiten, in denen du die Daten selbst erhebst. D. h. du führst die Umfrage, die Interviews, die Diskursanalyse oder das Experiment durch oder beobachtest systematisch spezielle Situationen. Übrigens: Damit deine empirische Arbeit gut wird, musst du bestimmte Anforderungen beachten. Diese Anforderungen sind in der Wissenschaft bekannt als *Gütekriterien wissenschaftlicher Forschung* (siehe Glossar). Zudem musst du dir auch ethische Gedanken machen: Können die Probandys durch die Arbeit einen Schaden nehmen? Wie stellst du sicher, dass das nicht passiert? Fragen wie diese fallen in den Bereich der *Forschungsethik* (siehe Tools). Auch zur Ethik musst du Überlegungen anstellen. Die Ergebnisse deiner Überlegungen und Entscheidungen solltest du ebenfalls in deiner Arbeit darstellen.

Stelle deine Themenidee doch mal einer möglichen Betreuerin vor. In der Regel ist dies auch die Person, die das Erstgutachten für deine Arbeit erstellt und deine Leistung bewertet. Im Gespräch besteht die Möglichkeit, zusammen mit dem Dozenty das Thema scharf zu stellen und mögliche Schwerpunkte festzulegen. Im Idealfall passt deine Abschlussarbeit zu den Interessen der Betreuungsperson.

Wenn du keine Idee für ein Thema hast, ist das auch kein Beinbruch. Häufig haben Betreuer auch Themenvorschläge parat. Gerade forschungsinteressierte Dozentys haben häufig mehrere Baustellen, an denen sie forschen. Kleinere Häppchen davon können oft super im Rahmen einer Abschlussarbeit untersucht werden. Frag' einfach nach, wenn du keine eigene Idee am Start hast.

3.6.2 Exposé

Wenn du eine grobe Idee deines Themas und auch vielleicht eine Betreuungsperson im Auge hast, wird es Zeit, sich an das Exposé deiner Arbeit zu setzen. Das Exposé gibt einen Überblick über deine Arbeit. Es enthält die ihr zugrundeliegende Fragestellung und stellt dar, wie du beabsichtigst, diese zu beantworten.

Das Exposé kann dazu dienen, dein Vorhaben bei einer dafür infrage kommenden Dozentin vorzuschlagen. Auf ein bis zwei Seiten stellst du nachvollziehbar dar, was du vorhast. Aus Betreuungsperspektive können so schon mögliche Schwierigkeiten deiner Arbeit identifiziert

werden. Dein Betreuungsdozenty kann dir so zielgerichtete Unterstützung zukommen lassen. Auch für dich ist das Exposé nochmal eine Möglichkeit, den „Fahrplan" für deine Arbeit zurecht zu legen.
Was sollte alles drin sein im Exposé?

- Welche Frage möchtest du beantworten und warum ist die Beantwortung dieser Frage relevant?
- Welche Theorie liegt deiner Arbeit zugrunde?
- Wie möchtest du diese Frage beantworten?
- Wie ist dein Zeitplan?
- Wie könnte eine mögliche Gliederung aussehen?
- Was ist die relevante Kernliteratur zum Thema?

Wie schreibst du dein Exposé?

Zuerst solltest du einmal schauen, ob es von deiner Hochschule eine Vorlage zum Erstellen eines Exposés gibt. Prüfe, ob spezielle Formalia (z. B. Länge) zu beachten sind. Ansonsten schlagen wir folgende Gliederung vor:

1. **Thema**: Das ist dein Themenvorschlag.
2. **Zielsetzung**: Hier kannst du darstellen, warum das Thema relevant ist und was du mit deinem Thema beabsichtigst.
3. **Fragestellung**: Hier führst du die konkrete Fragestellung deiner Arbeit an. Die konkrete Fragestellung schließt logisch an die Zielsetzung deiner Arbeit an.
4. **Stand der Wissenschaft zum Thema**: Hier gibst du einen kurzen Überblick, was die Wissenschaft schon zum Thema weiß. Hier stellst du dar, was du bislang zu deinem Thema recherchiert hast (siehe Abschn. 3.2 *Hausarbeiten*). Wichtig ist, dass du hier schon zeigst, dass du „wissenschaftliche Literatur" – also Literatur, die im Verfahren kontrolliert wurde (z. B. durch Peer-Review, *siehe Glossar*) – gesichtet hast.
5. **Methodisches Vorgehen**: Hier stellst du dar, wie du sicherstellst, dass die Ergebnisse deiner Arbeit im Verfahren kontrolliert sind. Hierzu zählt auch eine *Kritik* des eigenen *methodischen Vorgehens*

(siehe Glossar). Was sind mögliche Limitationen (*Methodenkritik*, siehe Glossar)?

6. **Gliederungsentwurf**: Hier führst du eine vorläufige Gliederung deiner Arbeit an. Hierzu kannst du dich an unserem Vorschlag im Kapitel für Hausarbeiten orientieren. Im Rahmen des Erstellens deiner Arbeit wirst du die Gliederung vermutlich nochmals umstellen. Der Entwurf gibt dir aber erstmal Orientierung für deine Arbeit. Wenn du empirisch arbeitest, kann deine Gliederung einen *Anhang* (siehe Glossar) beinhalten. In den Anhang kommen üblicherweise jene Angaben oder Dokumente, für die im Fließtext deiner Arbeit eher kein Platz ist, die aber dennoch wichtig und hilfreich für das Verständnis deiner Arbeit sind.

7. **Quellenverzeichnis**: Hier führst du die in deinem Exposé verwendeten Quellen an. Das Ganze unbedingt auch in einem Zitationsstil, der den Vorgaben deiner Hochschule bzw. deiner Dozentin entspricht.

3.6.3 Schreiben

Du hast dein Thema und eine Betreuungsperson? Dann kann es richtig losgehen. Je nach Thema und Schwerpunkt der Arbeit (theoretisch? empirisch?) unterscheidet sich natürlich dein Vorgehen. Spezifische methodische Tipps haben wir in einer Toolbox am Ende dieses Buches aufgeführt. Da beschreiben wir z. B, wie man *wissenschaftliche Interviews* durchführt, einen *Interviewleitfaden* erstellt, eine *teilnehmende Beobachtung* macht, *Theorie* als Methode benutzt, *Statistiken erstellt, Feldnotizen* zur Forschung einsetzt oder wie man systematisch Literatur *recherchiert*. Guck dir die Werkzeugkiste an.

Ein paar grundsätzliche Tipps haben wir natürlich trotzdem für dich.

- **Lies' dich gut ein**: Recherchiere, was andere Wissenschaftler schon zu deinem Thema veröffentlicht haben. Dafür kannst du z. B. eine *Google Scholar Recherche* (siehe Glossar) nutzen oder andere wissenschaftliche Datenbanken. Sogenannte *Übersichtsartikel* (siehe Glossar) geben dir einen besonders guten und qualitativ hochwertigen Überblick über die Thematik. Mit dem *Schneeballsystem* (siehe Glossar) kannst du dir auch weitere Quellen erschließen: Am Ende von Beiträgen findest du in der Regel eine Liste der verwendeten Literatur. Da ist bestimmt was für dich dabei. Die Beschaffung der neuen Quellen kannst du dann über deine Bibliothek angehen. Auch sind viele Texte mittlerweile im Internet frei verfügbar (sog. *Open Access*, siehe Glossar). Viele Forscherinnen stellen ihre Texte auf sogenannten *Pre-Print-Servern* (siehe Glossar) oder Wissenschaftsnetzwerken (z. B. *Research Gate,* siehe Glossar) ein. Mit einer *Google Recherche* (siehe Glossar) zu dem gewünschten Text solltest du sehen können, ob der Volltext für dich abrufbar ist. Wenn du den Text hast, lege ihn in deiner *Literaturverwaltung* (siehe Tool) ab.

Milan
Sport-Student

Milan: Das ist ja soweit das, was ich jetzt auch für meine Hausarbeit machen muss. Super, dann ist das ja auf keinen Fall umsonst. Die Hausarbeit ist Training….

- **Sei offen**: Wissenschaft ist ergebnisoffen. Es geht also nicht darum, dieses oder jenes, von dem du eh schon überzeugt bist, endgültig zu beweisen oder zu belegen. Es geht darum herauszufinden, was der Fall ist. Pass' also auf, dass du dich nicht von deinen *subjektiven Theorien* (siehe Glossar) leiten lässt. Kläre deine Voraussetzungen (siehe Abschn. 3.1).

- **Mach dir einen Plan:** Einen Zeitplan zur Fertigstellung deiner Arbeit zu haben, lohnt sich auf jeden Fall. Plane Zeit für die Recherche ein und nimm dir Zeitpunkte vor, zu denen du Teile deiner Arbeit abgeschlossen haben möchtest. Arbeitest du empirisch, ist die Planung der Datenerhebung und Analyse der Daten besonders wichtig. Betrachte deinen Plan als Orientierung, nicht als Gesetz. Wenn etwas anders kommt als vorgesehen, dann ist das so. Planänderungen sind ganz normal.
- **Sei transparent:** Wissenschaftlichkeit hat auch immer etwas mit Durchsichtigkeit zu tun. Beschreibe klar und präzise, wie du bei deiner Arbeit vorgegangen bist. Gab es Probleme bei der Datenerhebung oder der Auswertung? Sei transparent und beschreibe diese. Gleiches gilt für die Schwächen deiner Arbeit. Eine gute wissenschaftliche Arbeit macht die eigenen Schwächen transparent und relativiert die gewonnenen Erkenntnisse. Dies schmälert nicht im Geringsten den Wert deiner Arbeit. Es stärkt den Wert deiner Arbeit.
- **Hol' dir Feedback:** Wenn sich ein Großteil deiner Gedanken um deine Abschlussarbeit dreht und du immer tiefer in die Materie eintauchst, kann es sein, dass du vor lauter Bäumen den Wald aus den Augen verlierst. Tausche dich regelmäßig mit Freunden, Kommilitonen und deinen Betreuys zu deiner Arbeit aus. Du wirst hier einiges an Tipps und anderen Perspektiven auf deine Arbeit erhalten. Das kann dir helfen, dein Thema im Auge zu behalten und dich nicht im „Rabbit Hole" der Wissenschaft zu verlieren.
- **Plane mit Puffer:** Plane mit einer frühzeitigen Fertigstellung deiner Arbeit. Fang' am besten so früh wie möglich mit deiner Arbeit an. Du wirst bei der Erstellung deiner Thesis ggf. auf Probleme stoßen (zumindest ging es uns allen einmal so). Da ist es dann gut, wenn du genügend Zeit bis zum Abgabetermin übrig hast.

Literatur

Deci, E. L., & Ryan, R. M. (1993). Die Selbstbestimmungstheorie der Motivation und ihre Bedeutung für die Pädagogik. *Zeitschrift für Pädagogik, 39*(2), 223–238. https://www.phil-fak.uni-duesseldorf.de/fileadmin/Redaktion/Institute/Allgemeine_Sprachwissenschaft/Dokumente/Bilder/1993_DeciRyan_DieSelbstbestimmungstheoriederMotivation-German.pdf.

DSHS. (2022). *Prüfungsordnung der Deutschen Sporthochschule Köln (DSHS) für die sportwissenschaftlichen Bachelorstudiengänge vom 28. Juni 2022.* Deutsche Sporthochschule Köln.

Jones, B. D. (2009). Motivating students to engage in learning: The MUSIC model of academic motivation. *International Journal of Teaching and Learning in Higher Education, 21*(2), 272–285.

Keller, A., Litzelman, K., Wisk, L. E., Maddox, T., Cheng, E. R., Creswell, P. D., & Witt, W. P. (2012). Does the perception that stress affects health matter? The association with health and mortality. *Health Psychology, 31*(5), 677–684. https://doi.org/10.1037/a0026743.

Koerner, S. (2012). Empirie als Sedativum. Sportpädagogische Vergewisserungen. In S. Koerner & P. Frei (Hrsg.), *Die Möglichkeit des Sports. Kontingenz im Brennpunkt sportwissenschaftlicher Analysen* (S. 255–279). Transcript.

Koerner, S. (2015). Reflexive Mechanismen und Sportwissenschaft. In S. Koerner & V. Schürmann (Hrsg.), *Reflexive Sportwissenschaft. Konzepte und Fallanalysen* (Reihe Reflexive Sportwissenschaft. Band 1, S. 129–143). Lehmanns.

Koerner, S., & Staller, M. S. (2022). Towards reflexivity in police practice and research. *Legal and Criminological Psychology.* https://doi.org/10.1111/lcrp.12207.

Staller, M. S., & Koerner, S. (2021). Evidence based policing or reflexive policing a commentary on Koziarski and Huey. *International Journal of Comparative and Applied Criminal Justice.* https://doi.org/10.1080/01924036.2021.1949619.

Treml, A. K. (1981). Erziehung und Evolution. *Bildung Und Erziehung, 34*(jg). 434–445. https://doi.org/10.7788/bue-1981-jg40.

4

„Lass flexen": Wissenschaftlichkeit im Beruf

Die Zeit der Meisterlehren ist vorbei. Unter Meisterlehren verstehen wir ein Wissen, das sich vor allem darin begründet, dass man die Dinge so macht, wie man sie immer schon gemacht hat. Und sie deshalb auch zukünftig genauso macht. In vielen Berufen kann man so nicht mehr argumentieren. In der Medizin beispielsweise hat die Orientierung an sogenannter Evidenz – also an Beweisen – nach und nach jene Behandlungstraditionen abgelöst, für die es keine wissenschaftliche Begründung gibt. Natürlich gibt es solche Behandlungen noch. Aber sie entsprechen nicht dem modernen Selbstverständnis von Ärzten, die danach streben, ihre Klientys nach bestem verfügbarem Wissen zu behandeln. Auch in der Schule haben wissenschaftliche Erkenntnisse darüber, wie Menschen lernen, zu zahlreichen Veränderungen im Unterricht geführt. Und auch hier gibt es natürlich immer noch die „Klassiker". Also die, die an verstaubten Lehrmethoden festhalten – einfach, weil sie es können. Tradition ist innerhalb moderner Berufe kein überzeugendes Argument mehr.

Das gilt insbesondere für Sportberufe. So dynamisch und einem steten Wandel unterworfen wie ihr Gegenstand ist, unterliegen auch die sportbezogenen Berufe einem permanenten Wandel. Wer heute im

Sportkontext arbeitet, ist gut beraten, den Kontakt zur Wissenschaft und zum wissenschaftlichen Arbeiten zu halten. Egal ob man Sport an Schulen oder Universitäten unterrichtet, Menschen mit dem Ziel der Leistungssteigerung oder gesundheitlichen Wiederherstellung trainiert, in Medien über Sport berichtet oder als Managerin. Für in der Forschung tätige Sportwissenschaftler gilt das ohnehin.

Im Folgenden zeigen wir dir auf, in welchem Maße dein professionelles Handeln im Beruf von einem wissenschaftlichen Mindset profitieren kann.

4.1 Sport unterrichten

Was hat Wissenschaft mit Unterrichten zu tun? Was bringt Wissenschaft für meine spätere Berufstätigkeit als Lehry? Wofür brauche ich Wissenschaft im Lehralltag? Diese und ähnliche Fragen sind berechtigt. Wenn wir uns für ein Lehramtsstudium Sport entscheiden, dann ist dies in der Regel darauf ausgerichtet, später einmal in Schulen zu unterrichten. Wir können also die Wissenschaft dazu befragen, was wir aus dem Studium für das Berufsleben mitnehmen sollen. Und inwieweit Wissenschaft auch später noch in unserem Berufsalltag als Lehrkräfte von Bedeutung sein kann.

Sam
Studenty Sport-Lehramt

4 „Lass flexen": Wissenschaftlichkeit im Beruf

Sam: Hey, ich komm gerade vom Training und hab auf dem Weg nochmal die Kapitel auf dem Handy durchgescrollt. Irgendwo war ein Bild drin. Mit so einem Modell oder so, ist das hier auch wichtig?

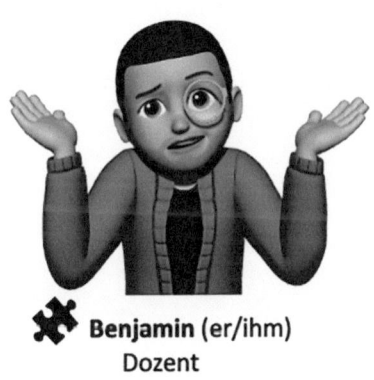

Benjamin (er/ihm)
Dozent

Benjamin: Yes, richtig gute Überleitung. Wir wollen uns hier ja anschauen, was professionelles Unterrichten im Fach Sport meinen kann und was Wissenschaft und Studium dafür mitbringen. Professionell handeln… das beinhaltet verschiedene Komponenten, die auch für den Sportunterricht relevant sind.

Swen (er/ihm)
Professory

Swen: Genau. Im Grunde können wir verschiedene Fragen durchspielen. Welche Inhalte sind für unsere Vermittlung im Sportunterricht wichtig, aber auch für andere Tätigkeiten wie das Beraten oder Feedback-Geben an Schülys (Was-Dimension)? Mit welchen Methoden gestalten wir unseren Unterricht (Wie-Dimension). Und welche Schüler:innengruppe haben wir da überhaupt vor uns: Welche Voraussetzungen bringen sie individuell mit und was wollen die Schüler:innen eventuell von unserem Unterricht (Wer-Dimension)?

Mario (er/ihm)
Professory

Mario: Exakt. Dann gibt es noch die Frage, wie du dich selbst verstehst als Lehrer:in und in deiner Professionalität. Wie gehst du mit neuen Entwicklungen und Herausforderungen um oder was glaubst du eigentlich, wie Lernen läuft? Dazu können wir über den Kontext unseres Unterrichts reden und das kann viel meinen (Kontext-Dimension): Unsere Schule, unseren Stadtteil, die Elternschaft, die Bildungspolitik des Landes oder die ganze Gesellschaft, wenn sie denn deinen Unterricht irgendwie betrifft. Stell dir vor: Plötzlich überall KI, die Welt im Wandel und ChatPTC sitzt in deiner Klasse.

4 „Lass flexen": Wissenschaftlichkeit im Beruf 143

ChatPTC
Sidekick

ChatPTC: Ich heiße ChatPTC. Apropos KI, laut meinen Berechnungen lassen sich all diese Komponenten einbeziehen für die Planung, Durchführung und Reflexion des Sportunterrichts. Denn dies steht ja im Zentrum von Eurem Modell und bildet die Kernaufgabe für Lehrer*innen.

Das Unterrichten ist Kernmerkmal, wenn wir über Sportlehrys und ihre Aufgaben reden. Wir drehen nun die Themen mal um und starten nicht von der Wissenschaft, sondern aus dem Berufsalltag von Lehrkräften. In diesem Fall Sportlehrkräften. Welche Anforderungen richtet der Berufsalltag an sie? Wie gelingt es ihnen, diese Anforderungen professionell zu bewältigen? Im zweiten Schritt lässt sich danach fragen, wie Wissenschaft in diesem professionellen Umgang mit Anforderungen und dem Planen, Durchführen und Evaluieren von Sportunterricht orientieren kann.

ChatPTC
Sidekick

ChatPTC: Hallo again, ich kann gerne über die gängigen Anforderungen von Sportlehrkräften sprechen. Geht es Euch um Aufgabenfelder oder Herausforderungen wie Belastungen? Präzisiert bitte Eure Anfrage.

Sam
Studenty Sport-Lehramt

Sam: Lass uns zuerst über Aufgabenfelder sprechen

Mario (er/ihm)
Professory

Mario: Lehrkräfte haben verschiedene Aufgaben: Unterricht, Beratung, Verwaltung, Organisation und vieles mehr. Übrigens bezieht die Kultusministerkonferenz der Länder (2000, S. 2) Wissenschaft ausdrücklich auf die Arbeit von Lehrkräften: „[I]hre Kernaufgabe ist die gezielte und nach wissenschaftlichen Erkenntnissen gestaltete Planung, Organisation und

Reflexion von Lehr- und Lernprozessen sowie ihre individuelle Bewertung und systemische Evaluation."

Sam
Studenty Sport-Lehramt

Sam: Das ist spannend. Mir geht es in erster Linie um das Unterrichten, auch wenn klar ist, dass Lehrkräfte viele andere Aufgaben in der Organisation, Verwaltung, Beratung und so haben.

Swen (er/ihm)
Professory

Swen: Ja, Baumert und Kunter (2006, S. 470) sehen als „Kernaufgabe" von Lehrkräften ebenfalls, „Unterricht zu erteilen und verständnisvolles

*Lernen von Schülerinnen systematisch anzubahnen und zu unterstützen."
Lasst uns einen Blick darauf werfen, was wir dafür brauchen.*

Eine zentrale Aufgabe von Lehrkräften liegt im Unterrichten. Auch wenn es vielfältige weitere Aufgabenfelder in Verwaltung, Organisation, Korrektur etc. gibt, deren Umfang womöglich zunimmt oder den Fokus auf unseren Unterricht beeinträchtigt: Das Unterrichten gilt als Kerngeschäft. Im Anschluss an das Lehramtsstudium im Sport soll es für die meisten um Sportunterricht gehen. Die Ziele und Inhalte für diesen Sportunterricht werden in Lehrplänen sowie schulinternen Lehrplänen vorgegeben. In unserem Modell Professionellen Handelns fallen die Inhalte vor allem in die WAS-Dimension. Das Studium soll einen Beitrag dazu leisten, ein bestimmtes Wissen und spezifische Kompetenzen zu erwerben, die für professionelles Lehrhandeln im Sportunterricht notwendig und hilfreich sind.

> **Nerdy**
>
> Was müssen Lehrkräfte wissen und können, um guten Unterricht zu geben? Wenn wir ins Lehramtstudium einsteigen, dann natürlich auch, um nach dem Studium mehr zu wissen als vorher – vor allen Dingen mehr darüber, guten Unterricht zu geben. Shulmans (1986) regelmäßig aufgegriffener Vorschlag umfasst hierfür ein allgemeines pädagogisches Wissen, fachspezifisches Wissen, fachdidaktisches Wissen und curriculumbezogenes Wissen. Mit zunehmender Digitalisierung wird dieses Modell um einen Wissensanteil erweitert, der sich auf Technologie und deren Verknüpfung zu fachlichen und pädagogischen Aspekten des Unterrichtens bezieht (Koehler et al., 2014). Im Modell professioneller Handlungskompetenz von Baumert und Kunter (2006) wird Professionswissen ähnlich differenziert: Zum Professionswissen gehören fachliche (z. B. Biomechanik im Sport), pädagogische (z. B. zum Lernen von Schülys), fachdidaktische (z. B zur Vermittlung von Bewegungen) sowie organisations- (z. B. zu Schule) und beratungsbezogene Wissensbestände. Diese beziehen sich nicht nur auf das Kerngeschäft des Unterrichtens, sondern auch auf die Arbeit innerhalb der Organisation Schule (z. B. verwaltende Aufgaben) sowie die Beziehungsarbeit mit Schülys oder anderen Bezugspersonen (z. B. Eltern) innerhalb der Beratung. Wenn wir später einmal im Lehrberuf arbeiten, dann macht es Sinn, ein professionelles Wissen für die verschiedensten Anforderungen in dem Beruf zu haben: Inhalte vermitteln, Feedback geben, Eltern beraten, Sportfeste organisieren und, und, und.

> Gleichzeitig stellt Professionswissen nur eine Dimension dar. Es gehören weitere Aspekte zu einer professionellen Handlungskompetenz, wie Überzeugungen und Werthaltungen (z. B. meine subjektiven Theorien über Lernen oder Vermittlung), motivationale Orientierungen (z. B. meine intrinsische Motivation, meine Selbstwirksamkeitserwartung) und selbstregulativen Fähigkeiten (z. B. Umgang mit eigenen Ressourcen und Belastungen) (Baumert & Kunter, 2006). Zu subjektiven Theorien haben wir auch einen Glossareintrag, denn sie bestimmten auch unbewusst unser Handeln. Im Beruf geht es nicht nur darum, ‚zu wissen'. Wir werden auch mit Herausforderungen und Belastungen umgehen, spontan auf Hindernisse reagieren oder uns über den Unterricht hinaus besonders engagieren können, sollen und vielleicht auch müssen – vielleicht steht ja mal ein Sportfest, eine kollegiale Fallbesprechung oder die Möglichkeit einer Fortbildung an. Insgesamt ergibt sich daraus ein vielschichtiges Modell. Allerdings ist Kompetenz nicht mit Performanz gleichzusetzen – also der tatsächlichen Umsetzung oder Leistung (Baumgartner, 2018; Blömeke et al., 2015). Abgesehen von kompetenztheoretischen Sichtweisen auf professionelles Lehrhandeln machen auch strukturtheoretische Sichtweisen auf eine Nicht-Standardisierbarkeit von Lehrsituationen aufmerksam. Diese theoretische Perspektive widmet sich vor allem grundlegenden Bedingungen (als Strukturen) des Unterrichtens. Denn Unterrichten zeichnet sich in dieser Perspektive durch bestimmte Strukturen aus, die auch als „widersprüchlich" bezeichnet werden (Terhart, 2011) oder zumindest schwierig vereinbar scheinen. Beispielsweise sollen Lehrkräfte die Individualität von Schülys berücksichtigen und gleichzeitig das Curriculum und allgemeine Zielsetzungen anstreben. Ob widersprüchlich oder nicht: Für Lehrkräfte besteht die Notwendigkeit, situative Lösungen zu finden. Sie treffen Entscheidungen in der Planung, Durchführung und Reflexion von Unterricht, und es gilt, diese Entscheidungen professionell zu fundieren.

Das wissenschaftliche Studium soll dabei helfen, ein geeignetes Professionswissen aufzubauen. Im Lehramtsstudium finden sich fachliche, fachdidaktische, pädagogische und anderweitige Themen, zu denen Studys lernen können. Wissenschaft ist ein System, das einen Fundus an geprüften, regelmäßig aktualisierten Wissensbeständen bereitstellen kann. Vielleicht lernen wir, welche Lehrmethoden (Wie-Dimension) sich in empirischen Studien für Sportunterricht als effektiv gezeigt haben und *evidenzbasiert* (siehe Glossar) sind. Oder wir erfahren etwas über wichtige Modelle, wie wir Persönlichkeitsentwicklung verstehen und in unserem späteren Sportunterricht förderlich berücksichtigen können

(Wer-Dimension). Wissenschaft als Disziplin kennzeichnet die Suche nach gesicherten, methodisch kontrollierten Erkenntnissen.

> **Nerdy**
>
> Wenn wir für Sportunterricht über das WAS reden, dann geht es in der Regel um Unterrichtsinhalte. Als Sportlehrkraft in Schulen sind wir an Lehrpläne gebunden. Lehrpläne machen Vorgaben dazu, was im Unterricht (wie) thematisiert und erreicht werden soll. Lehrpläne haben eine Orientierungsfunktion für Lehrkräfte und sie legitimieren ihr Handeln (Stibbe & Aschebrock, 2007). Das, was im Lehrplan steht, ist eben die Vorgabe. Über Lehrpläne und ihre Aktualisierung können übrigens auch wissenschaftliche Erkenntnisse ihren Weg in die Praxis finden – als eine Möglichkeit des *Wissenstransfers* (Pfitzner, 2017; siehe Glossar). In Deutschland ist Bildung Ländersache. Das heißt, jedes Bundesland bestimmt für sich eigene Lehrpläne. Diese ähneln und unterscheiden sich zugleich. Außerdem gibt es für unterschiedliche Schulformen unterschiedliche Lehrpläne. Manche wissenschaftliche Studien befassen sich genau mit diesem Thema. Ennigkeit (2016) geht beispielsweise der Frage nach, wie das Bewegungsfeld Ringen und Kämpfen in den Lehrplänen von 16 Bundesländern gehandhabt wird.

Klar ist, für Sportunterricht sind die Inhalte wichtig. Das Studium bietet uns fachliches Wissen zu diesen Inhalten (z. B. Sportarten und Bewegungsfeldern) und deren Vermittlungsmethoden. Allerdings ist Professionswissen nicht alles. Die Planung, Durchführung und Evaluation von Sportunterricht im Berufsalltag betrifft spezifische Situationen. Für diese können keine theoretischen Ideallösungen 1:1 kalkuliert werden – auch nicht von ChatPTC. Lehrkräfte müssen meist situativ entscheiden. Und sie können diese Entscheidungen im besten Fall fundiert begründen – oder eben aus schlechten Entscheidungen gute Schlüsse ziehen und etwas lernen. Aus einem Growth-Mindset heraus, können Fehler schließlich Lerngelegenheiten darstellen, und das Lernen ist ja nicht mit dem Studium abgeschlossen!

Für Entscheidungsprozesse als Lehrkraft bietet es sich an, Wissenschaft als Methode zu begreifen (siehe Abschn. 2.2). Natürlich laufen Entscheidungen im Wissenschaftssystem anders ab als in der Schule. Es herrschen ja auch andere Kriterien, unter denen diese Entscheidungen im System begutachtet werden. In der Wissenschaft messen wir Entscheidungen z. B. im Forschungsprozess anhand ihrer Nachvollziehbarkeit oder anderen *Gütekriterien* (siehe Glossar). Sportlehrkräfte agieren in der Schule in einem Kontext, in dem es dagegen um pädagogische Maßstäbe geht. Und natürlich um pragmatische Bedingungen in diesem Umfeld. Die Schulleitung fordert wohl eher selten von ihren Lehrkräften *Literaturangaben* (siehe Glossar) für ihren Unterricht. Allerdings hat sie oder die Fachschaft vielleicht bestimmte Vorstellungen vom Unterricht und Schulleben. Diese können als Kontext für deinen Unterricht relevant werden. Zusätzlich haben wir natürlich auch eigene Ansprüche an unseren Unterricht.

Sam
Studenty Sport-Lehramt

Sam: Yes, ich liebe Sport und ich hab' voll Bock, guten Unterricht zu geben. Die Kinder sollen genauso viel Spaß haben wie ich. Und natürlich was lernen. Außerdem habe ich mega Lust, denen mal richtig nice neue Sportarten zu zeigen. Gummitwist, le parcours, Stand-up-paddling und ab dafür!

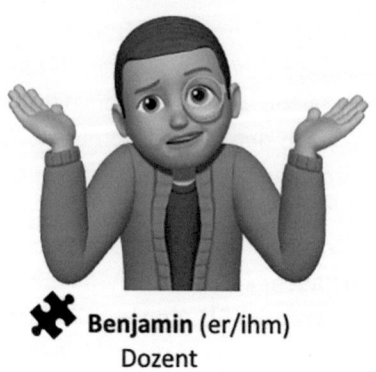

Benjamin (er/ihm)
Dozent

Benjamin: Das ist eine sehr gute Grundvoraussetzung. Motivation! Gerade wenn wir über unser Lehry-Selbst reden spielt Motivation eine Riesenrolle. Und du sprichst es ja auch schon an: Es gibt immer mal was Neues, das wir im Unterricht einbringen können oder mit dem wir umgehen müssen. Irgendwo hatten wir schon Corona und Kontaktbeschränkungen angesprochen. Das hat natürlich viele Lehrkräfte vor völlig neue Herausforderungen gestellt, ihre bisherigen Routinen irritiert und übers Stand-up-paddle geworfen.

Wissenschaft als Methode lässt sich auch für Sportunterricht zunutze machen. Oder besser gesagt: *Professionelles Unterrichten* ist kaum ohne wissenschaftliche Handlungs- und Denkweise möglich. Weiter oben kam zur Sprache, dass Lehrkräfte die Gestaltung von Lehr-Lernprozessen auch nach wissenschaftlichen Erkenntnissen ausrichten sollen. Im Professionswissen wird das recht schnell klar: Studys sollen z. B. im Studium fundierte Erkenntnisse aufbauen, auf deren Basis sie später als professionelle Lehrkraft agieren. Andererseits ist ebenso klar: Dieses Professionswissen ist nicht alleinig ausschlaggebend im Sportunterricht – außerdem müsste es wohl immer wieder aktualisiert werden: Quasi wöchentliche Updates für Professionswissen 2.1, 2.2, 2.3 und so weiter. Beispielsweise über wissenschaftliche Datenbanken wie *Research Gate* oder *Google Scholar* (siehe Glossar). Das Professionswissen wird bei Entscheidungen zur Unterrichtsplanung, -durchführung und -evaluation ebenso eine Rolle spielen wie andere Einflüsse um schulische Bedingungen vor

Ort (Räume, Zeiten, Klassenzusammensetzungen, kollegiales Umfeld, schulinterner Lehrplan etc.) sowie unsere persönliche Motivation, unser Umgang mit Herausforderungen und Belastungen oder die Tagesform und vieles mehr.

Nerdy

Shavelson und Stern (1981) gehen für ihr Review von der Annahme aus, dass Lehrkräfte rational agieren *(rationality)*; und dass sie aufgrund der komplexen, informationsreichen Umwelt für ihre Entscheidungen simplifizierte, also vereinfachte Modelle der realen Situationen konstruieren *(normative models)*. Aus der letzten Nerdy-Passage wurde deutlich, dass sich Entscheidungen von Lehrkräften nicht nur aus Professionswissen zusammensetzen (können). Stattdessen spielen ebenfalls curriculare Bedingungen, motivationale persönliche Orientierungen sowie selbstregulative Mechanismen und insbesondere *subjektive Theorien* (siehe Glossar) über die Welt und das Lernen eine Rolle (Baumert & Kunter, 2006). Beispielsweise zeigen die Annahmen von Shavelson und Stern (1981) und die empirischen Studien von Küth et al. (2021) mit Lehramtsstudierenden den Einfluss von psychoemotionalen Faktoren auf die Entscheidungen bei der Unterrichtsplanung. Vielleicht beeinflusst die Angst vorm Scheitern, oder unser Bedürfnis nach Sicherheit in einer ungewohnten Situation die Entscheidung. Darüber hinaus verändern sich professionelle Schemata im Laufe der Berufsbiographie. Studien markieren beispielsweise Unterschiede zwischen Lehrexpertys und Lehrnovizys in ihrer Unterrichtsvorbereitung und -durchführung. So zeichnen sich Expertys weniger durch ausgeschriebene Vorbereitungen als vielmehr durch intensive mentale Pläne und *induktive* Vorgehensweisen bei neuen Themen aus (Livingston & Borko, 1989; siehe Glossar zu induktive und deduktive Analyse). Zudem ist ihr Vorgehen schüly-orientiert und verfügt über „contingency plans" (ebd., S. 298), also mentale Alternativen für den Fall, dass Unterrichtsstunden anders als geplant verlaufen. Dagegen orientieren sich Noviz*innen vorrangig an curricularen Zielen und einem linearen, also geradlinigen Vorgehen bei Unterrichtsplanung, -interaktion und -evaluation (Livingston & Borko, 1989). Letztlich ist bei der Entscheidungsfindung die Situation zu berücksichtigen: In welcher Situation und welchem Umfeld befinden sich Lehrkräfte im konkreten Moment ihrer Entscheidung? Welche situativen Druckbedingungen, welche institutionellen oder sozialen Zwänge wirken auf sie ein? Und wie gehen sie mit der Situation und ihrer eigenen Rolle darin um?

Im professionellen Lehrhandeln vor, bei und während des Unterrichtens sollten wir auch unsere eigene Situation und Position berücksichtigen: Wie kommen Entscheidungen gerade zustande? Worauf basieren sie? Welche situativen Faktoren sind ausschlaggebend? Das beschreiben wir im Modell in der Selbst-Dimension. Wer sind wir als Lehrer:in und in dieser Situation? Welche Annahmen, Überzeugungen, Motivationen etc. bringen wir mit? Und könnten diese Annahmen zu einer verzerrten Wahrnehmung führen (*kognitive Verzerrungen* im Glossar)? Natürlich klingt das ideal. Doch die zeitlichen Belastungen als Lehrkraft und ein pragmatisches Vorgehen machen es nicht in jedem Moment möglich, alles kritisch zu reflektieren. Dennoch meint Wissenschaft als Methode im Lehrhandeln prinzipiell diese Ausrichtung: *Reflexivität* gegenüber unserem professionellen Selbst und unserem Handeln in praktischen Situationen und der Entscheidungsfindung (siehe Glossar).

Dabei spielen nicht nur die Dinge eine Rolle, von denen wir wissen. Ein beachtlicher Anteil an Wissen für Entscheidungen und Handeln liegt unbewusst vor. Stell dir einen Eisberg vor, dessen Spitze unser explizit verbalisierbares (also benennbares) Wissen umfasst, und dessen restliche Masse unter Wasser unbeobachtet bleibt. Erfahrungswissen und *subjektive Theorien* (siehe Glossar) prägen implizit das Handeln und lassen sich nicht immer ohne Weiteres verbalisieren und damit in Worte fassen. Gleichzeitig werden schöne, gutgemeinte pädagogische Absichten auch mal von versteckten Bedingungen in der Schule torpediert und vielleicht sogar unterlaufen.

> **Nerdy**
>
> Das Lehrhandeln wird beeinflusst von impliziten Wissensbeständen wie subjektiven Theorien oder Modellen (z. B. Baumert & Kunter, 2006; Shavelson & Stern, 1981). Im Bereich des Sportunterrichts erfassen beispielsweise Studien (Ruin, 2017), welches (implizite) Verständnis Sportlehrkräfte vom Körper haben. Sie kommen unter anderem zu dem Ergebnis, dass solche Sichtweisen auf den Körper im Vordergrund stehen, die ihn als Objekt betrachten, und weniger die subjektive Bedeutung betonen. Diese Perspektive auf den Körper als Objekt kann allerdings

4 „Lass flexen": Wissenschaftlichkeit im Beruf

Ansprüchen zur Inklusion entgegenstehen, da sie individuelle Voraussetzungen und das subjektive Erleben weniger im Vordergrund stehen (Ruin, 2017). Das muss den Lehrkräften gar nicht unbedingt bewusst sein. Unbewusste Wissensbestände, die das Handeln leiten, werden auch als *tacit knowledge* bezeichnet (z. B. Nonaka, 1994). Das trifft auch auf Schule und Sportunterricht zu: Lehrpläne formulieren pädagogische Ambitionen, die es im Unterricht zu verfolgen gilt. Gleichzeitig bilden Schulen und Unterricht auch Kontexte, in denen unintendierte, also nicht beabsichtigte Prozesse ablaufen. Schule ist eine Sozialisationsinstanz. Schule und Sportunterricht führen in einer Art funktionaler Erziehung (Treml, 2000) zu Nebeneffekten, die mehr oder weniger oder auch gar nicht erwünscht sind. Vielleicht lernt ja auch jemand, dass er durch das Vergessen der Sportsachen ein unliebsames Thema im Sportunterricht vermeiden kann. Schule als Institution prägt unsere Erfahrungen. Es wird nicht nur gelernt, was in offiziellen Lehrplänen steht. Stattdessen spielen die sozialen Lernerfahrungen im Kontext Schule oder unserem Sportunterricht, mit organisatorischen, sozialen, curricularen Bedingungen als heimlicher Lehrplan *(Hidden Curriculum)* eine wichtige Rolle (z. B. Fromme, 1998). Ein Beispiel betrifft die große Bedeutung von Sozialbeziehungen zu Freundys oder die Interaktion mit Lehrkräften.

Der Blick auf unbewusste Wissensbestände und unbeabsichtigte Wirkungen soll für die Unterrichtsdurchführung nicht entmutigend sein. Er soll vielmehr dafür sensibilisieren, dass nicht alles in einer Hand liegt. Ob der Sportunterricht bei allen Schülys die gewünschten Lernziele erreicht und ihnen dabei hilft, gute, wissende, glückliche Menschen zu sein, das lässt sich nicht garantieren. Es hängt von unzähligen Faktoren ab und der Einfluss unseres Lehrhandelns ist begrenzt. Limitationen (*Methodenkritik*, siehe Glossar) betreffen ja nicht nur das wissenschaftliche Arbeiten. Das Ziel eines professionellen Unterrichts liegt darin, Bedingungen zu entwickeln, in denen zielgerichtetes Lernen wahrscheinlich ist.

Sam
Studenty Sport-Lehramt

Sam: Alles klar, auf geht's. Ich habe eine richtig wilde Unterrichtseinheit für das Praktikum. Zum Ringen und Kämpfen in der Jahrgangsstufe 7, mit inklusiver Arbeit an Tablets, um die Schülys zu motivieren. Dabei ist der Doppelauftrag direkt mitgedacht: Mein Unterricht vermittelt denen die Sportkultur zum Ringen und Kämpfen, und gleichzeitig helfe ich bei der Entwicklungsförderung, denn Persönlichkeitsentwicklung steckt da auch mit drin. Was mache ich jetzt mit der Wissenschaft?

ChatPTC
Sidekick

ChatPTC: Da kann ich behilflich sein und ein Beispiel für die gewünschte Unterrichtseinheit machen. Ein Hinweis: Bitte vergiss nicht, dass die pädagogische Verantwortung bei dir liegt. Prüfe also meinen Vorschlag kritisch und prüfe ebenso kritisch, was du für eine etwaige Umsetzung in deinem konkreten Sportunterricht berücksichtigen musst!

Swen (er/ihm)
Professory

Swen: Chat, wir brauchen gerade kein Beispiel. Wir wollen die Überlegung durchspielen, welche Rolle Wissenschaft bei der Unterrichtsplanung einnehmen kann

Mario (er/ihm)
Professory

Mario: Wenn Du die Zeit in der Vorbereitung hast, kannst du dir verschiedene Fragen für deine Unterrichtsreihe auf Basis unseres Modells zum professionellen Handeln anschauen: Was ist das Unterrichtsthema und was weißt du darüber (Was-Dimension)? Welche Methode bietet sich zur Vermittlung für dein Lernziel und die Zielgruppe an (Wie-Dimension)? Und was geht überhaupt gerade ab in deiner siebten Klasse?

Wie sind die so? Was weißt du über die Altersstufe, diese Gruppe und die einzelnen Schüler:innen (Wer-Dimension)?

Swen (er/ihm)
Professory

Swen: Genau, zusätzlich kannst du natürlich für deine Stunde auf fundierte Kenntnisse zurückgreifen für dein Ziel: Gibt es empirische, also erfahrungsbasierte und gesicherte und damit evidenzbasierte *(siehe Glossar) Erkenntnisse zum Einsatz von Tablets für diesen Bereich, die dir bei der Schwerpunktsetzung und Gestaltung helfen? Was strebst du bei der Persönlichkeitsentwicklung an, und wie musst Du den Unterricht dafür inszenieren?*

Sam
Studenty Sport-Lehramt

Sam: Ja nice, mega viele Fragen, aber auch voll die gute Lerngelegenheit. Ich spiel das durch und probiere es aus. Das wird die fundierteste Stunde ever. Hab schon Ideen: Ich mach so ein paar Techniken mit denen, hier Wurf, da Hebel, und dann können die sich zusammen ausprobieren und analysieren mit dem Tablet. Yes, ich melde mich.
– 17 h später –

Sam
Studenty Sport-Lehramt

Sam: Hey Zusammen, ich habe die vorgeschlagene Sitzung heute morgen im Sportunterricht ausprobiert. Das lief mal gar nicht so wie geplant, ziemlich bodenlos. So richtig glücklich und kompetent hat sich niemand gefühlt. Manche Schüler hatten Angst vor dem Kämpfen und wollten nicht mitmachen, andere fanden es voll peinlich, ihre Mitschüler*innen bei den Würfen zu berühren. Dann haben ein paar Chaot:innen angefangen, ihre Stimme zu verstellen, Superheldys zu imitieren und irgendwelche Kampfchoreos aus Filmen nachzuspielen. Immerhin keine Verletzten oder so. Aber was die gelernt haben, weiß ich jetzt auch nicht. Insgesamt habe ich mich gefühlt, als ob ich gar keine Kontrolle habe und nur aus der Situation raus will. Help!

Swen (er/ihm)
Professory

Swen: Oh, das klingt enttäuschend, aber keine Sorge: Das ist bestimmt kein Einzelfall und gehört auch mal zum Alltag. Beim Unterrichten können wir nämlich einer Sache sicher sein: Es läuft nicht wie geplant und der Erfolg ist prinzipiell unsicher. Gerade zu Beginn des Unterrichtens mag die Situation dazu neu sein und wir können uns vielleicht gar nicht auf alles Wichtige fokussieren, weil wir vorrangig mit uns selbst in dieser Situation beschäftigt sind. Ein paar der folgenden Überlegungen können Dir vielleicht helfen.

Wir haben schon erwähnt, dass Unterricht nicht standardisierbar ist. Wir verfügen zwar über diverse *Theorien* (siehe Toolbox) und Modelle für unseren (guten) Unterricht. Andererseits sind Lehrys immer mit Einzelfällen und Situationen konfrontiert. Deren Individualität gilt es zu berücksichtigen. Sie gehen schließlich nicht passgenau in unseren Modellen auf. Zusätzlich steht Unterricht unter dem Stern der Erfolgsunsicherheit oder -ungewissheit. Lehrys können das Lernen der Schülys nicht direkt bestimmen – geschweige denn beobachten. Sie entscheiden nicht direkt, was in Schüly-Köpfen passiert, woran Schülys gerade denken, worauf sie ihre Aufmerksamkeit richten, und was sie mit den Inputs der Lehrkraft in ihrer ungewissen Zukunft anfangen werden. Darin sind die Schüler:innen natürlich autonom. Was Schülys also lernen, lässt sich meistens nur indirekt über das Verhalten (z. B. bei motorischen Aufgaben oder Klausuren) ableiten.

> **Nerdy**
>
> Pädagogisches Handeln geht davon aus, dass Lehren Wirkungen beim Lerny erzielt. „Lehren zielt wohl auf Lernen, besitzt aber keine Durchgriffsmöglichkeit. Lehren ist in der Regel eine planbare Handlung, die bestimmte Interaktionsprozesse unter Anwesenden strukturiert. Mehr aber nicht." (Treml, 2000, S. 133). Luhmann und Schorr (1982) reformulieren dieses Verhältnis mit dem Begriff des „Technologiedefizits" aufseiten der pädagogischen Praxis. Damit ist gemeint, dass kein kausaler Direktweg von der Vermittlung – als Teil der Kommunikation – auf die Aneignung aufseiten der Psyche unserer Lernys besteht. Zur *Kausalität* kannst du übrigens ins Glossar schauen. Pädagogisches Handeln geht einerseits davon aus, dass wir durchs Lehren lernen möglich machen; andererseits ist eine Selbstreferenz der Lernenden anzunehmen: Unsere Schülys verarbeiten ihre Gedanken eben nach Maßgabe ihrer Gedanken. Das ist von außen nicht einzusehen, geschweige denn zu bestimmen. Allerdings verfügen die Beteiligten im Interaktionssystem Unterricht (ebenso wie außenstehende Beobachtys) über subjektive „Kausalpläne" (Luhmann & Schorr, 1982, S. 18). Sie entwickeln eine vereinfachte Version der Situationen und denken darüber nach, welche Reaktionen welche Aktionen haben – und welche Sichtweise die anderen Personen haben. Entscheidend ist für diese Kausalpläne vor allem das Interaktionssystem Unterricht, an dem sich die Beteiligten orientieren (Luhmann & Schorr, 1981).

Als Lehrkraft ist ein fundierter Plan hilfreich, um das gewünschte Lernen bei Schülys möglichst wahrscheinlich zu machen. Luhmann und Schorr (1982) nennen dies einen subjektiven „Kausalplan". Mithilfe wissenschaftlicher Erkenntnisse und praktischer Erfahrungen lässt sich die Komplexität dieser Pläne durchaus erweitern. Beispielsweise lassen sich weitere Faktoren mit einbeziehen sowie verschiedene Alternativlösungen für bestimmte Probleme entwickeln und vieles mehr. Gleichzeitig mag der Plan die Unvorhersehbarkeit der Situation, eine mögliche Revision des Plans und damit eine Reflexion gleich mitdenken. Wissenschaft als Methode kommt hier ins Spiel: Wir können unsere Entscheidungsprozesse dahingehend beobachten, wie es um die methodische Kontrolle bestellt ist – als Form der *Reflexivität* (siehe Glossar).

Das spielt eine große Rolle, wenn Studys oder Lehrkräfte abgelaufenen Sportunterricht Revue passieren lassen und evaluieren, was gut oder nicht gut geklappt hat und vor allem warum. Als Reflection-on-action schauen wir uns unsere eigenen Handlungen rückblickend an (Schön, 1983). Im professionellen Handeln kann diese Reflexion allerdings auch innerhalb des Handelns, also beim Unterrichten einen Unterschied machen – wenn es gelingt, trotz oder gerade wegen der Ungewissheit und Einzigartigkeit von Unterrichtssituationen offene, forschende Augen für Überraschungen zu haben. Insbesondere, wenn die Dinge anders laufen als geplant, richtet sich der professionelle Blick auf die Wirkungen der eigenen Handlungen innerhalb der Situation und auf sinnvolle Alternativen. Schön (1983, S. 68) beschreibt das wie folgt: „When someone reflects-in-action, he becomes a researcher in the practice context." Das wissenschaftliche Mindset zur Planung und Wissenschaft als Methode für eine reflektierte Praxis mag dann eine Möglichkeit sein, wie wir zu begründeten Entscheidungen für konkreten Sportunterricht kommen. Das zeichnet sich durch sinnvolle situative und adaptive Beobachtungen aus sowie das Entwickeln von Aktionsplänen. Und auch anhand dessen, was sich im Nachhinein aus dem Handeln für die Zukunft lernen lässt.

Kurz gesagt: Wenn du die Unterrichtssituationen forschend beobachtest, entwickelst du bestimmt einen Blick dafür, was wie wo warum läuft oder nicht läuft. Und was sinnvolle Alternativen sind. Du kannst ja auch mal ein paar *Feldnotizen* (siehe Toolbox) festhalten und für die Reflexion nutzen. Mit der *Aktionsforschung* (siehe Toolbox) gibt es auch eine wissenschaftliche Ausrichtung, die niederschwellig Lösungen für Probleme aus der Praxis sucht – oftmals von Forscher*innen aus dem Feld oder in enger Zusammenarbeit von Praxis und Wissenschaft. Ob große Evaluationen deines Unterrichts im Schulalltag realistisch sind oder nicht: Vielleicht findest du ja einfache Möglichkeiten, deinen Unterricht mithilfe wissenschaftlicher Methoden zu beobachten, zu evaluieren und zu verbessern?

Übrigens: Dieser offene Blick ist auch in anderer Hinsicht sehr wichtig. Mit der Zeit entwickelst du ein Bild von deiner Zielgruppe. Die Schüler*innen da vorne stören oft, der da links ist recht still, die da vorne ein Klassenclowny, Benjamin in der letzten Reihe ist super aufmerksam und so weiter. Es werden Erwartungen über das Verhalten von Schüler:innen gebildet, die das Handeln von Lehrkräften prägen. Das führt zum Beispiel zu Effekten wie der selbsterfüllenden Prophezeihung (Rosenthal & Jacobson, 1966). Allerdings kommt es dabei potenziell auch zu Vorurteilen oder *kognitiven Verzerrungen* (siehe Glossar) – also gedanklichen Abkürzungen. Haben wir noch einen unvoreingenommenen Blick, wenn die Klassenclowny da vorne plötzlich etwas Wichtiges und Richtiges zum Unterricht beitragen möchte, oder wenn Benjamin aus der letzten Reihe auf einmal aus der Reihe tanzt? Es ist gar nicht so einfach, die Situation mit offenen Augen zu betrachten und zu agieren.

Swen (er/ihm)
Professory

Swen: Das klingt nach einem ziemlichen Aufgabenpaket. Dabei darf nicht vergessen werden: Professionalität meint hier einen Prozess der Professionalisierung. Kein Sportunterricht ist von Anfang an perfekt, was auch immer das bedeutet. Aber mit einem entwicklungsorientierten Mindset lässt sich aus jedem Sportunterricht lernen. Wenn wir dazu eine fundierte Basis entwickeln, um dieses Lernen zu systematisieren, dann ist das ziemlich stark.

Sam
Studenty Sport-Lehramt

Sam: Ich wollte auch gerade anmerken: Ganz schöner Anspruch, aber ich verstehe den Plan. Eine Sache noch: Ich überlege, was das bedeutet, wenn ich mir jetzt nochmal die Erfahrung mit der Unterrichtsstunde zu Ringen und Kämpfen anschaue.

Mario (er/ihm)
Professory

Mario: Also direkt in die Reflection-on-Action? Sehr stark! Reflexion ist ein wesentlicher Teil des professionellen Handelns. Da könntest du dir natürlich verschiedene Dimensionen ansehen und den Unterricht nochmal Revue passieren lassen: Was-, Wie-, Wer-Dimension oder Selbst-dimension. An welchen Stellschrauben könnte ein bisschen Drehen sinnvoll sein? Passte vielleicht diese Methode nicht so gut für diese Zielgruppe, oder war der Inhalt irgendwie nicht zugänglich für deine siebte Klasse? Das Modell professionellen Handelns soll dich nicht mit Fragen erschlagen, sondern Orientierungen für deine Planung und die Reflexion bieten.

Sam
Studenty Sport-Lehramt

Sam: Da sind ja einige Aspekte, an denen ich Anpassungen vornehmen kann. Alles klar, im Nachhinein betrachtet, könnte ich beim nächsten Mal die Held:innennummer zum Ausgangspunkt machen. Ja genau, da haben die bestimmt richtig Bock drauf. Aber dann muss ich schauen, wie ich mit der Angst und den Hemmungen umgehe und was überhaupt das Ziel wird. Ah, genau. Gestalten! Ich lass die…

4.2 Sport coachen

Ip Nam
Kampfsporttrainy

Ip Namy: So Leute. Kit, ein Athlety von mir, hat demnächst seinen ersten MMA-Kampf. Ich möchte ihn natürlich optimal vorbereiten. Deswegen nehme ich ihn auch richtig ran. Da mein Trainer das mit mir auch so gemacht hat, gebe ich das jetzt an ihn weiter… Allerdings bin ich mir jetzt gar nicht mehr so sicher, ob das der richtige Weg ist…

Swen (er/ihm)
Professory

Swen: Zweifel ist schon der erste Schritt auf dem Weg zu einer forschungsbasierten Coaching-Praxis…

Freya
Influencerin

Freya: Zweifel habe ich regelmäßig, wenn ich neue Fitness-Tipps auf den Kanälen meiner Influencer-Kolleg*innen anschaue… Zweifel, ob die nicht totalen Bullshit erzählen… obwohl da alle immer sagen: „Das hat die Wissenschaft gezeigt."

Basti
Coach

Basti: Unter Trainerkollegen gesprochen: Wissenschaft ist im Verkauf oft ein starkes Argument. Allerdings kommt es ja auch darauf an, was drinnen ist. Die Frage ist in dem Zusammenhang also, ob die Tipps wirklich evidenzbasiert sind oder der Claim haltlos ist…

Mario (er/ihm)
Professory

Mario: Gleiches gilt auch für die Coaching Praxis. Auf den ersten Blick ist gar nicht ersichtlich, ob hier Wissenschaft am Werk ist…

Im Austausch unserer Protagonistys kristallisiert sich heraus, dass die Rolle der Wissenschaft in den Bereichen Gesundheitssystem, Leistungssport und Breitensport gar nicht so leicht zu durchschauen ist. Für Fitnesstrainer im Gesundheitssystem ist die Wissenschaft eine wichtige Säule der Ausbildung. Aber die Umsetzung wissenschaftsbasierter Erkenntnisse in die Praxis des Fitnessalltags stößt oft auf Hindernisse. Es gibt zahlreiche Gründe dafür: Manchmal ist der unmittelbare Nutzen von Forschungsergebnissen nicht offensichtlich. Oder die wissenschaftlichen Daten sind in einer Sprache verfasst, die für Praktiker fremd ist. Auch kann die Beschäftigung mit wissenschaftlichen Methoden als zeit- und energieaufwendig empfunden werden. Insbesondere wenn der direkte Mehrwert für das individuelle Training oder die Kundybetreuung nicht gleich ersichtlich ist.

Im Leistungssport sind Coaches ständig auf der Suche nach neuem Wissen. Der Grund dafür liegt auf der Hand: Es geht um die Maximierung der Leistungsfähigkeit von Athlet*innen. Doch selbst hier kann die Anwendung wissenschaftlicher Erkenntnisse an bestimmten Herausforderungen scheitern. Neue Forschungsergebnisse können etablierte Trainingsmethoden infrage stellen oder eine Veränderung langjähriger Trainingsphilosophien erfordern. Das kann auf Widerstand stoßen.

Auch Übungsleiter im Vereinssport, die dort ehrenamtlich im Breitensport tätig sind, stehen ebenfalls vor der Aufgabe, wissenschaftliche Prinzipien in ihre Arbeit zu integrieren. Und auch hier gibt es Hürden: Es gibt begrenzte Ressourcen für den Zugang zu aktuellen wissenschaftlichen Entwicklungen im Bereich des Sports sowie für die Fortbildung. Zudem kann die Wissenschaft manchmal zu theoretisch erscheinen. Eine Anwendung auf die vielfältigen und oft informellen Kontexte des Breitensports gestaltet sich dann schwierig.

Trotz dieser Herausforderungen in der Praxis des Coachings bildet wissenschaftliches Wissen eine Quelle für evidenzbasierte Überlegungen und Entscheidungen im professionellen Handeln. Klar, die Wissenschaft steht manchmal im Konflikt mit populären Meinungen oder traditionellen Ansätzen. Oft liefert sie Perspektiven, die einen Wandel im Denken erfordern. Und das kann unbequem sein. Dennoch ist sie essentiell für die Entwicklung einer professionellen Coachingpraxis.

> **Nerdy**
>
> Vom Anspruch her differenziert sich wissenschaftliches Wissen gegen Alltagswissen, Meisterlehren und Vor-Urteile dadurch, dass es auf der Idee methodischer Kontrolle basiert (Nassehi & Saake, 2002). Es wird durch Verfahren kontrolliert, die dessen Erzeugung und Verbreitung in strenger Weise prüfen. So kann heute jeder jede Meinung sofort auf social media Plattformen äußern, in einer *wissenschaftlichen Fachzeitschrift* (siehe Glossar) ist das jedoch nicht so leicht. Hier greifen die Kontrollmechanismen der Wissenschaft. Jede Aussage, jede Behauptung wird von der *scientific community* (siehe Glossar) auf links gedreht, geprüft und ggf. revidiert oder sogar abgelehnt. Idealerweise beruft sich Entscheiden und Handeln in berufspraktischen Feldern des Sports auf methodisch kontrolliertes Wissen – also nicht auf Alltagswissen, Meisterlehren und Vor-Urteile.
>
> Als Grundlage von Urteilen und Entscheidungsverhalten ist Wissenschaft der Basisbaustein für das, was im internationalen Raum als *evidence-based practice* (*evidenzbasiert*, siehe Glossar) – also evidenzbasierte Praxis – bekannt ist. Evidenzbasierte Praxis besteht darin, dass sich berufspraktisches Urteilen und Entscheiden auf wissenschaftliche Erkenntnisse stützt (Bean et al., 2020; Fullagar et al., 2019). Die Fähigkeit zum wissenschaftlichen Denken bildet die Voraussetzung einer derartigen Praxis. Auf einer übergeordneten Ebene kommt noch ein weiterer Aspekt hinzu: Reflexivität (Körner & Schürmann, 2015).
>
> Unter Reflexivität versteht man in der Wissenschaft, sich über die Voraussetzungen und Folgen des eigenen Handelns Gedanken zu machen. So kann man beispielsweise Evidenzen darüber erzeugen, inwieweit sich Spezialkräfte der Polizei mit Blick auf Fitnessparameter von Olympischen Athleten unterscheiden (Zwingmann et al., 2021). Vorausgesetzt wird dabei, dass die beiden Tätigkeitsbereiche strukturell ähnlich sind und die in den Blick genommenen Leistungsparameter (z. B. Muskelkraft, Ausdauer etc.) in beiden Bereichen ähnlich wichtig für eine gute „Arbeitsleistung" sind. Reflexivität bildet damit eine wichtige metakognitive Fähigkeit, die den blinden Fleck wissenschaftlicher Evidenzproduktion gewissermaßen auf höherer Ebene kontrolliert.

Eine Kluft zwischen Sportberufen und Wissenschaft besteht in einer optimalen Welt nicht. In der besten aller Welten gehen Wissenschaft und Coaching im Sport Hand in Hand: Im Denken, in der Herangehensweise, in der Betrachtung der eigenen Handlungen. Dies gilt unserer Meinung nach auch auf individueller Ebene für das Coaching.

Auf dem Weg ihrer weiteren Professionalisierung benötigen Coaches das dazu passende wissenschaftliche Mindset. Unter Mindset verstehen wir jene typische Einstellung und Haltung, die uns in der jeweiligen Profession kennzeichnet: der gewohnte Stil des Denkens und Handelns; unsere besondere Art im Berufskontext, die Dinge zu sehen und anzugehen.

Das Modell Professionellen Handelns (MPH) setzt voraus, dass du dich mit Blick auf deine Wissensbestände in den Dimensionen (*Wer, Was, Wie,* siehe Abbildung 1), aber auch in der Analyse des Kontextes und deiner persönlichen Perspektive und deiner Planungs- und Reflexionspraxis von diesem wissenschaftlichen Mindset leiten lässt. Ein wissenschaftliches Mindset ist eine feine Sache. Und dies steht auch den einzelnen Teams, Organisationen und Institutionen im Sport gut zu Gesicht. Es sieht einfach besser aus.

Ip Nam
Kampfsporttrainy

Ip Namy: Mit „Gut aussehen" kenn ich mich aus. Wenn wir im Kampfsport Gewichtmachen, dann sehen wir aber so was von gut aus. So richtig „ripped". Allerdings habe ich letztens auch einiges darüber gelesen, dass das vielleicht gar nicht so gut sein soll. Aber da wir das ja alle machen, kann das ja nicht so schlimm sein. Schließlich war ich selbst früher erfolgreich mit den Methoden. Meinen Athletys empfehle ich das schon für deren nächsten MMA-Kampf.

Freya
Influencerin

Freya: Ja, das mit dem Gewichtsmanagement kenn ich auch. Als Influencerin musst du ja schon gesund und fit aussehen. Und die Influencer:innen, denen ich folge, haben auch immer heiße Tipps auf Lager: Welches Supplement wann zu nehmen ist, um optimale Trainingsergebnisse zu erzielen...

Swen (er/ihm)
Professory

Swen: Wir machen eben, was wir beigebracht bekommen haben und was in unserer jeweiligen „Bubble" ebenso gemacht wird. Dabei könnten wir das ein oder andere schon einmal wissenschaftlich hinterfragen und unsere Praxen vielleicht anpassen…

Basti
Coach

Basti: Das wäre dann eine forschungsbasierende oder evidenz-informierte Praxis. Fände ich super, gerade auch für den Handball und für meinen Verein…

Tradition ist innerhalb moderner Berufe kein überzeugendes Argument mehr. Das wird sehr deutlich, wenn man klar macht, dass die Wissenschaft in den letzten Jahrzehnten viele Erkenntnisse hervorgebracht hat, die das konkrete berufliche Handeln als Coachy betreffen. U. a. diese:

- Der Mehrwert eines psychologisch sicheren „Raumes", der Fehlern oder Niederlagen, aber auch dem Äußern von Kritik gegenüber dem Team oder des Coachys keinen negativen Wert zuspricht. Unter dem Stichwort „Psychological Safety" hat die Forschung hier einiges zusammengetragen (Vella et al., 2022), inklusive der Reflexion, dass es im Hochleistungssport auch Situationen geben mag, in denen als Coach bewusst auf einen „sicheren Raum" mit Blick auf technisch-taktische Elemente verzichtet werden kann (Taylor et al., 2022).
- Die Selbstbestimmungstheorie (SDT) nach Deci und Ryan (Ryan & Deci, 2000; Standage & Ryan, 2020) bietet einen kritischen Blick auf traditionelle Coaching-Praktiken, die autoritär sind und wenig Raum für die Autonomie der Sportlys lassen. Die SDT hebt hervor, wie die Befriedigung grundlegender psychologischer Bedürfnisse nach Autonomie, Kompetenz und sozialer Eingebundenheit für das körperliche und geistige Wohlbefinden sowie die positive Entwicklung von Athletys entscheidend ist. Die Theorie betont, dass ein unterstützendes Umfeld, das diese Bedürfnisse fördert, wesentlich für Engagement und Leistung ist. Im Gegensatz dazu führt die Nichterfüllung dieser Bedürfnisse zu negativen Auswirkungen wie physischem und psychischem Unwohlsein sowie beeinträchtigter Funktion und Entwicklung.
- Das „Gewichtmachen" in den Kampfsportarten, wie im Judo, Ringen, Muay Thai oder MMA, ist gängige Praxis (Matthews et al., 2019). Interessant dabei ist, dass es sich hier um eine „kulturelle Norm" (Lakicevic et al., 2021) handelt, die dem Glauben entspricht, Vorteile beim Kämpfen in einer tieferen Gewichtsklasse als dem eigenen Körpergewicht zu haben. Coaches und Athletys sind hierbei häufig die treibenden Kräfte (Berkovich et al., 2016; Drid et al., 2021). Gerade bei einer kurzfristigen Gewichtsreduktion von über 5 % des Körpergewichts weisen Studien auf Leistungseinbußen sowie negative psychologische Effekte (z. B. Anspannung, Wut, Müdigkeit) hin

(Barley et al., 2019; Lakicevic et al., 2020, 2021). Neben dem Bericht von Todesfällen und schwersten Gesundheitsfolgen (Lakicevic et al., 2021) gibt es auch erste Hinweise auf problematische Effekte für die Gesundheit und das Gesundheitsverhalten mit Blick auf Essgewohnheiten nach dem Beenden der Sportly-Karriere (Brandt et al., 2018; Miles-Chan & Isacco, 2021).

Ip Nam
Kampfsporttrainy

Ip Namy: Wow… ok. Das mit dem Gewichtmachen war mir so gar nicht bewusst. Da wird es wohl mal Zeit, dass ich mit meinen Athletys überlege, wie wir das ohne „weight cutting" hinbekommen… Aber was mir daran auffällt ist, dass es ja selbst bei mir funktioniert hat. Und ich bin doch noch gesund…

Benjamin (er/ihm)
Dozent

Benjamin: Das bleibt auch hoffentlich so. Gerade mit Blick auf Traditionsargumente müssen wir aufpassen, dass wir da nicht mit einem verzerrten Blick, z. B. aufgrund eigener Erfahrungen, an die Sache herangehen. Es kann eben sein, dass wir das Glauben, was wir glauben wollen – und nicht was wir sollten…

Der hier angesprochene verzerrte Blick bezieht sich auf die aus der Psychologie bekannten systematischen Denkfehler, welche auch *kognitive Verzerrungen* (siehe Glossar) genannt werden. Diese beeinflussen die Art und Weise, wie wir Informationen wahrnehmen, erinnern, denken und Entscheidungen treffen. Kognitive Verzerrungen entstehen, wenn wir auf intuitive, schnelle und automatische Denkprozesse zurückgreifen (z. B. Heuristiken, also „Daumenregeln"), anstatt auf langsamere, logischere und bewusstere Denkprozesse. Die intuitiven Denkprozesse helfen uns dabei, dass wir schnell verstehen, was der Fall ist. Sie füllen schnell jene Lücken im Bild, das unserer Weltsicht zugrunde liegt. Sie sind sowas wie mentale Abkürzungen. Das intuitive Denken „liefert" schnell. Das jedoch bestätigt aber weder den Wahrheitsgehalt der Schlussfolgerung noch die situative Angemessenheit.

Wenn wir also nach unserer Meinung zum Gewichtmachen gefragt werden, kommt uns als erstes diese eine Kämpferin in den Sinn, die dies erfolgreich gemacht hat und darüber auf *Social Media* berichtet hat. Diese Erinnerung ist direkt für unser Denken verfügbar. Diese *Verfügbarkeitsheuristik* (*kognitive Verzerrungen,* siehe Glossar) sorgt allerdings dafür, dass wir möglicherweise ein verzerrtes Bild vom Nutzen des Gewichtmachens haben. Wenn wir Ereignisse und Verhaltensweisen beobachten und in ihnen erkennen, was wir eh schon wissen (bzw. zu wissen glauben), dann lauert hier der sogenannte *Bestätigungsfehler* (*kognitive Verzerrung,* siehe Glossar). Wir bewerten Ereignisse und Verhaltensweisen so, dass sie in unsere Erwartungen passen und diese dadurch bestätigen. Diese Form der Verzerrung führt somit dazu, dass wir sehen, was wir sehen (wollen) – und sonst sehen wir nichts; etwa andere mögliche Erklärungen.

Wenn Athletys zum Training zu spät kommen, fällt es uns leicht das Verhalten auf den Charakter der Jugend zuzuschreiben. Wir sind uns sicher: Früher hätten wir das nicht gemacht. Doch auch hier könnte eine kognitive Verzerrung drunter liegen: Immer dann, wenn wir ein menschliches Verhalten stärker auf Merkmale der Person oder weiterer sozialer Identitäten wie Gruppen, Ethnien oder Nationen zurückführen und dabei den möglichen Einfluss situativer Faktoren außer Acht lassen, laufen wir Gefahr, einem *fundamentalen Attributionsfehler* (*kognitive Verzerrung,* siehe Glossar) zu unterliegen. Verhält sich ein Athlet seltsam, so „ist" es vielleicht weniger ein seltsamer Charakter als ein besonderer akuter Zustand, der durch Umweltfaktoren (mit-)beeinflusst wird. Die Liste psychologisch erforschter Verzerrungen ist ziemlich lang. Doch der Einstieg in das Thema lohnt sich. Bereits die Einsicht in die Existenz kognitiver Verzerrungen hat das Potenzial, Informationen, die an uns herangetragen werden – nämlich differenzierter – zu sehen, zu bewerten und dies dem eigenen Handeln zugrunde zu legen.

Die Professionalität liegt hier in einer reflektierten Entscheidung zum Handeln im Bewusstsein der ihr zugrunde liegenden Einflussfaktoren. Das wissenschaftliche Mindset macht dies möglich.

Freya
Influencerin

Freya: Ok… das wissenschaftliche Mindset steht mir als Profi also gut zu Gesicht. Ich hab' ja auch Verantwortung, gerade weil ich Einfluss auf junge Menschen habe.

Swen (er/ihm)
Professory

Swen: So ist es – und es wird nachhaltig deine Haltung zum Coachen verändern. Glaube mir – bei mir hat das auch funktioniert.

Mario (er/ihm)
Professory

Mario: *Hüstel, Hüstel* Höre ich da eine Verfügbarkeitsheuristik?

Ausgestattet mit einem wissenschaftlichen Mindset kannst du – entsprechend dem Modell Professionellen Handelns (MPH) – die Grundlagen deines „Wissens" in den einzelnen Dimensionen reflektieren und einordnen. Wenn also die Athleten im MMA-Training zu wenig im Bereich ihrer technischen Anwendungen experimentieren, gibt es

Deutungsspielräume. Sind sie faul, demotiviert oder ängstlich? Kämpfen sie auf Sicherheit oder macht es ihnen einfach keinen Spaß?

Die beispielsweise Zuschreibung einer demotivierten Haltung – die Athletys sind einfach nicht so motiviert – ist eine Deutung. Es könnte aber auch ein kognitiver Fehlschluss vorliegen, weil du nur das letzte Training erinnerst. Vielleicht kann aber auch die Interpretation der Haltung gar nicht aus der Beobachtung geschlossen werden. All diese Unsicherheiten sind Zeichen eines wissenschaftlichen Mindsets. Du hast Lust, den Dingen auf den Grund zu gehen. Du lässt Ambivalenzen zu – und gibst dich eben nicht mit einfachen Antworten zufrieden.

Eine Möglichkeit, der Sache in der Praxis „auf den Grund" zu gehen, ist die *Aktionsforschung* (siehe Toolbox): Das könnte für dich so aussehen:

1. **Problemidentifikation:** Du stehst vor dem Phänomen, dass deine Athlet*innen im MMA-Training demotiviert wirken. Sie zeigen wenig Initiative und bleiben in ihrer Komfortzone. Vielleicht liegt es an einer Reihe von Faktoren, wie den Trainingsmethoden, deiner Ansprache, psychologischen Barrieren, der gefühlten „psychologischen Sicherheit", physischer Erschöpfung oder einem generellen Mangel an Motivation.
2. **Datensammlung:** Du könntest damit beginnen, die Trainingseinheiten systematisch zu beobachten, um Verhaltensmuster zu erkennen. Du könntest kurze Interviews oder fokussierte Umfragen mit deinen Athletys führen. Dies würde dir helfen ihre Wahrnehmungen, Gefühle und Gedanken bezüglich des Trainings besser zu verstehen.
3. **Analyse:** Nachdem du Daten gesammelt hast, ist es an der Zeit, diese zu analysieren und Muster oder Trends zu identifizieren. Du könntest diese Ergebnisse mit Kollegen, Psychologys oder und mit den Athlet*innen selbst diskutieren. Du würdest verschiedene Perspektiven erhalten. Das könnte dir helfen, ein tieferes Verständnis zu entwickeln.
4. **Entwicklung eines Aktionsplans:** Basierend auf deinen Erkenntnissen könntest du verschiedene Dinge ausprobieren, um die Motivation zu steigern. Du könntest den Trainingsplan anpassen, neue

Übungen einführen, deine Ansprache ändern, die Übungskämpfe weniger beobachten, mehr Mitsprache ermöglichen, und, und, und...
5. **Implementierung und Beobachtung:** Nachdem du deinen Aktionsplan entwickelt hast, implementierst du die Änderungen im Trainingsprogramm. Wichtig ist, dass du weiterhin Daten erfasst und beobachtest, wie sich diese Änderungen auf das Verhalten und die Einstellung der Athletys auswirken.
6. **Reflexion und Anpassung:** Nach einer angemessenen Zeit überprüfst du die Effektivität deiner Maßnahmen. Basierend auf dieser Bewertung könntest du die Maßnahmen bei Bedarf anpassen und den Zyklus der Aktionsforschung erneut beginnen, um kontinuierliche Verbesserungen zu erzielen.
7. **Dokumentation und Teilen der Erkenntnisse:** Zum Schluss dokumentierst du den gesamten Prozess, einschließlich der Ergebnisse und Lektionen, die du gelernt hast. Diese Dokumentation könntest du auch mit anderen Trainern oder Sportwissenschaftlys teilen. Vielleicht gibt es dort ja ähnliche Herausforderungen.

Das wissenschaftliche Mindset ermöglicht dir die Durchführung der Aktionsforschung. Du bist ergebnisoffen und lässt dich von deinen Beobachtungen überraschen. Die Aktionsforschung ist damit ein systematischer Ansatz für Änderungen in deiner Trainingspraxis. Das Wissen hierzu – also wie Aktionsforschung geht – setzt ja auch wieder eine neugierige, wissenschaftsorientierte Haltung voraus. Im Modell Professionellen Handelns (MPH) zeigt sich das in der Praxis Dimension – also in der Frage wie du systematisch deine Trainings planst, durchführst und reflektierst. Mit einem wissenschaftlichen Mindset geht das einfach besser.

4.3 Sport lehren

Benjamin (er/ihm)
Dozent

Benjamin: Wissenschaft fasziniert mich. Meine Promotion liegt noch nicht lange zurück. Aber als Dozent möchte ich den Nutzen von Wissenschaft und den Spaß, den wissenschaftliches Arbeiten machen kann, gerne auch meinen jungen Studentys näherbringen.

Günter Fetzer
Ehemaliger Profisportler

Günter Fetzer: Hör zu, Benjamin! Wenn ich das hier richtig verstehe, ist diese Einstellung ja schon die halbe Miete

Wenn du wie Benjamin als Sportwissenschaftler an einer Universität oder Hochschule tätig bist, hast du neben der Forschung auch die Aufgabe, zu lehren. Was viele nicht wissen: In der Regel wirst du zum Lehren aber nicht ausgebildet.

> **Nerdy**
>
> Aus Forschungen ist bekannt, dass Lehrende in ihrer Lehre häufig implizit auf das zurückgreifen, was sie selbst als Lernys in ihren spezifischen Lernsettings erlebt und als gute oder schlechte Lehre, als guten oder schlechten Lehrer oder als guten oder schlechten Lehrstil erfahren haben (Chow et al., 2016). Mit anderen Worten: Sie unterrichten nicht unbedingt so, wie es der Stand der Lehr- und Lernforschung gerne sähe, sondern so, wie sie selber unterrichtet wurden (Altmann, 1983). Dieses Phänomen ist ein klassischer Sozialisationseffekt, der auch Lehrer an Hochschulen betrifft (Oleson & Hora, 2014). Das bedeutet: Über jahrelange Interaktion mit der Umwelt (z. B. Schule, Sportverein, Lehry, Coach etc.) sind bestimmte Vorstellungen als *subjektive Theorien* (siehe Glossar) darüber „gewachsen", was richtige und gute Lehre ist, welche Inhalte dazu zählen, was Lernerinnen können müssen und wie man das am besten vermittelt. Und diese Vorstellungen leiten nun das Handeln wie ein lautloser Mechanismus. Ein professionelles Lehrverständnis setzt genau da an: Es möchte dieses sozialisierte Wissen, diese uns ggf. gar nicht selbst bewusste (also implizite) Grundlage unseres Handelns, aufdecken und mit besseren Alternativen konfrontieren.

Wir schlüpfen im Folgenden in die Perspektive von Sportdozenten wie Benjamin und Swen. Welche Möglichkeiten bietet die Lehre, um jungen Menschen den Sinn der Wissenschaft näher zu bringen und sie dabei in ihren praktischen studentischen Aufgaben zu unterstützen?

Forschungsbasiert lehren
In allen Berufen, die sich heute als professionelle Berufe verstehen, basiert die Ausbildung auf wissenschaftlichen Grundlagen. Als Sportlehrer kann man im Beruf längst nicht mehr ungeschoren so unterrichten, weil man es immer schon so unterrichtet hat. Das gilt auch für diejenigen, die wie du, andere Menschen an Hochschulen und Universität für sportbezogene Berufe ausbilden.

Für Sportdozenten ist die Befähigung zum wissenschaftlichen Arbeiten die zentrale Erwartung. Formal ist diese Befähigung Einstellungsvoraussetzung für den Beruf und dokumentiert sich durch den eigenen Hochschulabschluss. Weiterhin sehen die Studienordnungen im

Bereich Sport an Hochschulen und Universitäten in der Regel explizit eine wissenschaftliche Orientierung der Lehre vor. Wie viel Wissenschaft wirklich in der Lehre ankommt und stattfindet, hängt allerdings letztlich am individuellen Selbstverständnis des jeweiligen Dozenten.

Da haben wir es also wieder, das Mindset, also jene typische Haltung und Art des Denkens, mit der man die Dinge angeht. Was für Studentys gilt, gilt erst recht für ihre Dozent*innen. Als Profis in der Lehre haben auch Benjamin und Swen ein wissenschaftliches Mindset. Das hilft auch ihnen dabei, besser zu entscheiden und besser zu handeln und dadurch ihre *subjektiven Theorien* (siehe Glossar) über das Lehren und Lernen besser zu kontrollieren. Das wissenschaftliche Mindset bildet die zentrale Voraussetzung für deine professionelle Lehre. Du lehrst forschungsbasiert.

Entscheidungen begründet treffen

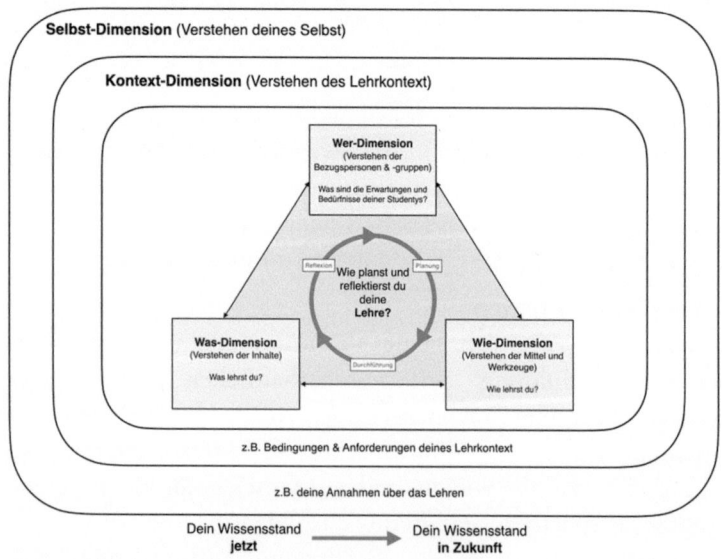

Abb. 4.1 Modell professionellen Lehrens (MPL)

Das Modell Professionellen Lehrens (MPL, Abb. 4.1) zeigt, wie vielschichtig die Herausforderungen für deine Lehre sind. Dem *Selbstverständnis* nach auf wissenschaftlicher Grundlage zu lehren, bedeutet für dich als Dozenty, auf verschiedenen Ebenen mit der Hilfe von Wissenschaft begründete Entscheidungen zu treffen:

- *Verstehen der Inhalte:* Hierzu gehört die Frage, welche Inhalte deiner Lehre sich im Abgleich mit wissenschaftlichen Erkenntnissen begründen lassen. Das Curriculum (siehe *Dein Lehrer-Kontext*) gibt hier zwar eine mehr oder weniger konkrete Auswahl von Inhalten vor, dennoch liegt es in der individuellen Kompetenz von Lehrys, die Inhalte wissenschaftlich begründet zusammenzustellen und ggf. zu erweitern. Welche konkurrierenden Konzepte und Modelle zu relevanten Studieninhalten möchtest du im Seminar oder in der Vorlesung behandeln? Welche *Theorien* (siehe Tools) liegen zugrunde? Wie ist die empirische Studienlage? Als Dozent benötigst du in der Inhaltsdimension deiner Tätigkeit einen ebenso breiten Überblick wie tiefen Einblick. Als Profi bist du über den jeweiligen Fachdiskurs im Bilde. Dazu greifst du selbst systematisch (siehe Tool *systematische Übersichtsarbeit*) auf Studien zu, gehst deren Annahmen auf den Grund, liest Statistiken und erstellst *Exzerpte* (siehe Tools). Dabei unterscheidest du bereits zwischen dem eigenen Nutzen, der mit der wissenschaftlichen Inhaltsaufbereitung für dich einhergeht und deren Thematisierung in der Lehre. Letztere nämlich hat die wichtigste Bezugsgröße für den Lehr-Lern-Prozess in den Blick zu nehmen: deine Lerner.
- *Verstehen der Lerner*innen:* Als professioneller Dozent bereitest du die Inhalte so auf, dass deine Lerner*innen damit etwas anfangen können und dazu motiviert sind. Entsprechen die Inhalte den Erwartungen deiner Gruppe? Sind sie in deren Augen relevant für den Beruf? Ist die Aufbereitung der Inhalte passend zu den Voraussetzungen – also dem individuellen Wissen und Können – der Lerner? Als guter Dozent benötigst du hier ein fundiertes Wissen über deine Lernys: wie Menschen lernen, was sie motiviert und was sie in ihrem Entwicklungsprozess fördert. Dies berührt den nächsten Aspekt professionellen Lehrens, die pädagogische Gestaltung des Unterrichts.

- *Verstehen der Lernumgebung:* Als Dozentin bist du Profi darin, inhaltlich gut begründete und für deine Lerner motivierende Lernprozesse zu gestalten. Dabei hilft dir ein Wissen über verschiedene Vermittlungsansätze, deren Kernannahmen und Wirkungsweisen. So wirkt etwa ein Frontalunterricht anders als eine kooperative Lernform, prüft eine mündliche Prüfung andere Fähigkeiten als eine *Multiple-Choice Klausur* (siehe Glossar), favorisiert ein gamifiziertes Lernen eine andere Fehlerkultur als ein linear-deduktiver Unterricht und führt eine Scheinwerfer-Theorie des Lernens zu einer anderen Orientierung bei der Gestaltung und Durchführung von Lernprozessen als eine Eimer-Theorie.

Sam
Studenty Sport-Lehramt

Sam: Alles im Eimer, oder was?

Nerdy

Lerntheorien bilden die Grundlage für das eigene Handeln als Lehry. Jedes Lehry hat – bewusst oder unbewusst – ein gewisses Bild im Kopf, wie Lernen funktioniert. Entsprechend der jeweiligen Theorie, wird das Lehry den Unterricht konzipieren und durchführen. Im Kern sind es zwei diametral gegensätzliche Lernvorstellungen, deren Spielarten die Landschaft des Lehrens, Unterrichtens und Trainierens kennzeichnen. In Anlehnung an

> Popper (Popper, 1981) nennen wir diese die Eimer- und die Scheinwerfer-Theorie des Lernens (Piggott, 2008). Nach der Eimer- bzw. Kübel-Theorie (engl. *bucket theory*) ist das Lerny ein leerer Eimer, der mit Informationen gefüllt werden muss. Informationen, die das Gehirn von Lernern erreichen, werden als Reiz-Reaktions-Verbindungen abgelegt. Nach der Eimer-Theorie heißt das, je öfter Menschen in Lernsettings Reiz und Reaktion erfolgreich verbinden, desto stärker werden diese Reiz-Reaktions-Verbindungen ausgeprägt. Wir sagen: Das Lerny hat etwas gelernt. Dies ist eine recht verbreitete Sichtweise von Dozenten auf das Lernen. Die Besonderheit: Das Lernen geschieht rezeptiv. Die Lerner*innen sind in dieser Vorstellung ein Eimer, der von außen befüllt werden muss. Im Unterschied zur Eimer-Theorie konzipiert die Scheinwerfer-Theorie (engl. *searchlight theory*) das Lernen als aktiven, letztlich nur durch den Lerner selbst hervorgebrachten Vorgang der dauerhaften Verhaltensanpassung. Nach Popper konstruieren wir eine „Spielwelt" in unserem Gehirn, basierend auf den Erwartungen, die wir von der echten Welt um uns herum haben. Diese innere „Spielwelt" hilft uns, dass wir unsere Aufmerksamkeit zielgerichtet lenken – und damit Erwartungen haben. Lerner werden hier als aktiv tätige Personen gesehen, die von ihren Erwartungen gelenkt wie ein Scheinwerfer mögliche Lösungen für ein akutes Problem erkunden. Entsprechend sagt die „Scheinwerfertheorie" im Kern aus, dass Menschen kreative Wesen sind, welche durch das Erkunden von möglichen Lösungen (Hypothesen) erlernen, Probleme in ihrer Umgebung zu lösen. Indem wir falsche Hypothesen eliminieren und die erfolgreichen Verhaltensweisen beibehalten, lässt sich sagen: Wir lernen aus unseren Fehlern!

- *Verstehen des Kontextes:* Zu deinem Kontext, in dem du lehrst, zählt die Hochschule, ihr Leitbild und akademisches Selbstverständnis, das Ausbildungscurriculum, kollegial entwickelte Lehr- und Evaluationskonzepte, Digitalisierungsstrategien oder auch die Beziehung zu Sportvereinen, Sportindustrie etc. Sie alle haben Einfluss auf deine Lehre und ermöglichen und limitieren diese zugleich. Diese spezifischen Kontextfaktoren zu verstehen und effektiv zu nutzen, ist essentiell für dein professionelles Handeln als Dozent.

Die wissenschaftliche Grundlage der eigenen Lehr-Praxis zeigt sich vor allem in der Nutzung wissenschaftlicher Verfahren, die methodisch kontrollierte Entscheidungen ermöglichen. Eine *systematische Übersichtsarbeit* (siehe Tool) zeigt *evidenzbasiert* (siehe Glossar), welche Literatur und Erkenntnisse zum Beispiel zum Thema „Persönlichkeitsentwicklung durch Sportunterricht" im Seminar behandelt werden müssen; welche Rolle die Berücksichtigung von Lerner-Bedürfnissen für den Lernerfolg hat und welche Wirkung gamifizierte Lernumgebungen im Unterscheid zu nicht-gamifizierten Lernumgebungen haben. Wissenschaftliche *Reflexivität* (siehe Glossar) befähigt Benjamin dazu, institutionelle Kontextbedingungen in ihren wichtigen Funktionen zu erkennen, sie aber auch zu hinterfragen. So stellt auch in der Hochschullehre längst nicht jede Tradition die nach wissenschaftlichem Stand beste Option für deine Lehre für Sportstudenten dar. Z. B. macht es Sinn, über den Gebrauch von Sprache in der Anrede deiner Studenten nachzudenken, Stichwort *inklusive Sprache* (siehe Tools).

Im Sportstudium forschungsbasiert zu lehren, heißt somit für dich vor allem, Verfahren der Forschung auf die Lehre selbst anzuwenden. Diese Kunst mündet darin, deine Lehrpraxis selbst als Forschungsgegenstand zu betrachten: Dies beginnt mit einer wissenschaftlich begründeten Konzeption von Inhalten und Vermittlungsformen, deren wissensbasierter Durchführung und endet mit einer Evaluation wichtiger Wirkungsdimensionen (hier vor allem: was wurde gelernt), deren Erkenntnisse in deine nächste Lehrplanung einfließen usf. Die *Aktionsforschung* (siehe Tools) ist hierzu ein wunderbares Hilfsmittel. Willst du z. B. systematisch wissen, welche Wirkung eine neue Lehrmethode in deinem Unterricht (z. B. auf die Motivation, das Lernen, das Unterrichtsklima etc.) hat, ist Aktionsforschung das Mittel der Wahl.

Innerhalb unseres Modells professioneller Lehre spielt die Wissenschaftlichkeit eine zentrale Rolle. Als Dozent verkörperst du diese Rolle im Unterricht und wirkst damit bereits auf deine Studenten ein. Daneben tritt die Wissenschaft noch expliziter in Erscheinung: als eigenständiger Lehrinhalt.

Wissenschaft lehren

Die Inhalte deiner Lehre ergeben sich im Kern aus deiner fachlichen Herkunft und Spezialisierung. So befasst du dich als Psychologe vor allem mit Fragen, die den Binnenraum des Menschen – die Psyche – betreffen bzw. davon ausgehen. Als Soziologin startest du bei der Frage, welche Gesellschaft es ist, in der wir leben und in der Sport so wichtig geworden ist. Als Medizinerin erforschst du die Wirkungen des Sporttreibens auf die Gesundheit von Menschen etc. In diesen und allen weiteren Fällen besteht die Professionalität von Dozenten darin, die jeweils fachlich einschlägigen Inhalte der Forschung zu bestimmen und für die Lehre auszuwählen.

Neben diesen je nach Fachrichtung variierenden Inhalten ist der jeweilige wissenschaftliche Stil, mit dem psychologisch, soziologisch oder medizinisch geforscht wird, selbst ein zentraler Inhalt der Lehre. So begreifen die Studenten, wie du als Psychologe zu deinen Erklärungen menschlichen Verhaltens kommst oder als Soziology oder Medizinerin deine Erkenntnisse erzeugst etc. Im besten Fall begreifen sie auch, worin Unterschiede zu anderen wissenschaftlichen Zugängen bestehen bzw. inwiefern sich die Forschungen ergänzen und zu einem bestimmten Thema in ein konsistentes Bild zusammenbringen lassen.

Swen (er/ihm)
Professory

Swen: Spoiler-Alarm. Das ist der Gag der Wissenschaft, auch wenn viele Kollegys die Welt ausschließlich aus ihrer eigenen wissenschaftlichen Bubble wahrnehmen. Komplexe Phänomene, wie z. B. Doping, lassen sich zwar wunderbar biochemisch, rechtlich, psychologisch, soziologisch und historisch isoliert betrachten: Die Biochemie analysiert Körpersäfte auf Schwellenwerte, das Recht fragt nach Schuld und setzt dabei individuelle Zurechnungsfähigkeit voraus. Die Sportpsychologie fragt nach den individuellen Motiven. Die Sportsoziologie hingegen sieht soziale,

z. B. kulturelle Faktoren am Werk, die Doping als abweichendes Verhalten begünstigen. Die Sportgeschichte weist darauf hin, dass nicht die Einnahme leistungsfördernder Substanzen, sondern deren Verbot das historisch Neuartige ist. Wenn man all diese Facetten des Dopingphänomens zusammensieht, sieht man mehr...

Ganz unabhängig von der Wissenschaftsdisziplin: Es existieren Standardprozeduren der Wissenschaft, die eigentlich in allen Disziplinen das wissenschaftliche Arbeiten kennzeichnen. Zu diesen Verfahren der Wissenschaft gehört u. a.:

- *Fachlichen und thematischen Diskursen folgen und Literatur recherchieren* (siehe Tool *Literaturrecherche*): Du nutzt Bibliotheken, Online-Datenbanken und die Alert-Funktionen von Verlagen und Suchmaschinen, um dich regelmäßig mit Literatur zu einschlägigen Themen füttern zu lassen.
- *Relevante Quellen auswählen:* Anhand von *Abstracts* (siehe Glossar), Keywords, Journals oder Autoren wählst du relevante Quellen für dein Forschungsinteresse aus und legst diese in deiner *Literaturverwaltung* (siehe Tools) ab.
- *Lesen und mit dem Text arbeiten:* Innerhalb von Texten identifizierst du wichtige Argumente (*Lesen*, siehe Tools) und kannst deren Qualität bewerten. Dabei vollziehst du die klassische hermeneutische Operation: Du unterscheidest und markierst im Text Relevantes von Nicht-Relevantem.
- *Wichtige Inhalte exzerpieren und systematisch ablegen (Exzerpte, Inhaltsanalyse,* siehe Tools): Nachdem du die für dich wichtigen Inhalte eines Textes erfasst hast, macht es Sinn, diese schriftlich analog oder digital zusammenzuschreiben und im Anschluss systematisch in deiner *Literaturverwaltung* (siehe Tool) abzulegen. Wenn dir das Schreiben noch schwerfällt, nutze eine KI (*Texte generieren mit KI,* siehe Tools).

In deiner Lehre haben die wissenschaftlichen Verfahren eine Doppelfunktion: Sie bilden zum einen die Grundlage deiner Lehrkonzeption und zum anderen einen wichtigen Lehrinhalt. Die Wissenschaft als eigenständigen Inhalt solltest du an geeigneter Stelle „droppen". Während deine Student*innen in der Regel ja nichts davon mitbekommen, wie du deine Seminare und Vorlesungen vorbereitest, solltest du die wissenschaftlichen Prozeduren, die du selber nutzt und für sinnvoll erachtest, in der Lehre vorstellen und von den Studentys selbst durchführen lassen. Denn auch hier gilt: Das wissenschaftliche Mindset deiner Lerner wächst in dem Maße, wie sie damit vertraut gemacht werden und es einüben können. Nicht zuletzt sind dies ja auch die Skills, die sie für ihre studienrelevanten Leistungen (Vorträge, Klausuren, Abschlussarbeiten etc. (siehe Kap. 3)) benötigen.

Aus diesen Prozeduren lassen sich dann eigene Forschungsideen und Fragestellungen ableiten, die zu eigenen wissenschaftlichen Erkenntnissen und deren Veröffentlichung führen können.

Swen (er/ihm)
Professory

Swen: Nicht, dass wir es vergessen: Neben wissenschaftlichen Verfahren gehört für mich auch eine Prise Erkenntnistheorie in die Lehre. Sie bildet den Bedeutungsrahmen für wissenschaftliche Verfahren. Für das Forschen existiert dabei eine ähnlich grundsätzliche Unterscheidung wie die zwischen dem Eimer und dem Scheinwerfer für das Lernen.
Traditionelle Erkenntnistheorien, denen z. B. weite Teile der empirisch-quantitativen Forschung folgen, gehen davon aus, dass wir uns durch Forschung mehr oder weniger exakt an eine objektiv gegebene Wirklichkeit und Wahrheit annähern. Konstruktivistische Erkenntnistheorien (Glossar

„Konstruktivismus") hingegen gehen davon aus, dass die Verfahren der Forschung eine jeweilige Wirklichkeit und Wahrheit erst hervorbringen.
Ob wir Forschung und Forschungsergebnisse eher objektivistisch oder konstruktivistisch betrachten, macht einen riesigen Unterschied. Denkt nur an Zahlen der Statistik: Ob wir Zahlen als Abbild einer Wirklichkeit betrachten oder als Informationen abhängig vom Prozess ihrer Erzeugung, macht einen Unterschied ums Ganze. Wir sollten das mit unseren Studentys diskutieren…

Mario (er/ihm)
Professory

Mario: Da fällt mir ein wunderbarer Kurztext von Niklas Luhmann ein. Absolut lesenswerte sechs Seiten: Luhmann, N. (2000). Statistische Depression. Zahlen in den Massenmedien. In N. Luhmann (Hrsg.), Short Cuts *(S. 107–112). Zweitausendeins.*

Forschen

Forschungsbasiert zu lehren muss für dich nicht nur bedeuten, auf die wissenschaftlichen Erkenntnisse anderer Forscher*innen zurückzugreifen. Natürlich sind es in den meisten Fällen Forschungen aus der *scientific community* (siehe Glossar), die du liest und in die eigene Lehre einbaust. Sofern es der Rahmen deiner Hochschule unterstützt und dein eigenes Mindset ein wissenschaftliches Mindset ist, kannst du als Dozent auch selbst forschen und Erkenntnisse produzieren.

Hier bieten sich drei Arten der Forschung für dich an:

- *Grundlagenforschung:* Hier wendest du dich neuen Ideen zu, die du argumentativ auf bestehende Gegenstände, *Theorien* (siehe Tools) und Konzepte anwendest oder sogar dafür nutzt, um Gegenstände, Theorien oder Konzepte neu zu entwickeln. Grundlagenforschung kannst du am Schreibtisch oder im Labor erledigen. Grundlagenforschung kann als reine Theoriearbeit oder als empirische Forschung betrieben werden. Im Ergebnis erweitert sie die Grundlagen der Forschung in einem jeweiligen fachlichen und / oder thematischen Kontext.
- *Anwendungsforschung:* Hier betreibst du Forschung, die ausdrücklich dazu gedacht ist, Ergebnisse zu erzeugen, die dann in einem Handlungskontext Anwendung finden. Idealerweise sind es Fragen und Probleme aus einem Handlungsfeld, die erforscht werden mit dem Ziel, zur Lösung der Fragen und Probleme beizutragen. Für Anwendungsforschung ist es in der Regel notwendig, sich in das jeweilige Handlungsfeld hineinzubegeben und Daten in Form von *teilnehmenden Beobachtungen* (siehe Tool; auch *Feldnotizen machen*), *wissenschaftlichen (Experten-)Interviews* (siehe Tool; auch *Interviewleitfaden*) und Fragebögen (siehe Tool *Umfragen machen*) zu erheben. Gerade für Erhebungen mittels Fragebögen und Interviews solltest du, bevor es ernst wird, einen *Pretest* (siehe Glossar) durchführen. In diesem zeigt sich, ob deine Fragen funktionieren. Zur Datenerhebung gehört im nächsten Schritt die Datenauswertung. Die Faustregel hierzu: Wenn du quantitative, also auf Zahlen verweisende Daten erhoben hast, wirst du dafür statistische Methoden (siehe Tool *Statistik erstellen*) der Auswertung nutzen. Hast du Interviews geführt oder Feldnotizen erstellt, also qualitativ Daten erhoben, wirst du auch qualitative Auswertungsmethoden (siehe Tool *Inhaltsanalyse*) nutzen, also z. B. inhaltsanalytische Verfahren.
- *Auftragsforschung:* Wie der Name schon sagt, betreibst du hier Forschung im Auftrag Dritter. Das bedeutet, jemand – das kann eine Person, Gruppe oder eine Organisation sein – kommt direkt auf dich zu und möchte, dass du in seinem Auftrag eine Forschungsfrage bearbeitest. In der Regel ist dies eine Forschung, für die auch Gelder fließen, mit denen du deine zusätzlichen forschungsbezogenen Arbeiten und Auslagen finanzieren kannst. Für Auftragsforschung bist du in der Regel des Öfteren vor Ort beim Auftraggeber

und erhebst Daten. Auftragsforschung ist in der Regel empirische Forschung, d. h. du arbeitest mit *quantitativen* und *qualitativen* (siehe Glossar) Erhebungs- und Auswertungsmethoden und hast hierbei wie immer die *Gütekriterien wissenschaftlicher Forschung* (siehe Glossar) zu beachten.

Neben handwerklichen Aspekten spielt in der Forschung stets auch die Forschungsethik eine Rolle. Durch die Brille der *Forschungsethik* (siehe Tool) stellst du durch Verfahren (z. B. Einverständniserklärung) sicher, dass deine Probandys durch deine Forschung keinen Schaden erleiden und über Ziele der Forschung und die Verwertung von Daten aufgeklärt werden.

Über die genannten „Großformate" hinaus hast du natürlich noch weitere Möglichkeiten, selbst forschend aktiv zu werden. Alleine durch den Kontakt zu deinen Studentys in der Lehre eröffnen sich zahlreiche Forschungsmöglichkeiten, z. B. die der *Aktionsforschung* (siehe Tools).

Publizieren

Wissenschaftliche Erkenntnisse zu veröffentlichen, ist ganz wichtig. Publizieren, also veröffentlichen, ist die Kernoperation der Wissenschaft (Stichweh, 2007). Hinter jeder wissenschaftlich erzeugten Aussage steckt immens viel Arbeit und Zeit. Die aufwendig produzierten Erkenntnisse haben es deshalb verdient, einem Publikum vorgestellt zu werden. Je nach Ausrichtung der Forschung sind die Erkenntnisse nicht nur für das System der Wissenschaft (*scientific community*, siehe Glossar) interessant, sondern auch für Praktiker*innen. Für das Publizieren deiner Erkenntnisse stehen dir unterschiedliche Formate zur Verfügung:

- *Monographie:* Du veröffentlichst deine Forschung als Buch. Dazu solltest du dich frühzeitig um einen passenden Verlag kümmern. Der Verlag sollte zum Thema deiner Forschung passen. Z. B. gibt es für Sportthemen neben den klassischen Sportverlagen hierzulande auch Verlage, die gegenüber Themen des Sports sehr aufgeschlossen sind, aber eher einen breiten sozialwissenschaftlichen Fokus haben. Zudem solltest du dir Gedanken machen, wen du mit deinem Buch erreichen willst: Ist es die *scientific community* (siehe Glossar)? Wenn ja, welche (z. B. vor allem Sportwissenschaftler)? Oder sind es eher Praktiker, oder beides? Last but not least: Bücher schreiben kostet Geld. Bei vielen Verlagen bezahlst du als Autory den sogenannten Druckkostenzuschuss an den Verlag – in der Folge ist dein Buch auf dem Markt nicht so teuer, aber für dich mit teils hohen Kosten verbunden. Andere Verlage publizieren dein Buch für dich (nahezu) kostenfrei – in der Folge ist dein Buch auf dem Markt recht teuer, den Preis zahlen somit die Käufer. Ein Tipp: Wie alle deine wissenschaftlichen Publikationen kannst du auch deine Monographie bei der Verwertungsgesellschaft Wort (VG Wort) melden und dir dadurch einen Teil der Publikationskosten zurückholen.

- *Herausgeberwerk:* Du hast eine gute Idee zu einem Thema, von dem du denkst, dass es hierzu wichtig wäre, mehrere Beiträge von mehreren Autoren in einem Buch zu sammeln? Dann kannst du ein sogenanntes Herausgeberwerk veröffentlichen. Wie oben beschrieben, benötigst du hierzu einen Verlag und eine klare Publikums- (wen möchtest du erreichen?) und Finanzierungsstrategie (mit oder ohne Druckkostenzuschuss?). In der Regel gehst du entweder direkt auf thematisch einschlägige Forscher*innen zu und fragst deren Beitrag an, oder du verfasst einen sogenannten „Call", in dem du um Beitragsvorschläge bittest. Ein kleiner Tipp: Es lohnt sich, möglichst alle wichtigen Bedingungen für Beiträge klar zu formalisieren: den Umfang in Seiten, oder besser: in Zeichenzahl, die Formatvorlage für Titel, Abstract, Keywords, Überschriften (inklusive Überschriften für Unterkapitel), Tabellen und Grafiken (einfarbig, mehrfarbig, Auflösung).
- *Zeitschriftenartikel.* Inzwischen die verbreiteste Form, wissenschaftliche Erkenntnisse zu veröffentlichen. Die Landschaft der Zeitschriften und Journals national und international ist so groß, dass wir dir hier nur grobe Orientierungen und Empfehlungen geben wollen. Du findest so gut wie alles dazu im Internet. Hier kannst du nach der für dich passenden Zeitschrift suchen. Viele Verlage bieten eigene Suchfunktionen an, mit deren Hilfe du – z. B. über die Eingabe der Keywords für deinen Beitrag – die passenden Zeitschriften angeboten bekommst. Natürlich kannst du dich auch selbst auf die Suche machen. Vielleicht möchtest du deinen Artikel in einer ganz bestimmten Zeitschrift platzieren, z. B. einer mit *Impact*

Factor (siehe Glossar). Auf der Internetpräsenz des Journals findest du häufig unter „Aims & Scopes" heraus, ob dein Artikel inhaltlich zur Ausrichtung der Zeitschrift passt. Die höchste Qualität bieten Zeitschriften, die das sogenannte Peer-Review-Verfahren anwenden. Peer-Review bedeutet, dass dein Artikel, nachdem du ihn eingereicht hast, von Kolleg*innen (peers) aus der Wissenschaft begutachtet (ge-reviewed) wird. Wenn du nicht weißt von wem, und die Reviews nicht wissen, dass der Artikel von dir ist, dann handelt es sich um ein sogenanntes Double-Blind-Peer-Review (siehe Glossar: *Peer Review*). Beachtenswert für dich ist auch hier die Kostenfrage und deine Publikumsstrategie: Beispielsweise *Open Access* (siehe Glossar). Publikationen sind nachher öffentlich zugänglich und können von allen gelesen werden. Mit ihnen erzielst du potenziell maximale Reichweite. Der Haken: Sie sind für dich als Autorin wesentlich teurer als Publikationen, die mit einer Paywall versehen sind. Unser Tipp: Erkundige dich an deiner Hochschule. Häufig haben Hochschulen Verträge mit Verlagen geschlossen, in deren Rahmen du als Mitglied deiner Hochschule kostenfrei in den Zeitschriften des Verlages Open Access publizieren kannst.

- *Buchbesprechung und Kommentar:* Du besprichst (bzw. rezensierst) oder kommentierst die Veröffentlichung anderer Autoren, z. B. einen Artikel, der deines Erachtens ganz zentrale Aspekte zu einem Thema nicht behandelt, oder eine Monographie oder Herausgeberwerk, das du kritisch würdigen und einer Leserschaft vorstellen möchtest. Bei Buchbesprechungen und Kommentaren handelt es sich um wunderbare und niederschwellige Möglichkeiten, in das Publizieren hineinzufinden. Durch die genaue Auseinandersetzung mit einer anderen Forschung lernst du unfassbar viel: Wie hat das Autory sein Werk aufgebaut, welche Methoden wurden benutzt, um die Fragestellung zu bearbeiten? Fällt dir etwas am Schreibstil auf, von dem du lernen könntest, u. v. m. Unser Tipp für Dich: Buchbesprechungen und Kommentare sind in den uns bislang bekannten Fällen für dich kostenfrei. Im Gegenteil: Wenn du beim Verlag anfragst mit dem Hinweis, dass du ein bestimmtes Buch besprechen möchtest, bekommst du in der Regel ein Gratisexemplar zugesendet. Du publizierst gratis und erweiterst zugleich deine Literatursammlung!

Abschlussarbeiten betreuen

Wie oben erwähnt, sitzt du als Dozent bereits an einer zentralen Quelle der Forschung. Neben Praktikumsphasen bietet vor allem die obligatorische Bachelor- und Masterarbeit, die alle Student*innen schreiben müssen, einen hervorragenden Rahmen für das wissenschaftliche Arbeiten. Natürlich sollten wir uns nichts vormachen: Als Teil der im Studium zu erbringenden Leistungen ist die Abschlussarbeit aus studentischer Sicht Mittel zum Zweck – am Ende zählen die dafür eingestrichenen Credit Points und die Note. Dennoch kann die Arbeit sehr viel mehr als das sein. Vor allem, wenn du als Dozent*in bereits früh die Faszination der Wissenschaft und des wissenschaftlichen Mindsets bei deinen Studenten geweckt hast.

Als Dozenty mit einem bekannten Faible für Wissenschaft wirst du automatisch Studenten anziehen, die ihre Abschlussarbeit bei dir schreiben möchten. Gerade weil sie auf Wissenschaft Lust haben. Und weil sie dir vertrauen, dass du sie dabei gut betreust. Zu einer guten Betreuung gehört vor allen Dingen, dass du Interessenten für eine Thesis klare Orientierung gibst.

Zu welchen Themen kann man bei dir eine Arbeit schreiben? Wer bei dir im Seminar oder in der Vorlesung war, kennt natürlich einen Teil deiner Themen. Dennoch macht es Sinn, eine Liste möglicher Abschlussthemen zu erstellen und diese Liste auf deiner Homepage und am schwarzen Brett vor deinem Büro zu veröffentlichen. Eine kurze Beschreibung des Themas und möglicher Fragestellungen hilft deinen Studenten, ihre Wahl zu treffen. Manche haben ganz eigene Ideen für eine Abschlussarbeit. Bist du dafür offen – dann vermerke dies auf der Themenliste. Unser Tipp: Aus unserer Erfahrung hat es sich bewährt, Studenten darauf hinzuweisen, dass sie ein Thema wählen, das sie persönlich in hohem Maße motiviert.

Zu den einzelnen Themen lohnt es sich zudem, eine kurze Liste mit einschlägiger Literatur vorzubereiten. Sobald Student*innen mit einem von dir angebotenen Thema liebäugeln, werden sie dich nach Literatur fragen, um sich weiter mit dem Kontext des Themas vertraut zu machen. Wähle dazu möglichst Texte, die deiner Meinung nach geeignet sind, Student*innen einen interessanten inhaltlichen Einblick zu ermöglichen.

Sobald ein Thema und sodann eine Fragestellung präzisiert sind, macht es Sinn, gemeinsam zu erörtern, welche Arbeiten zur Beantwortung der Fragestellung sinnvoll und geboten sind.

- Viele Studenten wählen Themen, die sie im Rahmen einer Literaturarbeit bearbeiten wollen. In vielen Fällen hat es sich hierbei bewährt, das systematische Verfahren *Literaturrecherche* (siehe Tool) zu einem Thema vorzuschlagen. In puncto Wissenschaftlichkeit besteht der Vorteil dieses Verfahrens darin, dass die relevante Forschung zu einer Fragestellung (z. B. „Welche Effekte hat das Krafttraining auf Kinder- und Jugendliche") *systematisch* erfasst wird – und nicht nur zufällig, etwa anhand einer Suche im Inventar der eigenen Hochschulbibliothek oder einer „lockeren" Suchmaschinen-Recherche. Stattdessen sehen die *systematische Übersichtsarbeit,* das *Scoping Review* oder die *Wissenssynthese* (siehe Tools) ein Scannen des Forschungsstandes nach klaren und nachvollziehbaren Kriterien vor: Das Thema wird operationalisiert in Suchbegriffen, die Suchoperation beschrieben (welche Datenbanken etc.), die Art der zu erfassenden Quellen (Zeitschriftenartikel, Monographien etc.) sowie der Erfassungszeitraum (Publikationen von Jahr x bis Jahr y) werden definiert und begründet u. v. m. Für Student*innen liegt der wesentliche Vorteil der systematischen Literaturrecherche in einer klaren Handlungsorientierung. Durch das festgelegte Verfahren ergibt sich ein Leitfaden, an dem entlang sich die Bachelorarbeit erstellen lässt. Das erzeugt Sicherheit.
- In manchen Fällen sind für reine Literaturarbeiten auch freie Vorgehensweisen sinnvoll. Etwa wenn sich die Arbeit auf eine bestimmte, z. B. psychologische oder soziologische, Grundlagen*theorie* (siehe Tools) bezieht, die auf ein Sportthema angewendet werden soll, wie z. B. die soziologische Systemtheorie auf das Thema Doping oder die aus der Psychologie kommende Self-Determination Theory auf die Motivation von Sportler*innen. In diesen Fällen ist es wichtig, gemeinsam mit den Studenten die relevante Literatur zum Verständnis der jeweiligen Grundlagentheorie zu identifizieren.
- Neben Theoriearbeiten können Abschlussarbeiten auch empirisch ausgerichtet sein, d. h. sie arbeiten mit selbst erhobenen Daten aus einem Bereich der Sportwirklichkeit. Das bedeutet, dass die Studenten

abhängig von der gewählten Fragestellung neben den theoretischen Grundlagen auch eine methodische Vorgehensweise wählen, um die Fragestellung sinnvoll zu bearbeiten. Innerhalb der Methodik stehen *empirisch-qualitative* und *empirisch-quantitative* Verfahren zur Wahl (siehe Glossar, siehe Tool *Inhaltsanalyse*). Empirisch-qualitative Daten liefern inhaltsanalytisch bzw. thematisch ermittelte Bedeutungen, die das Handeln von Personen oder Praktiken erhellen. Hierzu führt man *wissenschaftliche Interviews* (siehe Tools), z. B. mit *Experten* (*Experty-interviews,* siehe Tools) oder beobachtet ein „Feld" im Rahmen einer *teilnehmenden Beobachtung* (siehe Tools). Die Ereignisse gelten genau für jene Personen oder Praktiken, die man erforscht hat. Empirisch-quantitative Daten liefern Einsichten in die mengenmäßige Verteilung bestimmter Merkmale und deren Zusammenhänge. Hierzu macht man Umfragen (siehe Tools) und verteilt Fragebögen, die *statistisch* ausgewertet werden (*Statistiken erstellen,* siehe Tools). Weil die eine Methodik kann und sieht, was die andere Methodik nicht kann und nicht sieht, ist es abhängig von der Fragestellung auch sinnvoll, einen kombinierten Einsatz zu erwägen. Egal welchen Schwerpunkt deine Studenten für die Abschlussarbeit wählen, klar ist, dass du Beratung in Sachen Theorie und Empirie wirst leisten müssen. Das macht am Ende nicht nur das Studenty zufrieden, weil die Arbeit dadurch gelingt, sondern auch dich. Innerhalb unserer Lehrtätigkeit jedenfalls zählt das Lesen und Bewerten von schlecht gemachten Abschlussarbeiten zu den am wenigsten erfüllenden Tätigkeiten als Dozenty.

Sam
Studenty Sport-Lehramt

Sam: Absolute Zustimmung. Ich bin zwar noch nicht ganz so weit, aber ich habe schon die Idee, dass ich in meiner Bachelorthesis das Lernen des Korblegers im Basketball anhand unterschiedlicher Instruktionsmethoden untersuchen möchte. Da habe ich richtig Bock drauf. Allerdings benötige ich hier noch Input, wenn es soweit ist. Vor allem, wie ich das empirisch angehen kann und was sonst noch von mir verlangt wird.…

Last but not least ist Transparenz in deiner Leistungserwartung und -bewertung wichtig. Am besten erstellst du hierzu für deine Student*innen einen Überblick. Welche Kriterien legst du der Bewertung der Bachelor- und Masterthesis zugrunde und mit welcher Gewichtung? Hier ein paar mögliche Kriterien:

- *Problemstellung,* z. B. mit den Unterpunkten „Fragestellung und Zielsetzung", „Relevanz" und „Anlage und Struktur",
- *Inhalt,* z. B. mit den Unterpunkten „Themen und Gegenstände", „Ableitungen und Ergebnisse" und „Erkenntniswert",
- *Methodik,* z. B. mit den Unterpunkten „Wissenschaftlichkeit", „Verfahrensweise" und „Reflexion des Erkenntniswegs" sowie
- *Form und Sprache,* z. B. mit den Unterpunkten „Sprache", „Formatierung und Darstellung" und „Zitation".

Eine solche Liste ist für deine Studenten Gold wert: Sie wissen von Anfang an, was von ihnen erwartet wird.

Sam
Studenty Sport-Lehramt

Sam: Super, und die Bewertungskriterien wären dann ja auch so eine Art Bauplan für die Erstellung meiner Arbeit. Da kann ja fast nix mehr schief gehen...

Eine gute Betreuung der Abschlussarbeit lohnt sich für dich und deine Studenten. Manche Arbeiten sind sogar so gut, dass sie publiziert werden können, entweder alleine oder zusammen mit dir. Es gibt wohl kaum einen besseren Ausdruck für eine gute akademische Verbindung zwischen dir und deinen Studentys – möglich gemacht durch das wissenschaftliche Mindset.

4.4 Über Sport berichten

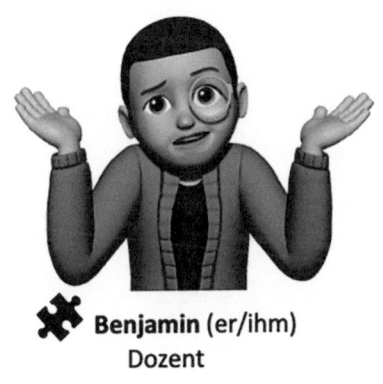

Benjamin (er/ihm)
Dozent

Benjamin: Hey Leute, ich brauche Eure Hilfe. Ich will einen ersten Entwurf für den Abschnitt schreiben, was Wissenschaft für das Berichten im Bereich Sportmedien und -journalismus bedeutet! Ich weiß gar nichts über Sportjournalismus.

Swen (er/ihm)
Professory

Swen: Das ist erstmal eine gute Feststellung über deine Ausgangssituation in der Selbst-Dimension. Gemäß unserem Modell weißt du also nichts über die Inhalte, zu denen du schreiben sollst. Dann schau doch mal auf die Methodik als Wie-Dimension: Vielleicht kannst Du ja direkt mit dem Recherchieren *beginnen – einer der zentralen Tätigkeiten im Journalismus. Dazu steht auch was in der Toolbox. Die wolltest du doch lesen und revidieren?*

Benjamin (er/ihm)
Dozent

Benjamin: Äh… klar, das habe ich schon längst gemacht. Gestern! Danach habe ich recherchiert mit einer gelungenen Mischung aus Systematik und

Chaos. Die ertragreichsten Beiträge habe ich in den Literaturverzeichnissen anderer gefunden, aber trotzdem bleibt die Frage: Was nehme ich mit rein?

Mario (er/ihm)
Professory

Mario: *Ein schönes Schneeballsystem* (siehe Glossar). *Lass uns das Thema Berichten und den Medienjournalismus mal von einem grundlegenderen Standpunkt aus beobachten. Denn mit der Auswahl von Quellen und Informationen bist Du schon mitten in den Aufgabenfeldern des Berufs! Übertragen auf unser professionelles Handeln geht es für Journalistys oftmals um die Frage, was sie berichten (Was-Dimension), in welcher Art und Weise sie berichten, recherchieren und, und, und (Wie-Dimension). Außerdem natürlich super zentral: Wer sind eigentlich die Adressat*innen der Nachrichten (Wer-Dimension)?*

Swen (er/ihm)
Professory

Swen: Dazu kommt wieder die Frage nach unserem Journalisty-Selbst und dem Kontext, in dem wir berichten. Wer sind wichtige Stakeholder, was sind die Anforderungen und Erwartungen in unserem Kontext? Wenn wir mal von der methodischen Seite auf das Berichten schauen, dann gibt es einige Gemeinsamkeiten zwischen der Wissenschaft und dem Journalismus.

Wissenschaft und Journalismus weisen Ähnlichkeiten in ihrem Anspruch und ihren Tätigkeitsfeldern auf. Und Unterschiede. Beide widmen sich der Wissensvermittlung und agieren dabei im Sinne eines gesellschaftsdienlichen Auftrags. Sie arbeiten für dieses Ziel entlang spezifischer Methoden und bestimmter Organisationsformen (Weischenberg, 2004). Sowohl in Wissenschaft als auch Journalismus werden z. B. *Recherchen* (siehe Toolbox) als Mittel und Werkzeug verwendet. Es werden also Informationen systematisch zusammengetragen, in irgendeiner Weise verarbeitet und schließlich präsentiert: Auf der einen Seite vielleicht als Forschungsergebnis oder *systematische Übersichtsarbeit* (siehe Glossar). Auf der anderen Seite zum Beispiel als Bericht über aktuelle Entwicklungen im Profisport. Unterschiede zwischen Wissenschaft und Journalismus liegen darin, dass die Wissenschaft sich vorrangig mit Regelmäßigkeiten und der „Lösung längerfristiger Probleme" befasst, während es im Journalismus vor allem um aktuelle Auffälligkeiten und Probleme geht (Weischenberg, 2004, S. 52). Die Trainingswissenschaft mag beispielsweise danach fragen, welche Effekte verschiedene Führungsstile von Coaches auf das Verhältnis zu Athlet:innen, deren Motivation und deren Zufriedenheit haben (Jin et al., 2022). Für die Sportberichterstattung ist vielleicht insbesondere der Blick auf aktuelle Geschehnisse im Mannschaftsklima eines bestimmten Clubs relevant (z. B. jpe/Kicker, 2021). Die Auswahl der Themen als Was-Dimension und deren Gestaltung als Wie-Dimension hängt natürlich von vielen Dingen ab. Beispielsweise ist unsere Zielgruppe der Berichterstattung entscheidend (Wer-Dimension), oder die Anforderungen der Agentur, für die wir arbeiten, spielen eine Rolle (Kontext-Dimension).

Wir können also nicht pauschalisieren: Sportjournalismus ist natürlich nicht gleich Sportjournalismus. Die Publikationsformen und Zielgruppen sind ebenso divers wie die Ausrichtung und Gestaltung von Nachrichten, Berichten und anderen Formaten. Das sollten wir bei unserem professionellen Berichten berücksichtigen.

Saskia
Sport-Journalistin

Saskia: Ja, das kann ich bestätigen. Ich habe in zwei Agenturen gearbeitet. Beides extrem unterschiedliche Settings. Einmal eine kleine Runde mit einer überschaubaren Auflage und ziemlich engen Themen. Und dann wiederum eine große Agentur mit unendlicher Auflage und einer ganz anderen Gestaltung der Beiträge für die Zielgruppe. Beides Sportberichterstattung, aber irgendwie ganz anders. Was mir gerade einfällt:

Wir vermitteln in den Berichten doch auch Wissen, oder? Betreiben wir damit automatisch Wissenschaft?

Benjamin (er/ihm)
Dozent

Benjamin: Gute Frage! Das Verhältnis schauen wir uns mal genauer an.

Wenn wir uns das Wissenschaftssystem und die Berichterstattung anschauen, dann liegt ein entscheidender Punkt in der Frage: An welchen Kriterien orientieren sich Wissenschaft und Journalismus, wenn sie ‚Wissen vermitteln' und die Gesellschaft informieren? Aus einer systemtheoretischen Sicht ist für die Wissenschaft *Wahrheit* (siehe Glossar) leitend, für Journalismus vor allem *Aktualität* (Kohring, 2004; Luhmann, 2015). Natürlich geht es auch dem Sportjournalismus nicht nur um Aktualität um jeden Preis: Nachrichten sollen den Tatsachen entsprechen und Informationen mit ethisch vertretbaren Methoden recherchiert und aufbereitet sein (z. B. Bölz, 2018; Hooffacker & Meier, 2017). Wir kommen darauf zurück. Zur *Forschungsethik* haben wir übrigens einen Toolboxeintrag.

Für die weiteren Überlegungen können wir also berücksichtigen, welche Funktion Wissenschaft und Journalismus in der Gesellschaft haben. Im Anschluss lässt sich spezifisch danach fragen, wie wissenschaftliche Methoden und ein forschendes Mindset die sportjournalistische Praxis unterstützen.

> **Nerdy**
>
> Aktualität ist ein wesentliches Kriterium für Journalismus. Schließlich sollen *Neuigkeiten* präsentiert oder aufbereitet werden. Allerdings können die Selektionskriterien, was genau das bedeutet oder umfassen soll, zwischen Journalisten und Rezipientys abweichen – trotz der Notwendigkeit von „Konsens über die soziale Verbindlichkeit von Wirklichkeitsmodellen des Journalismus" (Weischenberg, 2004, S. 43). Gleichzeitig wandeln sich Kriterien für Aktualität über die Zeit so wie auch das Berufsverständnis von Journalistys variiert. Der Wandel innerhalb der Berichterstattung zeigt sich in verschiedenen Trends, die Bölz (2018, S. 77 ff.) ausmacht und die beispielsweise im „Trend zur Gleichzeitigkeit von Ereignis und Berichterstattung" ausdrücklich Aktualitätskriterien ansprechen.

Kohring sieht die Aufgabe des Journalismus deshalb in der Kommunikation „über solche Ereignisse, die *über den Bereich hinaus,* in dem sie passiert sind, Bedeutung erlangen *könnten.*" (Kohring, 2004, S. 197) Der Sportjournalismus präsentiert also Informationen über Ereignisse in der Welt des Sports, die außerhalb des Sports und ihrem Entstehungskontexts auf Interesse stoßen, z. B. beim Publikum. Dabei werden Informationen als solche gekennzeichnet: Sie treten uns im Alltag als Nachrichten, Berichte oder Kommentare zum tagesaktuellen Geschehen auf. Uns ist in der Regel klar, dass es sich um (mehr oder minder) relevante Informationen aus dem Weltgeschehen handelt. In diesem Sinne leistet der Journalismus eine Selbstbeobachtung unserer Gesellschaft (in diesem Fall des Teilsystems Sport): Er inkludiert das Publikum und bereitet Informationen nach dem Maßstab der Aktualität auf (Bölz, 2018). Über Berichte erhalten wir ein Bild vom Sportgeschehen in unserem Viertel, der Stadt, dem Land oder der ganzen Welt.

> **Nerdy**
>
> Demnach geht es im Journalismus und Sportjournalismus um die Herstellung von Öffentlichkeit (Bölz, 2018). Hierbei kommt es auch zum Konflikt oder zumindest zu Unterschieden in der Wahrnehmung der Aufgabe des Journalismus. Einerseits prägen das Selbstbild von Journalistinnen und die gesellschaftliche Sicht auf Journalismus die Perspektive, dass Journalisten

> „bloße Beobachter gesellschaftlicher Vorgänge sein sollen" (Neuberger, 2007, S. 152). In dieser Sichtweise tritt journalistisches Arbeiten als Abbilden und Aufbereiten von Geschehnissen auf. In diesem Fall zeigt Journalismus die Welt des Sports, wie sie ist. Das ist ein Verständnis von Journalismus. Andererseits weisen konstruktivistische Beschreibungen auf die aktive Beteiligung an der Herstellung von Öffentlichkeit hin. Aus diesem Blickwinkel stellt der Sportjournalismus eine „Sportmedienrealität" erst her (Bölz, 2018, S. 57; *siehe Glossar zu Konstruktivismus*). Massenmedien befassen sich nach Luhmann (Luhmann, 2015, S. 1102) in diesem Sinne mit der „Beschreibung der Realität, eine Weltkonstruktion, und das *ist* die Realität, an der die Gesellschaft sich orientiert." Die Aufgabe für Sportjournalist*innen liegt in dieser Sichtweise darin, die „Öffentlichkeit in dem gesellschaftlichen Teilsegment Sport herzustellen. Dabei sollen sie als unabhängige Instanz die Kontroll- und Kritikfunktion im System Sport übernehmen und Zusammenhänge suchen, Hintergründe recherchieren und die Konsequenzen aufzeigen." (Bölz, 2018, S. 45) Mit Blick auf unser Modell würden wir bei der Befragung von Journalistys zu ihrer Selbst-Dimension deshalb wohl unterschiedliche Antworten erhalten. Das ist übrigens in der nächsten Nerdy-Passage ebenfalls Thema.

In Kap. 2 wurde Sport als Kulturphänomen beschrieben. Sport wird also in unterschiedlichen (historischen) Kontexten verschiedentlich verstanden, beobachtet und mit Bedeutung versehen. Wenn wir den Sportjournalismus als eine Form der Beschreibung dieses Kulturphänomens ausmachen, dann lässt sich dieser Aspekt wieder aufgreifen. Schließlich ist der Sportjournalismus an der Beschreibung beteiligt, was den Sport ausmacht, welche Themen aktuell sind und was diese aktuellen Entwicklungen bedeuten.

4 „Lass flexen": Wissenschaftlichkeit im Beruf

Saskia
Sport-Journalistin

Saskia: Sportjournalismus bereitet Informationen aus und über den Sport auf, die wiederum rezipiert werden. Klar, das mache ich täglich. Dadurch wird unser Bild vom Sport geprägt, oder aus konstruktivistischer Sicht (siehe Glossar zum Konstruktivismus) hergestellt. Ich will jetzt aber ein bisschen konkrete Praxis: Was hat die Wissenschaft mit meinem Beruf zu tun? Ich bin ja schon durchs Studium. Was mache ich mit der Wissenschaft im Berufsalltag als Sportjournalistin?

Mario (er/ihm)
Professory

Mario: Genau, darum soll es in diesem Kapitel gehen. Wir können uns wie in den anderen Teilbereichen fragen, was Professionalität beim Berichten meint. Spoiler: Es geht wieder um Entscheidungsprozesse, denn die gehören dazu. Sportjournalistys entscheiden sich für Themen, Quellen, Präsentationsformen und vieles mehr auf dem Weg zur Publizierung. Klingt einfach, ist aber nicht ohne.

Swen (er/ihm)
Professory

Swen: Genau. Wir können analog zum professionellen Unterrichten auch danach fragen, wie unsere Sportjournalisten zu begründeten Entscheidungen kommen und was ihre Professionalität dabei auszeichnet. Wissenschaft als Methode und als Mindset lässt sich an verschiedenen Stellen anknüpfen.

Das Berufsbild von Sportjournalist*innen ist durch verschiedene Tätigkeitsfelder gekennzeichnet: Presse, Rundfunk, verschiedene Medien, Öffentlichkeitsarbeit etc. sowie spezifische Tätigkeiten zum Recherchieren und Präsentieren. Und diese Tätigkeiten kommen in Konstellationen verschiedener Akteure, Erwartungen und auch Spannungsfelder zustande (Hooffacker & Meier, 2017; Neuberger, 2007). Stell dir vor, du willst über ein kritisches Thema berichten, das die Öffentlichkeit brennend interessiert und wichtig ist. Gleichzeitig kommt es einigen Funktionären aber nicht entgegen, dass das Thema groß aufgezogen wird. Innerhalb dieses Netzwerks aus Erwartungen agieren Sportjournalistinnen und treffen ihre Entscheidungen. Dabei müssen sie mit teils strukturellen Widersprüchen umgehen (Neuberger, 2007). So brauchen z. B. Sportjournalisten Zugang zu Sportler*innen, Teams und Veranstaltungen, um hochwertigen Journalismus zu machen. Dies kann jedoch dazu führen, dass Kritik (beispielsweise am Verein) gemieden wird, um sich diesen Zugang nicht zu verbauen. Das jedoch steht wiederum im Widerspruch dazu, dass Journalisten möglichst wahrheitsgetreu berichten sollen.

Die Entstehung und Verbreitung von Informationen in den (Sport-)Medien hängen ebenso wie ihre Wirkungen an vielseitigen Faktoren (z. B. Nerone & Barnhurst, 2003; Neuberger, 2007; Östgaard, 1965; Schramm, 2007). Beispielsweise prägen die journalistische Arbeit sowohl Eigen- als auch Fremdinteressen (ebd.): Wie sieht eine Journalistin den eigenen Auftrag? Welche persönlichen Ziele und Aufmerksamkeiten verfolgt sie in ihrer Arbeit? Wie steht es um Einflüsse von Werbung oder Öffentlichkeitsarbeit? Inwieweit spielen ökonomische, politische oder andere Abhängigkeiten eine Rolle für die Nachrichtenproduktion? Unter anderem wird hierbei die Gatekeeper-Problematik thematisiert (Lewin, 1947; White, 1950): Wer bestimmt, welche Neuigkeiten als Nachricht auftauchen? Oder welche direkt im (Redaktions- und Herausgabe-)Verfahren eingestampft werden? Wie steht es um Informationen, die mit unseren eigenen Überzeugungen übereinstimmen, oder das gerade nicht tun?

Mit Blick auf das Modell Professionellen Handelns (MPH) geht es für Sportjournalist*innen also um die Frage des eigenen Sportjournalisty-Selbst und um den Journalisten-Kontext. Welche Informationen recherchieren und präsentieren wir wem in welchem Format? Und was bedeutet unsere Verortung in diesen Konstellationen für die eigene Arbeit und die eigene Rolle als Sportjournalist:in?

Saskia
Sport-Journalistin

Saskia: Okay, klingt in der Theorie plausibel. Aber ihr habt wieder die Praxis vergessen. Ich stelle mir jetzt mein nächstes Projekt vor, und soll irgendwas zur MMA-Szene in meiner Stadt machen. Klar, ich hab' schon Ideen über das Was und weiß, wie ich vorgehen und präsentieren kann. Aber was macht die Wissenschaft dabei?

Swen (er/ihm)
Professory

Swen: Das ist mein Stichwort, glaube ich. Zuerst einmal kennst du aus dem Studium mit Sicherheit diverse Hard- und Softskills für den Journalismus, die dir klare Möglichkeiten für dein Vorgehen zeigen: Beispielsweise werden Aufgaben wie Recherchieren, Formulieren oder Präsentieren und Methoden für die Entwicklung deiner Story gelehrt worden sein. Dazu weißt du bestimmt, welche Darstellungsformen es für Journalistys und ihre Werke gibt und wann welche Formate angebracht und zweckmäßig sind, wie es z. B. bei Hooffacker und Meier (2017) beschrieben ist. Alleine fürs Recherchieren gibt es da vielfache Möglichkeiten (Haller, 2017).

Mario (er/ihm)
Professory

Mario: Genau. Wissenschaft tritt im Studium als Wissensvermittlung auf. Und wie gesagt, einige Tätigkeiten liegen nahe an wissenschaftlichen Vorgehensweisen. Es wird ja recherchiert, Informationen werden verglichen und im Hinblick auf ihre Verlässlichkeit beurteilt sowie in irgendeiner Weise zu einem Ergebnis gefasst und präsentiert. In der Toolbox findest du zum Recherchieren und Co. Einträge für später.
Darüber hinaus kannst Du das wissenschaftliche Mindset als Merkmal deiner Professionalität in den Berufsalltag mitnehmen. Lass uns dein Beispiel anwenden: In erster Linie können wir mit unserem Modell die Fragen organisieren, die es zu klären gilt.

ChatPTC
Sidekick

ChatPTC: Ja, ich kann die Fragen aus dem Modell einmal auf das Beispiel des Sportjournalismus zur MMA-Szene in der Stadt übertragen

> **Beispiel**
>
> Angewendet auf unser Beispiel geht es um das Ziel, einen Bericht zur MMA-Szene in der Stadt zu planen, zu erarbeiten, zu präsentieren und zu reflektieren. Dafür lassen sich unterschiedliche Aspekte des Modells berücksichtigen. Für das Journalisten-Selbst können wir schauen, wie es um das eigene Selbstverständnis zur Journalist:innen-Rolle bestellt ist. Außerdem sind unsere eigenen Überzeugungen und unser Wissen zum Gegenstand (MMA-Szene) relevant. Reflexion und methodische Kontrolle sind die Stichworte: Gibt es womöglich eigene Vorannahmen oder *subjektive Theorien* (siehe Glossar) zu diesem Gegenstand, die unsere offene Berichterstattung beeinflussen? Wenn wir als Journalistys beispielsweise feststellen, dass wir glauben, dass Mixed Martial Arts (MMA) die Aggressivität bei den Sportlern und Zuschauern fördert, könnten wir bei der Recherche bereits dieses (möglicherweise unbegründete) Vorurteil reflektieren und uns überlegen, inwiefern unsere Berichterstattung davon beeinträchtigt wird.
>
> Letztlich betrifft dies auch den allgemeinen Aspekt, was wir eigentlich unter der Qualität unserer eigenen sportjournalistischen Arbeit verstehen (vgl. Bölz, 2018). Und welches Selbstverständnis zum Beruf besteht. Was glauben wir eigentlich, was Journalist*innen in unserem Kontext machen und leisten sollten? Beispielsweise ermittelt Hauer (2012, S. 170) mit ihrer Befragung von Sportjournalistys sechs Rollenverständnisse: Journalist*innen würden sich demnach entlang der Achsen von Hauptaufgaben (Unterhalten vs. Informieren) und der Vorstellung zu eigenen

Wirkungen (großer vs. niedriger Einfluss) unterscheiden und positionieren lassen. Wo sehen wir uns da und was hat unsere Sicht für Konsequenzen für die Arbeit? Halten wir unsere Arbeit eher für Entertainment für eine kleine Zielgruppe, oder geht es uns um einschneidende Informationen von weltweiter Relevanz?

Gleichzeitig ist der Journalistinnen-Kontext wichtig: In welchem Verhältnis wird dieser Bericht erstellt? Für welche Institution schreiben wir, welche Gesetze, Normen oder kulturellen Gegebenheiten mögen relevant sein und wie steht es um unsere Ressourcen? Das ist offen gestanden ein ziemlich weitläufiger Aspekt und auch vom Berufs- und Arbeitsverhältnis abhängig. Gleichzeitig ergeben sich konkrete Ankerpunkte: Beispielsweise kann relevant werden, wie das gegenwärtige (Meinungs-)Bild der Gesellschaft zu MMA aussieht, damit unser Bericht Anschluss findet. Wir können auch aufgreifen, wie die Berichterstattung der letzten Jahre mit diesem Sport umgegangen ist, wenn es uns sinnvoll erscheint.

Dabei spielt der Kontext nicht nur für die Erstellung des Berichts eine Rolle. Ebenso lässt sich nach den Wirkungen unseres Berichts fragen. Sportmedien haben Wirkungen auf individueller, sozialer und gesellschaftlicher Ebene. Diese lassen sich auf vielzählige Richtungen hin betrachten (Zielgruppen, Langfristigkeit, Intention, Inhalte etc.). Außerdem ergeben sich potenzielle Veränderungen bei den Mediennutzer*innen, also unserem Publikum (Schramm, 2007). Medien gelten schließlich als Kontext für Sozialisation (z. B. Bölz, 2018; Fromme, 2006), also als Kontext für soziale Erfahrungs- und Entwicklungsprozesse. Unsere Berichterstattung ist Teil dieses Sozialisationskontexts und hat Wirkungen bei Rezipientys. In einer digitalisierten Gesellschaft, in der vielseitige Informationen und Nachrichten ebenso wie Fake-News um Aufmerksamkeit und Deutungshoheit kämpfen, scheint das extrem bedeutsam. Das ist wiederum Thema öffentlicher und wissenschaftlicher Auseinandersetzung (z. B. Tan, 2022). Bölz (2018, S. 49) beschreibt für diese „Ökonomie der Aufmerksamkeit" im Bereich der Sportjournalistik, dass sich „Reichtum an Aufmerksamkeit [...] handeln, monetarisieren und als Kapital aktivieren [lässt]". Ob wir wollen oder nicht, und ob es uns bewusst ist oder nicht: Zum Kontext gehört also auch die gegenwärtige Berichterstattungskultur.

In der Wer-Dimension geht es für unseren Bericht einerseits um die Quellen: Woher nehmen wir unsere Informationen? Sind die Quellen verlässlich? Inwieweit bilden wir wirklich ein differenziertes Bild von Meinungen oder Einschätzungen aus der Szene ab? Andererseits geht es um die Zielgruppe unseres Berichts: An wen richtet sich der Bericht zur MMA-Szene in der Stadt? An das sportbegeisterte Lokalpublikum? Oder ist das Thema weiter und von landesweitem Interesse? In welchem Publikum wird es Aufmerksamkeit generieren und warum? Beispielsweise

> stehen wir vor der Frage, inwieweit das Thema und unsere Bearbeitung eine kulturelle, soziale, regionale etc. Nähe zu unserer Zielgruppe aufweist, oder inwieweit es eine affektive Reaktion von Lesys hervorruft (vgl. Östgaard, 1965). Gleichzeitig ist die Wie-Dimension entscheidend, wenn wir unsere journalistischen Kniffe und Formate auf diese Zielgruppe abstimmen. Und in der Was-Dimension geht es um die Inhalte. Einerseits müssen wir natürlich unser Thema derart aufbereiten, dass es für die Zielgruppe verständlich ist. Die Komplexität unserer MMA-Szene wird also im Bericht reduziert und auf wesentliche Aspekte beschränkt. Östgaard (1965, S. 45) nennt dies „simplification". Professionalität setzt dann daran an, dass wir diese Auswahl (für uns) begründen können: An welchen Kriterien wird diese Reduktion des Themas vorgenommen? Welche Inhalte sind aus welchen Gründen entscheidend?

Im Detail lehrt das Studium diverse Möglichkeiten und Faktoren, die Neuigkeiten eine ‚verdiente' Aufmerksamkeit bringen und zugleich (ethische) Normen der Recherche und Berichterstattung einhalten lassen. Ein wissenschaftliches Mindset würde für dieses journalistische Arbeiten vor allem eine offene forschende Herangehensweise mitbringen. Professionalität im Berichten drückt sich dabei in der systematischen Verknüpfung von Planung, Durchführung und Reflexion und der Berücksichtigung verschiedener Dimensionen (Was-, Wer-, Wie-, Kontext-, Selbst-) aus.

4.5 Sport managen

Thomas
Sport-Managy

Thomas: Hallo zusammen. Ich bin Thomas. Ich arbeite bei uns im Sportbund in der Geschäftsstelle als Funktionär. Das heißt, ich koordiniere und organisiere zum Beispiel Sportveranstaltungen und helfe dabei, den Sport weiterzuentwickeln und sicherzustellen, dass alles fair abläuft. Ich hab' gehört, ihr schreibt ein Buch über Wissenschaft und Sport, vielleicht ist das ja auch für mich interessant.

Mario (er/ihm)
Professory

Mario: Das war zumindest der Plan. Wir glauben fest dran, dass Wissenschaft die einzelnen Praxisbereiche des Sports bereichern kann…

Thomas
Sport-Managy

Thomas: Na da bin ich ja gespannt. Ich habe nämlich zwischen Personalgesprächen, Budgetplanung und Terminen mit der örtlichen Politik kaum Luft zum Atmen. Ich habe immer das Gefühl, zwischen allen Stühlen zu sitzen. Wie mir da Wissenschaft helfen kann, ist mir echt schleierhaft…

Swen (er/ihm)
Professory

Swen: Das klingt wirklich nach Stress, Thomas. Wir könnten ja mal überlegen, wie da ein wissenschaftlicher Blick für Entspannung sorgen könnte. Ich habe da schon eine Idee… nämlich meine Lieblingstheorie.

4 „Lass flexen": Wissenschaftlichkeit im Beruf 215

ChatPTC
Sidekick

ChatPTC: Basierend auf den wissenschaftlichen Publikationen von Swen ist seine Lieblingstheorie abhängig vom Beobachter…

Naima
Sport-Funktionärin

*Naima: …denn alles was gesagt wird, wird von einer Beobachterin gesagt. I know… (*Konstruktivismus, *siehe Glossar). Aber stimmt, mit diesem Ansatz, den ich an der Uni kennengelernt habe, konnte ich auch in meiner Tätigkeit als Vereinsvorsitzende im FC etwas anfangen. Und was ich mega spannend fand: Es war eine Theorie – also mal nichts Empirisches. Weil Zahlen und Statistiken haben wir hier im Büro genug…*

Thomas
Sport-Managy

Thomas: Ja stimmt. Also Statistiken führen wir hier auch genug. Wenn's an die Haushaltsplanung geht und wir Prognosen erstellen… ja, ok, da ist Wissenschaft drin. Ohne die würde es auch heute gar nicht mehr gehen. Aber jetzt bin ich schon ein bisschen neugierig, wie mir wissenschaftliche Theorien als Funktionär helfen können…

Mario (er/ihm)
Professory

Mario: Oh je… ihr habt ihn geweckt…

Wissenschaft und Sportmanagement

4 *Lass flexen*: Wissenschaftlichkeit im Beruf

Die Tätigkeit als Sportmanagy ist facettenreich und beinhaltet eine Reihe von Aufgaben und Verantwortlichkeiten. Diese reichen von der strategischen Planung bis hin zur operativen Umsetzung. Zu den Hauptaufgaben zählen das Teammanagement und die Vereinsführung, wo die Organisation und Abstimmung von Trainingsplänen, Budgetverwaltung sowie Personalmanagement im Vordergrund stehen. Im Bereich Eventmanagement und Veranstaltungsplanung sind Sportmanager für die Planung und Durchführung von Sportveranstaltungen zuständig. Es geht um die Koordination von Veranstaltungsorten, Logistik und Werbung.

Ein weiterer wichtiger Bereich ist das Marketing und Sponsoring. Dabei werden Strategien zur Steigerung der Markenpräsenz und Einnahmengenerierung entwickelt und Sponsoringverträge ausgehandelt. Im Finanzmanagement überwachen Sportmanagys die finanzielle Gesundheit einer Sportorganisation, was beispielsweise die Budgetplanung und -kontrolle einschließt. Rechtliche Aspekte, wie Vertragsverhandlungen und die Einhaltung von Vorschriften sind ebenfalls Teil des Sportrechts, welches Sportmanager*innen beherrschen müssen. Darüber hinaus spielen sie eine wichtige Rolle im Talentmanagement und in der Talententwicklung. Sie haben Verantwortung sowohl für die Identifizierung neuer Talente als auch für die Koordination von Spielertransfers. Die Öffentlichkeitsarbeit und Kommunikation mit verschiedenen Stakeholdern, einschließlich Fans, Medien und Sponsoren, ist ein weiterer wesentlicher Bestandteil der Arbeit als Managerin. Schließlich umfasst das Anlagenmanagement die Verwaltung von Sporteinrichtungen sowie deren optimale Nutzung und Instandhaltung.

Die Wissenschaft kann natürlich im operativen Geschäft des Sportmanagements, wie der Personalführung, der Budgetierung und anderen Bereichen unterstützen. Insbesondere wenn viele Zahlen im Spiel sind, kann der empirisch-quantitative Blick seine Stärken voll ausspielen. Statistik und Datenanalyse – wir kommen.

Wir wollen in diesem Kapitel den Wert der Wissenschaft für die Berufspraxis anhand einer konkreten Theorie verdeutlichen. Diese Theorie hat ihren Ursprung gerade nicht in der Beobachtung von messbaren Ereignissen, sondern in der Analyse von Kommunikationsprozessen und einer bestimmten Vorstellung von sozialen Systemen – klingt erstmal kompliziert, wird aber gleich deutlicher. Denn auch das ist eine professionelle Praxis: Sich Theorien zunutze zu machen, um die eigene Handlungspraxis zu reflektieren und zu verbessern.

Schauen wir also einmal genauer hin: Das verbindende Element aller Tätigkeiten im Sportmanagement ist die Kombination aus geschäftlichem Know-how und strategischer Kompetenz, gepaart mit der Fähigkeit, in einem sportbezogenen Kontext effektiv zu agieren. Sportmanager*innen müssen tiefgehende Kenntnisse in Sport und Geschäftswelt besitzen und sind gefordert, sportliche und geschäftliche Ziele zu vereinen. So stellen sie den Erfolg und die Nachhaltigkeit von Sportorganisationen, Teams und Veranstaltungen sicher.

Und genau hier bietet die Wissenschaft Möglichkeiten zur Betrachtung, die helfen können, effektiv zwischen „allen Stühlen" zu agieren und zugleich etwas Distanz zu den spezifischen Drucksituationen zu gewinnen.

Thomas
Sport-Managy

Thomas: Au ja. Das wäre super. Ich fühle mich nämlich selbst oft unter Druck…

Eine dieser Betrachtungsmöglichkeiten ist die Systemtheorie Luhmanns.

4 „Lass flexen": Wissenschaftlichkeit im Beruf

Swen (er/ihm)
Professory

Swen: Endlich…

> **Nerdy**
>
> Die Systemtheorie von Niklas Luhmann (Luhmann, 1997) gilt als eine der komplexeren soziologischen Theorien. Und zwar hat Luhmann eine theoretische Linse entwickelt, mit der wir auf die Welt schauen können. Dadurch werden Einsichten möglich, die auch – oder gerade – als Sportmanagy von Bedeutung sind. Für das Verständnis im Sportmanagement können wir uns auf einige zentrale Punkte konzentrieren:
> **Systeme und Umwelt:** In der Systemtheorie Luhmanns gelten Organisationen, wie z. B. Sportvereine oder -unternehmen, als Systeme. Ein System wird definiert durch die Art und Weise, wie es sich von seiner Umwelt abgrenzt. Die Umwelt eines Sportvereins kann andere Sportvereine, Sponsoren, Medien und die Öffentlichkeit umfassen. Die Abgrenzung geschieht durch Kommunikation und Entscheidungen, die innerhalb des Systems getroffen werden.
> **Kommunikation als Grundelement:** Für Luhmann besteht ein System hauptsächlich aus Kommunikation. Im Kontext des Sportmanagements bedeutet dies, dass alle Interaktionen, sei es innerhalb des Teams, mit Sponsoren oder Medien, als Teil des Systems gesehen werden können. Wie effektiv kommuniziert wird, beeinflusst die Funktionsfähigkeit des Systems.
> **Komplexität und Kontingenz:** Ein zentraler Aspekt der Systemtheorie ist der Umgang mit Komplexität. Sportorganisationen sind komplexe Systeme, die viele interne und externe Beziehungen und Prozesse

> verwalten müssen. Luhmanns Theorie hilft zu verstehen, dass nicht alles vorhersehbar ist (Kontingenz) und erklärt, wie Systeme mit dieser Unsicherheit umgehen. Sie reduzieren die Komplexität, indem sie in ihrer „eigenen Logik" rechnen. Das Wirtschaftssystem „rechnet" in Geld, die Wissenschaft mit „Wahrheiten", das Volleyballteam als Teil des Sportsystems in „Gewinnen".
> **Selbstreferenz und Autopoiesis:** Systeme sind selbstreferenziell und autopoietisch, was bedeutet, dass sie sich selbst erzeugen und erhalten. In einer Sportorganisation bedeutet dies, dass Entscheidungen und Handlungen darauf ausgerichtet sind, das System zu erhalten und seine Ziele zu erreichen. Das geschieht, indem sie in ihrer Eigenlogik rechnen.
> **Differenzierung:** Die Systemtheorie spricht auch von der Differenzierung innerhalb von Systemen. In einem Sportverein kann dies bedeuten, dass verschiedene Abteilungen (wie Marketing, Training, Management) unterschiedliche Funktionen haben, aber alle Teil eines übergeordneten Gesamtsystems sind und in dessen Interesse handeln.

Für Sportmanager bietet die Systemtheorie nach Luhmann eine wertvolle Perspektive. Sie hilft ihnen dabei, die Komplexität ihrer eigenen Organisationen besser zu verstehen und zu managen. Dadurch können Manager:innen erkennen, dass verschiedene, für den Sport relevante Systeme, nach eigenen Logiken operieren und Informationen basierend auf diesen Logiken verarbeiten. Es geht darum zu verstehen, wie die einzelnen Subsysteme Informationen beobachten und interpretieren.

Betrachten wir beispielsweise eine Trainerin: Ihre Entscheidungen und Handlungen werden primär durch die Logik von ‚Gewinnen/Nicht-Gewinnen' geleitet. Sie fokussiert sich auf Strategien, die das Team zum Erfolg führen, wertet Leistungsdaten aus und passt das Training entsprechend an. Im Gegensatz dazu operiert der Lokalpolitiker nach der Logik von ‚Macht/Nicht-Macht', wobei er Informationen daraufhin bewertet, wie sie seine Position stärken oder seine Wiederwahl beeinflussen könnten.

Erweitern wir dieses Szenario: Die Finanzmanagerin eines Sportvereins verarbeitet Informationen durch die Linse von ‚Profitabilität/Nicht-Profitabilität'. Sie konzentriert sich darauf, mit dem vorhandenen Budget bestmöglich zu haushalten und dementsprechend Einnahmequellen zu maximieren sowie unnötige Ausgaben zu minimieren. Ein Sportpsychologe hingegen beurteilt Informationen unter dem Gesichtspunkt von ‚psychischem Wohlbefinden/psychischer Belastung', mit dem Ziel, die mentale Stärke der Athleten zu fördern und ihr Wohlbefinden zu sichern.

Die Aufgabe eines Sportmanagers wie Thomas besteht darin, als Vermittler zwischen diesen unterschiedlichen Systemen zu agieren. Er muss die Fähigkeit besitzen, die spezifischen Logiken jedes Subsystems zu verstehen und die Informationen so zu ‚übersetzen', dass sie für andere Subsysteme verständlich und relevant sind. Dies bedeutet, dass er in der Lage sein muss, die Perspektive eines Trainers in die Sprache der Finanzmanagerin zu übertragen oder politische Überlegungen für das Trainyteam verständlich zu machen.

Die Anwendung der Systemtheorie ermöglicht es Sportmanagys, nicht nur die unterschiedlichen Bedürfnisse und Ziele innerhalb ihrer Organisation zu erkennen, sondern auch, wie diese sich aufeinander beziehen und das Gesamtsystem beeinflussen. Dieses Verständnis ist entscheidend, um effektiv zu kommunizieren, Konflikte zu lösen und eine harmonische und produktive Arbeitsumgebung zu schaffen, in der alle Subsysteme zum Gesamterfolg der Organisation beitragen.

Thomas
Sport-Managy

Thomas: Wow… Ich hätte nicht gedacht, dass eine Theorie mal so treffend das beschreibt, was ich die ganze Zeit mache. Da hatte meine Dozentin an der Sporthochschule doch Recht: Nichts ist so praktisch wie eine gute Theorie.

Swen (er/ihm)
Professory

Swen: Es gibt aber auch Stimmen, die sagen, dass die Systemtheorie nichts taugt, weil sie nur das beschreibt, was eh schon da ist – also nicht wirklich einen Veränderungscharakter hat…

Thomas
Sport-Managy

Thomas: Das kann ja sein, allerdings hat sich mein Blick auf den Sportbund schon etwas verändert und ich werde in Zukunft versuchen, die verschiedenen Logiken in meiner Kommunikation mitzudenken. Ich habe aber noch eine Frage: Wenn alle mit unterschiedlichen Logiken rechnen, heißt das auch, dass die Systeme gar nicht anders „rechnen" können?

Mario (er/ihm)
Professory

Mario: Mit einem systemtheoretischen Blick: ja. Aber das muss auch nicht schlimm sein. In unserer Arbeit zum Beispiel hilft uns die Theorie, entspannt zu bleiben, wenn „Kommunikationsschwierigkeiten" entstehen. Es ist geradezu erwartbar…

Naima
Sport-Funktionärin

Naima: Das war für mich auch eine spannende Erkenntnis beim FC: Es hat mir den persönlichen Druck etwas genommen. Denn das Gefühl, zwischen allen Stühlen zu sitzen, hatte ich anfangs auch. I feel you, Thomas.

Funktionäre stehen oft vor der herausfordernden Aufgabe, die unterschiedlichen und oft widersprüchlichen Anforderungen an die eigene Rolle zu bewältigen. Das kann das Gefühl erzeugen, zwischen allen Stühlen zu sitzen. Die Komplexität entsteht aus der Notwendigkeit, verschiedene Subsysteme mit ihren jeweiligen Logiken zu verstehen und zu koordinieren. Funktionärys müssen die Interessen von Coaches, Athletys, dem Vorstand, Sponsoren, Fans und Politikern in Einklang bringen, wobei jede und jeder dieser Stakeholder unterschiedliche und manchmal gegensätzliche Erwartungen hat. Hinzu kommt der Druck, weitreichende Entscheidungen zu treffen, die sowohl finanzielle als auch organisatorische und sportliche Aspekte des Vereins betreffen. Die Kommunikation und Übersetzung dieser Entscheidungen in die verschiedenen Systemlogiken erfordert nicht nur ein tiefes Verständnis, sondern auch hohe kommunikative Übersetzungsleistung.

Die Perspektive der Systemtheorie Luhmanns kann Thomas dabei helfen, diesen Druck zu mindern. Indem er sich bewusst macht, dass jedes Subsystem nach seiner eigenen Logik operiert und nicht anders handeln kann. Dadurch kann er versuchen, seine Erwartungen und Herangehensweisen entsprechend anzupassen. Die Trainerin, die durch die Logik von ‚Gewinnen/Nicht-Gewinnen' handelt, hat andere Prioritäten als der Lokalpolitiker, der sich auf ‚Macht/Nicht-Macht' konzentriert. Die Anerkennung, dass diese Unterschiede in der Logik und den Zielen unvermeidlich sind, kann Thomas dabei unterstützen, sich realistischere Ziele für seine Vermittlungs- und Koordinationsaufgaben zu setzen.

Die Systemtheorie könnte Thomas auch dabei helfen, die unterschiedlichen Bedürfnisse und Ziele in seiner Organisation als Teil eines größeren Ganzen zu verstehen. Anstatt zu versuchen, es allen recht zu machen oder Konflikte vollständig zu vermeiden, kann er sich darauf konzentrieren, eine Balance zu finden, die das langfristige Wohl des Gesamtsystems – des Sportvereins – unterstützt. Diese Perspektive kann dabei helfen, den Druck zu reduzieren, indem sie Thomas ermöglicht, seine Rolle nicht als ständigen Spagat zwischen unvereinbaren Anforderungen zu sehen, sondern als strategische Positionierung innerhalb eines komplexen Systems.

Thomas
Sport-Managy

Thomas: So habe ich das noch gar nicht gesehen. Das klingt ja wie Therapie…

Mario (er/ihm)
Professory

Mario: Dieser Blick verändert viel. Ich kenn' das. Als Polizist habe ich die Dinge in einer polizeilichen Eigenlogik verrechnet. In der Wissenschaft dann in einer wissenschaftlichen Eigenlogik. Der Systemtheoretische Blick ermöglicht eben, klar zu sehen, wie die einzelnen Systeme beobachten… und dann fallen die blinden Flecken auf…

Swen (er/ihm)
Professory

Swen: Und wie. Denn gerade die Wissenschaft operiert ebenfalls in einer Eigenlogik. Und je spezialisierter die einzelnen Disziplinen werden, umso mehr entwickeln sie Eigenlogiken, die es dann auch wieder zu sehen und zu verstehen gilt.

Naima
Sport-Funktionärin

Naima: Oha… von dieser Spezialisierung der sportwissenschaftlichen Disziplinen kann ich ein Lied singen. Ich habe bei uns im FC das Gefühl, dass die Leistungsdiagnostik anders draufschaut als der oder die Trainerin und wieder anders als die Sportpsychologin.

4 „Lass flexen": Wissenschaftlichkeit im Beruf

Thomas
Sport-Managy

Thomas: Wenn ich das richtig verstanden habe, wäre das aber nicht weiter verwunderlich…

Swen (er/ihm)
Professory

Swen: Absolut richtig. Auch in der Wissenschaft selbst sehen wir dieses Phänomen. Es gibt ja immer mehr spezialisierte Wissenschaften. Diese immer weiter voranschreitende Ausdifferenzierung der Wissenschaften kann ebenfalls mit der Linse der Systemtheorie begriffen werden. Alle Unterdisziplinen entwickeln ihre Eigenlogiken, was durchaus funktional ist. Jede Spezialisierung zielt darauf ab, bestimmte Aspekte der Welt mit größerer Genauigkeit und Tiefe zu erforschen. Nehmen wir als

Beispiel die Sportwissenschaften: Von der Biomechanik über die Sportpsychologie bis hin zur Trainingswissenschaft – jede dieser Disziplinen hat ihre eigene Perspektive und Methodik, um spezifische Fragestellungen zu beantworten.

ChatPTC
Sidekick

ChatPTC: Diese Entwicklung führt dazu, dass ich immer mehr Wissen und immer detailliertere Erkenntnisse zu verarbeiten habe.

Mario (er/ihm)
Professory

Mario: Das führt aber auch zu einer Fragmentierung des Wissens, wo der Überblick und das Verständnis für das Ganze verloren gehen. In einer Sportorganisation, wie in der von Thomas, sieht man ähnliche Muster. Jeder Bereich, sei es das Training, das Management oder die Medienarbeit, entwickelt spezialisiertes Wissen und Methoden, was absolut notwendig *ist, um in dem jeweiligen Bereich erfolgreich zu sein. Dadurch wird die Aufgabe, Verständnis für das Gesamtsystem zu entwickeln, jedoch immer komplexer.*

Thomas
Sport-Managy

Thomas: Das ist ja witzig. Die Wissenschaft hat dieselben Probleme wie ich.

In unserem Beispiel wird – so hoffen wir – deutlich, dass sich die Wissenschaftlichkeit in der Praxis nicht nur in Datenerhebungen, Analysen und Interpretationen oder einer entsprechenden Geisteshaltung zeigt. Es kann auch das Zugrundlegen einer Theorie sein, mit der die eigenen Beobachtungen interpretiert werden. Das Betrachten durch eine fundierte theoretische Linse ist selbst wieder eine „Kontrolle durch Verfahren". Es wird eben nicht wahllos beobachtet und interpretiert – sondern theoretisch fundiert.

Mit Blick auf das Professionelle Handeln im Managementberuf schließt sich damit der Kreis zum Modell Professionellen Handelns (MPH): Die Anwendung von Theorie – hier eben Systemtheorie – ermöglicht Erkenntnisse in den verschiedenen Dimensionen:

1. **Wer-Dimension:** In der Systemtheorie wird jedes Subsystem durch seine spezifische Logik definiert. Im Sportmanagement hilft dies, die verschiedenen Stakeholder (Athletys, Trainys Sponsoren, Politikys,

Fans etc.) und ihre jeweiligen Interessen und Ziele besser zu verstehen. Sportmanager*innen können so gezielter auf die Bedürfnisse jedes Stakeholders eingehen und Konflikte zwischen den verschiedenen Subsystemen effektiver managen.

2. **Was-Dimension:** Die Logik eines Systems definiert, was für dieses System wichtig ist. Für Sportmanagys bedeutet dies, die Kernziele und -werte jedes Subsystems (z. B. sportlicher Erfolg, finanzielle Stabilität, soziale Verantwortung) zu erkennen und zu verstehen, wie sich jeweils „ticken". Dies führt zu einem ganzheitlicheren Verständnis dessen, was in der Organisation als Ganzes und in den jeweils einzelnen Teilen wichtig ist.

3. **Wie-Dimension:** Die Systemtheorie kann Sportmanagern helfen zu verstehen, welche Methoden und Werkzeuge zur Kommunikation und Interaktion mit verschiedenen Subsystemen, entwickelt und angewandt werden müssen. Diese sollten wiederum auf deren spezifischen Logiken und Sprachen basieren.

4. **Kontext-Dimension:** Die Systemtheorie ermöglicht es, den Kontext, in dem Sportmanagerinnen agieren, besser – also zumindest mit Blick auf die verschiedenen Systemlogiken – zu verstehen. Dies umfasst das Erkennen der Interdependenzen zwischen verschiedenen Subsystemen sowie das Verständnis dafür, wie externe Faktoren, wie gesellschaftliche Trends oder wirtschaftliche Bedingungen, die Organisation beeinflussen.

5. **Selbst-Dimension:** Durch die Erkenntnis, dass jedes System sich im Schwerpunkt auf sich selbst bezieht (selbstreferentiell) und sich um den Selbsterhalt kümmert, können die eigene Rolle und die eigenen Einflussmöglichkeiten innerhalb der Organisation reflektiert werden. Sportmanagys können erkennen, dass ihre Entscheidungen und Handlungen sowohl das System als auch ihre eigene Position im System prägen.

6. **Praxis-Dimension:** Die Anwendung der Systemtheorie in der Praxis des Sportmanagements fördert eine flexible und adaptive Herangehensweise. Sportmanager lernen, mit der inhärenten Komplexität und Unsicherheit in Sportorganisationen umzugehen und können Strategien entwickeln, die sowohl die interne Dynamik als auch externe Einflüsse berücksichtigen.

Swen (er/ihm)
Professory

Swen: Ja, ja… die Systemtheorie…

Mario (er/ihm)
Professory

Mario: … ist natürlich auch nur eine Perspektive – oder eben Theorie. Auch andere Perspektiven ermöglichen Einsichten in die Dimensionen professionellen Handelns. Das wäre dann das Nutzen von Theorie *(siehe Toolbox). Check das mal…*

Literatur

Altmann, H. (1983). Training foreign language teachers for learner-centered instruction. Deep structures, surface structures and transformations. In J. E. Alatis, H. Stern, & P. Strevons (Hrsg.), *Applied linguistics and the preparation of second language teachers* (S. 19–26). Downtown Press.

Barley, O. R., Chapman, D. W., & Abbiss, C. R. (2019). The current state of weight-cutting in combat sports. *Sports, 7*(5), 123. https://doi.org/10.3390/sports7050123

Baumert, J., & Kunter, M. (2006). Stichwort: Professionelle Kompetenz von Lehrkräften. *Zeitschrift für Erziehungswissenschaft, 9*(4), 469–520. https://doi.org/10.1007/s11618-006-0165-2

Baumgartner, M. (2018). „… Kompetenz ohne Performanz ist leer! Performanz ohne Kompetenz blind…!" Zu einem integrativen Kompetenz-Strukturmodell von Sportlehrkräften. *Zeitschrift für sportpädagogische Forschung, 6*(1), 49–68. https://doi.org/10.5771/2196-5218-2018-1-49

Bean, C., Shaikh, M., & Forneris, T. (2020). Coaching strategies used to deliver quality youth sport programming. *International Sport Coaching Journal, 7*(1), 39–51. https://doi.org/10.1123/iscj.2018-0044

Berkovich, B.-E., Eliakim, A., Nemet, D., Stark, A. H., & Sinai, T. (2016). Rapid weight loss among adolescents participating in competitive judo. *International Journal of Sport Nutrition and Exercise Metabolism, 26*(3), 276–284. https://doi.org/10.1123/ijsnem.2015-0196

Blömeke, S., Gustafsson, J.-E., & Shavelson, R. J. (2015). Beyond dichotomies: Competence viewed as a continuum. *Zeitschrift Für Psychologie, 223*(1), 3–13.

Bölz, M. (2018). Sportjournalistik. *Springer VS*. https://doi.org/10.1007/978-3-658-18905-1

Brandt, D., Flothow, A., & Adam, S. (2018). Gewichtmachen im Judo während der aktiven Karriere ist ein möglicher Faktor für Essstörungen. *Aktuelle Ernährungsmedizin, 43*(03), 239–239. https://doi.org/10.1055/s-0038-1647219

Chow, J. Y., Davids, K., Button, C., & Renshaw, I. (2016). *Nonlinear Pedagogy in Skill Acquisition.* https://doi.org/10.4324/9781315813042

Drid, P., Figlioli, F., Lakicevic, N., Gentile, A., Stajer, V., Raskovic, B., Vojvodic, N., Roklicer, R., Trivic, T., Tabakov, S., Eliseev, S., & Bianco, A. (2021). Patterns of rapid weight loss in elite sambo athletes. *BMC Sports*

Science, Medicine and Rehabilitation, 13(1), 39. https://doi.org/10.1186/s13 102-021-00267-3

Ennigkeit, F. (2016). Kämpfen in den gymnasialen Lehrplänen der Bundesländer. In M. J. Meyer (Hrsg.), Martial Arts Studies in Germany – Defining and Crossing Disciplinary Boundaries. Kampfkunst und Kampfsport in Forschung und Lehre (Schriften der Deutschen Vereinigung für Sportwissenschaft, Bd. 260) (S. 104–113). Feldhaus Edition Czwalina.

Fromme, M. (1998). Lehrplan, heimlicher. In *Pädagogische Grundbegriffe: 2 Jugend—Zeugnis*. Rowohlt.

Fromme, J. (2006). Socialisation in the Age of New Media. *Zeitschrift für Theorie und Praxis der Medienbildung*, *11*, 1–29. https://doi.org/10.21240/mpaed/11/2006.01.17.X

Fullagar, H. H. K., McCall, A., Impellizzeri, F. M., Favero, T., & Coutts, A. J. (2019). The translation of sport science research to the field: A current opinion and overview on the perceptions of practitioners, researchers and coaches. *Sports Medicine, 49*(12), 1817–1824. https://doi.org/10.1007/s40 279-019-01139-0

Haller, M. (2017). *Methodisches Recherchieren* (8., komplett überarbeitete Auflage). UVK Verlagsgesellschaft mbH.

Hauer, S. (2012). Sportjournalismus in Deutschland: Vom Marktschreier bis zum Missionar ; das berufliche Selbstverständnis von Sportjournalisten in Deutschland. Lit-Verl.

Hooffacker, G., & Meier, K. (2017). La Roches Einführung in den praktischen Journalismus: Mit genauer Beschreibung aller Ausbildungswege Deutschland · Österreich · Schweiz. *Springer Fachmedien Wiesbaden*. https://doi.org/10.1007/978-3-658-16658-8

Jin, H., Kim, S., Love, A., Jin, Y., & Zhao, J. (2022). Effects of leadership style on coach-athlete relationship, athletes' motivations, and athlete satisfaction. *Frontiers in Psychology, 13*, 1012953. (Hauer, 2012)

Jpe/Kicker (2021, 18. Oktober). Brandt gefällt die "leichte Dreckigkeit" im BVB-Miteinander. *Kicker.* https://www.kicker.de/brandt-gefaellt-die-leichte-dreckigkeit-im-bvb-miteinander-875201/artikel

Koehler, M. J., Mishra, P., Kereluik, K., Shin, T. S., & Graham, C. R. (2014). The technological pedagogical content knowledge framework. In J. M. Spector, M. D. Merrill, J. Elen, & M. J. Bishop (Hrsg.), *Handbook of Research on Educational Communications and Technology* (S. 101–111). Springer New York. https://doi.org/10.1007/978-1-4614-3185-5_9

Kohring, M. (2004). Journalismus als soziales System. In M. Löffelholz (Hrsg.), *Theorien des Journalismus* (S. 185–200). VS Verlag. https://doi.org/10.1007/978-3-663-01620-5_7

Körner, S., & Schürmann, V. (Hrsg.). (2015). *Reflexive Sportwissenschaft: Konzepte und Fallanalysen.*

Kultusministerkonferenz. (2000). *Gemeinsame Erklärung des Präsidenten der Kultusministerkonferenz und der Vorsitzenden der Bildungs- und Lehrergewerkschaften sowie ihrer Spitzenorganisationen Deutscher Gewerkschaftsbund DGB und DBB – Beamtenbund und Tarifunion. Beschluss der Kultusministerkonferenz vom 5.10.2000.* https://www.kmk.org/fileadmin/veroeffentlichungen_beschluesse/2000/2000_10_05-Aufgaben-Lehrer.pdf

Küth, S., Scholl, D., & Schüle, C. (2021). Entscheidungstendenzen als psychoemotionale Einflussfaktoren auf das selbsteingeschätzte unterrichtliche Planungsverhalten angehender Lehrkräfte. *Zeitschrift für Erziehungswissenschaft, 24*(5), 1165–1182. https://doi.org/10.1007/s11618-021-01029-0

Lakicevic, N., Mani, D., Paoli, A., Roklicer, R., Bianco, A., & Drid, P. (2021). Weight cycling in combat sports: Revisiting 25 years of scientific evidence. *BMC Sports Science, Medicine and Rehabilitation, 13*(1), 154. https://doi.org/10.1186/s13102-021-00381-2

Lakicevic, N., Roklicer, R., Bianco, A., Mani, D., Paoli, A., Trivic, T., Ostojic, S. M., Milovancev, A., Maksimovic, N., & Drid, P. (2020). Effects of rapid weight loss on judo athletes: A systematic review. *Nutrients, 12*(5), 1220. https://doi.org/10.3390/nu12051220

Lewin, K. (1947). Frontiers in Group Dynamics: II. Channels of Group Life; Social Planning and Action Research. *Human Relations, 1*(2), 143–153. https://doi.org/10.1177/001872674700100201

Livingston, C., & Borko, H. (1989). Expert-Novice Differences in Teaching: A Cognitive Analysis and Implications for Teacher Education. *Journal of Teacher Education, 40*(4), 36–42. https://doi.org/10.1177/002248718904000407

Luhmann, N., & Schorr, K. E. (1982). Das Technologiedefizit der Erziehung und die Pädagogik. In N. Luhmann & K. E. Schorr (Hrsg.), *Zwischen Technologie und Selbstreferenz* (S. 11–40). Suhrkamp.

Luhmann, N., & Schorr, K.-E. (1981). Wie ist Erziehung möglich? Eine wissenschaftssoziologische Analyse der Erziehungswissenschaft. *Zeitschrift für Soziologie der Erziehung und Sozialisation, 1*(1), 37–54.

Luhmann, N. (1997). *Die Gesellschaft der Gesellschaft.* Suhrkamp.

Luhmann, N. (2015). *Die Gesellschaft der Gesellschaft. 2* (9. Auflage). Suhrkamp.

Matthews, J. J., Stanhope, E. N., Godwin, M. S., Holmes, M. E. J., & Artioli, G. G. (2019). The magnitude of rapid weight loss and rapid weight gain in combat sport athletes preparing for competition: A systematic review. *International Journal of Sport Nutrition and Exercise Metabolism, 29*(4), 441–452. https://doi.org/10.1123/ijsnem.2018-0165

Miles-Chan, J. L., & Isacco, L. (2021). Weight cycling practices in sport: A risk factor for later obesity? *Obesity Reviews, 22*(S2), e13188. https://doi.org/10.1111/obr.13188

Nassehi, A., & Saake, I. (2002). Kontingenz: Methodisch verhindert oder beobachtet? ? Ein Beitrag zur Methodologie der qualitativen Sozialforschung[Contingency: Methodically prevented or observed? A contribution to the methodology of qualitative social research]. *Zeitschrift Für Soziologie, 31*(1), 66–86.

Nerone, J., & Barnhurst, K. G. (2003). News form and the media environment: A network of represented relationships. *Media, Culture & Society, 25*(1), 111–124. https://doi.org/10.1177/0163443703025001594

Neuberger, C. (2007). Beobachten, Beeinflussen und Verhandeln via Öffentlichkeit: Journalismus und gesellschaftliche Strukturdynamik. In K.-D. Altmeppen, T. Hanitzsch, & C. Schlüter (Hrsg.), *Journalismustheorie: Next Generation: Soziologische Grundlegung und theoretische Innovation ; [Lehrbuch]* (1. Aufl, S. 139–163). VS Verlag für Sozialwissenschaft.

Nonaka, I. (1994). A dynamic theory of organizational knowledge creation. *Organization Science, 5*(1), 14–37.

Oleson, A., & Hora, M. T. (2014). Teaching the way they were taught? Revisiting the sources of teaching knowledge and the role of prior experience in shaping faculty teaching practices. *Higher Education, 68*(1), 29–45. https://doi.org/10.1007/s10734-013-9678-9

Östgaard, E. (1965). Factors influencing the flow of news. *Journal of Peace Research, 2*(1), 39–63. https://doi.org/10.1177/002234336500200103

Pfitzner, M. (2017). Transferfragen der Schulsportforschung. In H. Aschebrock & G. Stibbe (Hrsg.), *Schulsportforschung. Wissenschaftstheoretische und methodologische Reflexionen* (S. 196–215). Waxmann.

Piggott, D. (2008). The psychology of "managing mistakes": Some implications for coaches and managers. *Development and Learning in Organizations: An International Journal, Volume 22*(Issue 4), 20–23. https://doi.org/10.1108/14777280810886409

Popper, K. (1981). *Objective knowledge: An evolutionary approach*. Claredon Press.
Rosenthal, R., & Jacobson, L. (1966). Teachers' expectancies: Determinants of pupils' IQ gains. *Psychological Reports, 19*(1), 115–118. https://doi.org/10.2466/pr0.1966.19.1.115
Ruin, S. (2017). Vielfältige Körper? *German Journal of Exercise and Sport Research, 47*(3), 221–231. https://doi.org/10.1007/s12662-017-0452-5
Ryan, R. M., & Deci, E. L. (2000). Self-determination theory and the facilitation of intrinsic motivation, social development, and well-being. *American Psychologist, 55*(1), 68–78. https://doi.org/10.1037/0003-066x.55.1.68
Schön, D. A. (1983). *The reflective practitioner: How professionals think in action*. Basic Books.
Schramm, H. (2007). D. 3 Mediensport und seine Wirkungen. In T. Schierl (Hrsg.), *Handbuch Medien, Kommunikation und Sport* (S. 212–228). Hofmann.
Shavelson, R. J., & Stern, P. (1981). Research on Teachers' pedagogical thoughts, judgments, decisions, and behavior. *Review of Educational Research, 51*(4), 455–498.
Shulman, L. S. (1986). Those who understand: Knowledge growth in teaching. *Educational researcher: An official journal of the American Educational Research Association, 15*(2), 4–14.
Standage, M., & Ryan, R. M. (2020). Self-determination theory in sport and exercise. In G. Tenenbaum & R. C. Eklund (Hrsg.), *Handbook of sport psychology* (S. 37–56). John Wiley & Sons. https://doi.org/10.1002/9781119568124.ch3
Stibbe, G., & Aschebrock, H. (2007). *Lehrpläne Sport: Grundzüge der sportdidaktischen Lehrplanforschung*. Schneider-Verl. Hohengehren.
Stichweh, R. (2007). Einheit und Differenz im Wissenschaftssystem der Moderne. In J. Halfmann & J. Rohbeck (Hrsg.), *Zwei Kulturen der Wissenschaft – revisited* (S. 213–228). Velbrück Wissenschaft. http://www.unilu.ch/files/3stweinheit.wissenschaft.pdf
Tan, C. (2022). The curious case of regulating false news on Google. *Computer Law & Security Review, 46*, 105738. https://doi.org/10.1016/j.clsr.2022.105738
Taylor, J., Collins, D., & Ashford, M. (2022). Psychological safety in high-performance sport: Contextually applicable? *Frontiers in Sports and Active Living, 4*, 823488. https://doi.org/10.3389/fspor.2022.823488
Terhart, E. (2011). Lehrerberuf und Professionalität. Gewandeltes Begriffsverständnis—Neue Herausforderungen. In W. Helsper & R. Tippelt (Hrsg.),

Pädagogische Professionalität (S. 202–224). Beltz. https://www.pedocs.de/frontdoor.php?source_opus=7095

Treml, A. K. (2000). *Allgemeine Pädagogik: Grundlagen.* Kohlhammer: Handlungsfelder und Perspektiven der Erziehung. Verlag W.

Vella, S. A., Mayland, E., Schweickle, M. J., Sutcliffe, J. T., McEwan, D., & Swann, C. (2022). Psychological safety in sport: A systematic review and concept analysis. *International Review of Sport and Exercise Psychology, 1–24.* https://doi.org/10.1080/1750984x.2022.2028306

Weischenberg, S. (2004). *Journalistik. 1: Mediensysteme, Medienethik, Medieninstitutionen* (3. Aufl). VS, Verl. für Sozialwiss.

White, D. M. (1950). The "Gate Keeper": A case study in the selection of news. *JOURNALISM QUARTERLY, 27*(4), 383–390. https://doi.org/10.1177/107769905002700403

Zwingmann, L., Zedler, M., Kurzner, S., Wahl, P., & Goldmann, J.-P. (2021). How fit are special operations police officers? a comparison with elite athletes from olympic disciplines. *Frontiers in Sports and Active Living, 3,* 742655. https://doi.org/10.3389/fspor.2021.742655

5

„Help Yourself": Die Toolbox wissenschaftlichen Arbeitens und das Glossar

5.1 Tools von A bis Z

Sam
Studenty Sport-Lehramt

Sam: Also wenn ich euch jetzt richtig verstanden habe, ist ein wissenschaftliches Mindset besonders wichtig, um … ja… um eben Fragestellungen wissenschaftlich zu lösen. Ein wenig Werkzeug wäre aber schon ganz nett…

Mario (er/ihm)
Professory

Mario: Ja klar gibt es Werkzeuge. Ein Grundverständnis von Forschungsmethoden und wissenschaftlichen Konzepten kann dir helfen, dich in das wissenschaftliche Denken einzuarbeiten. Und natürlich, wenn du konkret Hilfe brauchst: Schau einfach mal in unseren Werkzeugkoffer, wir haben ihn „Toolbox" genannt. Hier findest du Tipps & Tricks, wie du bei einem wissenschaftlichen Problem vorgehen könntest.

Basti
Coach

Basti: Und schön, dass es auch ein Glossar gibt. Da kann ich immer wieder mal reingucken und Begrifflichkeiten nachschlagen. Als Coach bin ich zwar in der Praxis tätig, aber ich werde da immer wieder mal das eine oder andere Konzept nachschlagen. Schön, dass ihr da alles mal reingepackt und klar definiert habt…

Swen (er/ihm)
Professory

Swen: Ja, wir haben uns Mühe geben. Und es freut uns, dass ihr so begeistert seid. Allerdings: Was ihr in der Toolbox und im Glossar findet ist natürlich bei weitem nicht alles, was die Wissenschaft an Methoden, Konzepten und Begriffen zu bieten hat. Es ist eben nur eine Auswahl, von der wir uns vorstellen könnten, dass sie euch beim Studieren und im Beruf hilft.
Und zur Definition: da findest du erstmal unser Verständnis der Begriffe. Wir können auch hier – wie bei so vielem in der Wissenschaft – wunderbar diskutieren, streiten und uns weiterentwickeln…

Benjamin (er/ihm)
Dozent

Benjamin: Übrigens: Die Zusammenstellung zu thematisieren, lohnt sich ja vielleicht auch in einem Seminar zum wissenschaftlichen Arbeiten… Jetzt lasst euch aber davon nicht irritieren. Wir wünschen euch ganz viel Spaß beim Schmökern. Das Buffet ist eröffnet. **Help yourself.**

5.1.1 Aktionsforschung

Was ist das?

Aktionsforschung (engl. „action research") ist ein anderer Begriff für eine systematisch reflektierte, also an einem wissenschaftlichen Mindset orientierte Praxis. Aktionsforschung geht von Problemen bzw. Herausforderungen der Praxis aus. Sie sucht dann mit Hilfe von niederschwelligen wissenschaftlichen Verfahren nach Lösungen, die in der Praxis umsetzbar sind und diese verbessern.

Was nützt mir das?

Der Ansatz der Aktionsforschung ist unglaublich fruchtbar für die eigene persönliche Weiterentwicklung, weil du deine eigenen Erfahrungen und Handlungen dabei systematisch reflektierst. Du kannst dir also eine Forschungsfrage suchen, die *deine Praxis* verbessert. Die Bearbeitung deiner eigenen Praxis mit der Methode der Aktionsforschung professionalisiert deine eigene Praxis. Das ist super, oder?

Mit Blick auf dein Studium oder deine Tätigkeit in einem Sportberuf bietet dir die Aktionsforschung ein niederschwelliges Werkzeug, mit dem du wissenschaftlich arbeiten kannst. Das Besondere an der Aktionsforschung besteht darin, dass es wirklich nur darum geht, den von dir als wichtig identifizierten Aspekt der Praxis mit Hilfe von passenden Forschungsmethoden zu verbessern. Wissenschaftliche Methoden werden hier der Praxis angepasst und untergeordnet. Aktionsforschung ist bewusst keine *rocket science*. Sie möchte praktisch umsetzbar sein.

Der Ansatz eignet sich hervorragend für studentische Aufgaben wie das Schreiben von Haus- und Abschlussarbeiten. Im Sportstudium hast du sicher schon Zugang zu dem einen oder anderen Sportbereich. Ausgangspunkt für Aktionsforschung ist ein Aspekt aus diesem Bereich, bei dem du davon ausgehst, dass er von einer wissenschaftlichen Betrachtung profitieren würde. Weil Aktionsforschung niederschwellig ist, kannst du sie punktuell auch im Beruf anwenden, z. B. um die Wirkung einer Maßnahme, die du durchgeführt hast, zu evaluieren.

Wie nutze ich das?

Die Grundlage der Aktionsforschung sind Daten, die du aus einem Feld der sportbezogenen Tätigkeit selbst erzeugst. Dies können z. B. Feldnotizen, Video- oder Tonaufzeichnungen, Umfragedaten Vermerke oder auch Chatverläufe sein. Die Vergegenständlichung (also die Materialisierung) von Daten macht diese unabhängig vom flüchtigen Augenblick. Du kannst auf sie zurückkommen, sie noch einmal ansehen, genauer studieren und analysieren und mit ihnen mehrere Erklärungen und Handlungsalternativen durchgehen. Die Voraussetzung hierfür ist natürlich eine präzise, ehrliche und transparente Erfassung der Daten.

In den Daten kannst du dann systematisch nach Mustern suchen. Das wäre dann eine *induktive Datenanalyse* (siehe Glossar). Du kannst aber auch eine bestimmte Theorie zugrunde legen (kommt eben ganz auf das Thema an) und die Daten dann *deduktiv analysieren* (*Induktive und deduktive Datenanalyse,* siehe Glossar) und so zu neuen Erkenntnissen kommen.

Dieser Prozess der systematischen Selbstreflexion und der Entwicklung und Überprüfung von Handlungsideen kann als *Forschung* verstanden werden. Je systematischer eine Recherche durchgeführt wird (d. h., je stärker sie auf dem bereits vorhandenen theoretischen und methodischen Wissen aufbaut), je kritischer sie betrachtet wird (d. h. je sorgfältiger sie überprüft und abweichende Daten und Interpretationen berücksichtigt werden) und je kommunikativer sie ist (d. h. je mehr sie auf die Öffentlichkeit von Prozess und Ergebnissen eingestellt ist), desto eher verdient sie den Namen „Forschung". Dazu gehört die Bereitschaft,

- über die eigenen Erwartungen und Vorurteile in Bezug auf die zu untersuchende Frage Rechenschaft abzulegen, damit sie nicht blind machen gegenüber abweichenden Beobachtungen.
- nicht nur jene Beobachtungen bzw. Daten zu berücksichtigen, die mit den eigenen Erwartungen übereinstimmen, sondern auch solche, die dagegensprechen.
- sich mit dem bereits verfügbaren Wissen auseinanderzusetzen.
- Ergebnisse öffentlich zu machen und zu diskutieren – auch wenn die Ergebnisse den eigenen Erwartungen nicht entsprechen.

Wie sieht das an einem Beispiel aus?
Du könntest dir z. B. die für deine Praxis wichtige Frage stellen „Wie gehe ich mit Konflikten im Unterricht (Training, kollegialen Gesprächen etc.) um?" Du könntest dir also über einen längeren Zeitraum Gedächtnisprotokolle von deinen Gedanken und Handlungen im Rahmen erlebter Konfliktsituationen machen.

Wenn du dich für eine induktive Analyse deiner Daten entscheidest, schaust du dir alle deine Daten an und suchst nach Mustern mit Blick auf deine Forschungsfrage. Vielleicht fallen dir Aspekte auf, die sich zu einem Muster verdichten. Wenn du dich für eine deduktive Analyse entscheidest, nimmst du dir eine Theorie zur Hand – z. B. könnte die untersuchende Vernehmung hier super passen – und analysierst die Daten basierend auf dieser Theorie. Beide Analysen wären dann eine *Inhaltsanalyse* (siehe Tools) – weil du den Inhalt deiner Daten analysierst –, die eine *induktiv*, die andere *deduktiv* (siehe Glossar).

Ausgehend von der Analyse kannst du dir einen Handlungsplan für die kommenden Situationen machen und diesen ebenfalls mittels der genannten Daten auswerten. Die Veränderung kannst du dann wunderbar reflektieren.

Wo kommt's im Buch vor?

Abschn. 2.3, 4.2, 4.3.2, 4.3.4 und 4.5

Weiterführende Quellen

Dege, M. (2016). Aktionsforschung. In *Perspektiven kritischer Psychologie und qualitativer Forschung* (2. Aufl., Bd. 5, S. 317–348). Springer. https://doi.org/10.1007/978-3-658-14020-5_1.

Posch, P. (2009). *Aktionsforschung und Kompetenzentwicklung*. https://uol.de/fileadmin/user_upload/diz/download/Veranstaltungen/Tagungen/Nordverbund_Posch_Text.pdf.

5.1.2 Beschreiben, erklären, bewerten

Was ist das?

Beschreiben, erklären und bewerten bezeichnet eine Verfahrensweise wissenschaftlichen Arbeitens in drei aufeinanderfolgenden Schritten: 1) Beschreiben ist ein Vorgang, bei dem man möglichst neutral Informationen zum in Frage stehenden Phänomen darstellt, z. B. dessen Definition, Verbreitungsgrad, Herkunft, Entstehungszeitraum etc. 2) Erklären ist der Vorgang, in dem man Ansätze und Modelle vorstellt, die die Entstehung und Entwicklung des in Frage stehenden Phänomens begründen können. 3) Bewerten ist der Vorgang, bei dem man ein wertendes Urteil über das in Frage stehende Phänomen fällt (z. B. ist es positiv oder negativ, nützlich oder nicht etc.).

Was nützt mir das?

Der Dreiklang von beschreiben, erklären und bewerten kann für alle deine wissenschaftlich ausgerichteten Arbeiten eine Hilfestellung und

Orientierung sein – egal, ob für Vortrag, Klausur, Hausarbeit, Abschlussarbeit, mündliche Prüfung oder die eigene Studie.

Wie nutze ich das?

1. Schritt: Beschreibe ein Phänomen zunächst gut und differenziert: Seit wann existiert es? Wo kommt es vor? Wie verbreitet ist es? Wie wird es definiert?
2. Schritt: Stelle im Anschluss mögliche Erklärungsansätze vor und gegenüber: Warum existiert das Phänomen? Existieren Gründe, die z. B. mit den Motiven von Menschen zu tun haben? Existieren Ansätze, die demgegenüber Gründe anführen, die mit der modernen Gesellschaft zu tun haben?
3. Schritt: Nehme final eine Bewertung vor: Was bedeutet das Phänomen in deinen Augen für einen jeweiligen Kontext? Ist es gut, oder eher weniger begrüßenswert etc.? Sollte es eingedämmt oder gefördert werden, auf andere Bereiche übertragen werden, oder eher nicht etc.?

Wenn du dich an diesem Dreischritt orientierst, wirst du deine Prüfer bzw. Kollegys mit deiner systematischen Herangehensweise überzeugen.

Wie sieht das an einem Beispiel aus?

Du hältst einen Vortrag zum Thema „Medikamentenmissbrauch im Fitnessstudio". Anhand des Dreischritts von beschreiben, erklären und bewerten kannst du deinem Referat eine nachvollziehbare Struktur verleihen: 1. Für den ersten Abschnitt recherchierst du, was genau unter Medikamentenmissbrauch (u. a. im Unterschied zu Doping) verstanden wird und welche empirischen Daten über die Verbreitung bzw. Häufigkeit existieren 2. Für den zweiten Abschnitt machst du dich zu möglichen Erklärungsansätzen schlau. Was sagt die Forschung zur Frage, warum Menschen im Fitnessstudio Medikamente missbrauchen? Finden sich innerhalb dieser Ansätze widersprüchliche Erklärungen? – dann stelle diese dar. 3. Nimm für den abschließenden Teil deines

Vortrags eine differenzierte Bewertung vor. Dazu können auch Überlegungen zählen, wie mit dem Phänomen zukünftig umzugehen wäre.

Wo kommt's im Buch vor?
Abschn. 2.3, 3.3 und 3.5

5.1.3 Übersetzen mit Künstlicher Intelligenz: z. B. DeepL Translate

Was ist das?
Für das Übersetzen von Texten in andere Sprachen schafft die Künstliche Intelligenz (KI) neue Möglichkeiten. Im Gegensatz zu anderen Übersetzungsdiensten, die auf statischen Regeln und Mustern basieren, lernen KI-basierte Dienste kontinuierlich dazu und verbessern sich stetig, indem sie große Mengen an Daten analysieren und Muster erkennen. Einer dieser Dienste ist DeepL Translate. DeepL ist ein maschineller Übersetzungsdienst, der von der Firma DeepL entwickelt wurde und die Technologie des Deep Learning benutzt, um Text von einer Sprache in eine andere zu übersetzen. Die Übersetzungen von DeepL Translate gelten als sehr präzise und natürlich, was insbesondere für die Übersetzung von komplexen Fachtexten und Dialogen von Bedeutung ist. DeepL Translate ist aktuell als Web-Service und als API (Application Programming Interface) verfügbar.

Was nützt mir das?
Wissenschaftliche (Primär-)Veröffentlichungen in den Geistes- und Sozialwissenschaften sind häufig auf englisch abgefasst. Sprachlich ist das, gerade wenn du nicht täglich damit dazu tun hast, häufig eine Herausforderung. Mit DeepL Translate kannst du dir beispielsweise problemlos einen *Abstract* (siehe Glossar) – und noch viel mehr – übersetzen lassen.

Wie nutze ich das?

Geh' auf https://www.deepl.com/translator und gib' dort (z. B. durch Copy & Paste) den Textabschnitt ein, den du übersetzen möchtest. Voilà: DeepL Translate liefert dir die Übersetzung.

Profi-Tipp: Wenn dir der Text noch zu schwer ist (häufig aufgrund von Fachwörtern), kannst du den Chatbot GPT (*Texte generieren mit KI*, siehe Tools) nutzen, um dir deinen übersetzten Abstract in leichter verständliche Sprache umzuformulieren.

Wie sieht das an einem Beispiel aus?

Im Rahmen deiner Literaturrecherche zum Thema „Neue Aufgaben lernen und Auswirkungen auf das Gehirn" stolperst du über folgende Publikation:

Driemeyer, Boyke, J. A., Gaser, J. A., Büchel, C. A., May, C. A., & Arne. (2008). Changes in Gray Matter Induced by Learning – Revisited. *PLOS ONE, 3*(7), 1–5. https://doi.org/10.1371/journal.pone.0002669.

Den Abstract kannst du kostenlos ansehen. Dieser ist aber in bestem Wissenschafts-Englisch geschrieben:

> „*Background: Recently, activation-dependant structural brain plasticity in humans has been demonstrated in adults after three months of training a visio-motor skill. Learning three-ball cascade juggling was associated with a transient and highly selective increase in brain gray matter in the occipito-temporal cortex comprising the motion sensitive area hMT/V5 bilaterally. However, the exact time-scale of usage-dependant structural changes occur is still unknown. A better understanding of the temporal parameters may help to elucidate to what extent this type of cortical plasticity contributes to fast adapting cortical processes that may be relevant to learning. Principal Findings: Using a 3 T scanner and monitoring whole brain structure we repeated and extended our original study in 20 healthy adult volunteers, focussing on the temporal aspects of the structural changes and investigated whether these changes are performance or exercise dependant. The data confirmed our earlier observation using a mean effects analysis and in addition showed that learning to juggle can alter gray matter in the occipito-temporal cortex as early as after 7 days of training. Neither performance nor exercise alone could explain these changes. Conclusion: We suggest that the qualitative change (i.e.*

learning of a new task) is more critical for the brain to change its structure than continued training of an already-learned task."

Du möchtest entscheiden, ob der Text dir für deine Arbeit weiterhilft. Du kopierst den Abstract und fügst ihn in *DeepL Translate* ein. Du erhältst als Übersetzung:

„Hintergrund: Kürzlich wurde bei Erwachsenen nach dreimonatigem Training einer visuell-motorischen Fähigkeit eine aktivierungsabhängige strukturelle Plastizität des Gehirns nachgewiesen. Das Erlernen des Jonglierens mit drei Bällen war mit einer vorübergehenden und hochselektiven Zunahme der grauen Substanz im okzipito-temporalen Kortex verbunden, der das bewegungssensitive Areal hMT/V5 auf beiden Seiten umfasst. Die genaue Zeitskala der nutzungsabhängigen strukturellen Veränderungen ist jedoch noch unbekannt. Ein besseres Verständnis der zeitlichen Parameter könnte dazu beitragen, zu klären, inwieweit diese Art der kortikalen Plastizität zu schnell adaptierenden kortikalen Prozessen beiträgt, die für das Lernen relevant sein könnten. Wichtigste Ergebnisse: Unter Verwendung eines 3-T-Scanners und der Überwachung der gesamten Hirnstruktur haben wir unsere ursprüngliche Studie an 20 gesunden erwachsenen Probanden wiederholt und erweitert, wobei wir uns auf die zeitlichen Aspekte der strukturellen Veränderungen konzentrierten und untersuchten, ob diese Veränderungen leistungs- oder trainingsabhängig sind. Die Daten bestätigten unsere frühere Beobachtung mit Hilfe einer Analyse der mittleren Effekte und zeigten darüber hinaus, dass das Erlernen des Jonglierens die graue Substanz im okzipito-temporalen Kortex bereits nach 7 Tagen Training verändern kann. Weder die Leistung noch das Training allein konnten diese Veränderungen erklären. Schlussfolgerung: Wir vermuten, dass die qualitative Veränderung (d. h. das Erlernen einer neuen Aufgabe) für die Veränderung der Gehirnstruktur entscheidender ist als das fortgesetzte Training einer bereits erlernten Aufgabe."

Da dir der Text noch etwas zu schwierig erscheint, bittest du den *Chatbot GPT* (siehe Tools) nach Hilfe:

„Gib' mir den folgenden Text in einfacherer Sprache wieder: [Übersetzter Abstract]"

Als Antwort erhältst du:

> „Hintergrund: Forscher haben herausgefunden, dass das Gehirn von Erwachsenen sich verändern kann, wenn sie eine neue Fähigkeit lernen, die Bewegung und Sehen verbindet. Zum Beispiel haben sie gesehen, dass das Gehirn sich verändert, wenn jemand lernt, mit drei Bällen zu jonglieren. Ein bestimmter Teil des Gehirns, der für Bewegung wichtig ist, wächst dabei kurzzeitig. Aber man weiß noch nicht genau, wie schnell diese Veränderungen passieren.
>
> *Hauptergebnisse:* Die Forscher haben ihre frühere Studie mit 20 gesunden Erwachsenen wiederholt. Dieses Mal haben sie besonders darauf geachtet, wie schnell sich das Gehirn verändert. Sie fanden heraus, dass das Jonglierenlernen das Gehirn schon nach einer Woche Training verändern kann. Diese Veränderungen hängen nicht nur davon ab, wie gut jemand jonglieren kann oder wie lange er übt.
>
> *Schlussfolgerung:* Die Forscher denken, dass das Lernen einer neuen Fähigkeit wichtiger für die Veränderung des Gehirns ist als das Üben einer Fähigkeit, die man schon kann."

Damit weißt du, ob es sich für dich lohnt, den Text weiter zu verfolgen und ihn ggf. über Quellen zu besorgen.

Swen (er/ihm)
Professory

Swen: Gegen das Übersetzen mit der dir eigenen natürlichen Intelligenz ist natürlich nichts zu haben. Bedenke, dass gerade dann, wenn sich für dich ein Wort, ein Argument oder ein Text nicht sofort erschließt, die eigene Auseinandersetzung damit ein für das Lernen hochproduktiver Vorgang ist.

Wo kommt's im Buch vor?
Abschn. 3.2.4

5.1.4 Diskursanalyse

Was ist das?
Unter Diskursanalyse versteht man eine in den Sozialwissenschaften verbreitete empirische Methode. Ein sozial hervorgebrachter und zirkulierender Zeichen- und Symbolbestand (vor allem Texte und Bilder) wird analysiert. Dabei geht es darum, ob und wie sich darin ein bestimmtes Thema, Narrativ, Argument oder Wissen bildet und im zeitlichen Verlauf verändert. Ausgangspunkt von Diskursanalysen ist die Annahme, dass Diskurse die Art und Weise beeinflussen, wie wir die soziale Welt erleben und in ihr handeln.

Was nützt mir das?
Durch die Diskursanalyse erhältst du ein Instrument, mit dem du im Rahmen einer schriftlichen Arbeit methodisch kontrolliert und theoriegeleitet soziale Texte und Bilder aus allen Bereichen der Gesellschaft (z. B. Politik, Medien, Wissenschaft, Sport) daraufhin untersuchen kannst, wie dort jeweils eine bestimmte Wirklichkeit konstruiert wird, z. B. ein Wissen über Sport, Gesundheit, Fitness, Doping, Heldys im Sport, Gewalt im Kampfsport etc.

Wie nutze ich das?
Für deine Diskursanalyse im engeren Sinne folgst du folgenden Arbeitsschritten (Beachte, dass einer guten Diskursanalyse immer eine theoretische Begründung vorausgeht, auf die wir hier nicht weiter eingehen, siehe das Beispiel unten):

1. Lege eine Fragestellung fest! Welchen Aspekt der sozialen Darstellung und Konstruktion von Wissen möchtest du untersuchen?

2. Bestimme dein Diskursobjekt und den gesellschaftlichen Bereich des Diskurses! Du kannst z. B. die Darstellung von Themen, Narrativen, Argumenten, Metaphern und die darin jeweils konstruierte Wirklichkeit untersuchen (Objekt), und das z. B. innerhalb der Literatur, im Bereich *social media,* der Wissenschaft, den Tele- und Printmedien, im Action-Film etc.
3. Bestimme das Korpus deiner Analyse! Welches Text- und / oder Bildmaterial für welchen Zeitraum aus welchem Bereich (z. B. Medien) und in welchem Format (z. B. Nachrichtensendung, z. B. Tagesthemen) möchtest du analysieren?
4. Analysiere dein Materialkorpus!

- Benenne jeweils Titel, Autory, Veröffentlichungsort und -zeit des von dir analysierten Diskursbeitrags!
- Identifiziere dein jeweiliges Zugriffsobjekt – z. B. Thema, Narrativ, Argument, Metapher – im Material! Ggf. zähle die Häufigkeit des Auftretens (wie oft wird das Thema oder Argument genannt, wie oft taucht die Metapher auf?)
- Analysiere dessen jeweilige Bedeutung im Kontext des Diskursbeitrags!
- Stelle die Ergebnisse deiner Analyse einzelner Diskursbeiträge in den Gesamtzusammenhang! Welche Bedeutung und welche Gewichtung haben die von dir analysierten Themen (Narrative, Argumente, Metaphern) im Gesamtkorpus?

Wie sieht das an einem Beispiel aus?

- Du planst für deine Bachelorarbeit eine Diskursanalyse „Zur sozialen Konstruktion von MMA: Mixed-Martial Arts in der Berichterstattung deutscher Tageszeitungen 2012–2022"
- Du bestimmst eine Rahmentheorie, vorzugsweise eine Diskurstheorie (siehe unsere Literaturempfehlungen unten), um zu bestimmen, was Diskurse eigentlich sind und warum es sich lohnt, Diskurse zu analysieren.
- Stelle exemplarisch oder *systematisch* (siehe Glossar) Forschungsarbeiten dar, welche die Diskursanalyse auf thematisch interessante Beispiele angewendet haben.

- Im Anschluss definierst du dein Diskursobjekt und den Bereich des Diskurses: Du entscheidest dich für die Berichterstattung der *Frankfurter Allgemeinen Zeitung* und der *Süddeutschen Zeitung* für den Zeitraum 2012 bis 2022.
- Als Diskursobjekt führst du eine Argumentationsanalyse durch. Du untersuchst also, mit welchen Argumenten MMA in den Zeitungstexten dargestellt und diskutiert wird.
- Ggf. erkennst du Muster und wiederkehrende Argumente, die eine bestimmte Sicht auf MMA wiedergeben.
- Analysiere die Ergebnisse deiner Diskursanalyse vor dem Hintergrund deiner Bezugstheorie, mit der du deine Diskursanalyse begründet hast und stelle sie in den Kontext von Ergebnissen anderer Diskursanalysen.

Swen (er/ihm)
Professory

Swen: Einen guten Eindruck, was Diskursanalysen sind und wie man sie durchführt, bekommst du im „Handbuch sozialwissenschaftliche Diskursanalyse Band 2" (siehe unten). Hier werden verschiedene Arten wie z. B. die narrative, thematische und argumentative Diskursanalyse an konkreten Beispielen vorgestellt.
Du willst mehr Theorie? Kein Problem. Schau dazu mal in Band 1

Wo kommt's im Buch vor?

Abschn. 3.6.1

Weiterführende Quellen

Keller, R., Hirseland, A., Schneider, W. & Viehöver, W. (Hrsg.). (2001), *Handbuch sozialwissenschaftliche Diskursanalyse, Bd. 1.: Theorien und Methoden.* Verlag für Sozialwissenschaften.

Keller, R., Hirseland, A., Schneider, W. & Viehöver, W (Hrsg.). (2003), *Handbuch sozialwissenschaftliche Diskursanalyse, Bd. 2: Forschungspraxis.* Verlag für Sozialwissenschaften.

5.1.5 Experteninterview

Was ist das?

Ein Experteninterview ist eine Erhebungsmethode der qualitativen Forschung. Diese Interviewform zielt darauf ab, Wissen, Einsichten und Ansichten von Expert*innen zu erfassen. Wer für diese Interviewform als Experty gilt, kann unterschiedlich aufgefasst werden. Dieser Status ergibt sich in der Regel durch einen besonderen Zugang oder eine bestimmte Position mit Einblicken in ein spezifisches Untersuchungsthema bzw. -feld. Experteninterviews werden regelmäßig in sozialwissenschaftlichen, psychologischen oder anderen Vorhaben genutzt und sind deshalb auch in der Sportwissenschaft von Bedeutung.

Was nützt mir das?

Ein Experteninterview bietet die Möglichkeit, Einsichten von Personen mit einer bestimmten Expertise in einem spezifischen Bereich zu erfassen. Dies kann insbesondere dann hilfreich sein, wenn du im Interview den konkreten Kontext dieser Expertys (z. B. ihre Institution, ihren Werdegang, ihr Netzwerk) aufgreifen möchtest. Dies kann nützlich sein, wenn das Thema bislang wenig erforscht ist, oder eine Forschungsfrage sinnvoll über die Erhebung der Expertise (z. B. Wissen, Einschätzungen) von Expertys bearbeitet werden kann.

Ein Experteninterview ist voraussichtlich weniger sinnvoll, wenn:

- deine Fragestellung Daten erfordert, die eher mit quantitativen Methoden erhoben werden. Experteninterviews liefern eher subjektive Einsichten und Erfahrungen aus einer bestimmten Expertenposition heraus.
- du die Ergebnisse nicht selbst beobachten und (kritisch) reflektieren kannst. Das Experteninterview beinhaltet subjektive Ansichten und Erfahrungen, die als solche reflektiert werden sollten. Gezielte Einblicke für dich über das untersuchte Feld (z. B. zur Einordnung der Aussagen der Expertys) sind deshalb wichtig.

Wie nutze ich das?

Das Experteninterview ist eine Befragung von anderen Personen. Du solltest dir deshalb zu Beginn Gedanken um die *ethischen* Aspekte dieser Befragung und der Zielgruppe machen (Forschungsethik, siehe Tools). Außerdem solltest du vorab die Frage reflektieren, worin sich das Expertentum deiner Zielgruppe begründet: Warum sind sie Expertys und wofür genau? Das hilft dir auch später bei der Leitfadenerstellung. Schließlich kannst du aus diesen Überlegungen schon Ansätze ziehen, was du die Experten überhaupt sinnvollerweise in ihrer Expertyrolle fragen kannst. Anschließend geht es darum, eine Liste von möglichen Expertys im Bereich deines Interesses zu erstellen, sie zu kontaktieren und die Bereitschaft und das Interesse an einem Interview mit dir zu erfragen. Neben dieser Kontaktaufnahme und Rekrutierung ist die Erstellung eines *Interviewleitfadens* wichtig (siehe Tools). Experteninterviews werden regelmäßig als leitfadengestützte Interviews durchgeführt. Der Leitfaden beinhaltet die Fragen, die du den Experten im Interview stellen möchtest. In der Regel enthält der Leitfaden für ein Experteninterview offene Fragen, damit die Expertys ihre eigenen Ansichten, Expertisen und ihr Feld (z. B. ihren Sportverband, ihr Netzwerk) ausführlich beschreiben können. Das Interview solltest du dabei aufzeichnen (Tonaufzeichnung) und im Anschluss transkribieren, damit du das Besprochene sorgfältig auswerten kannst (siehe Tools).

Wie sieht das an einem Beispiel aus?

Bader Sabtan, Shi Cao und Naomi führten leitfadengestützte Interviews mit professionellen Coaches internationaler E-Sport-Teams durch. Ihnen ging es um die Untersuchung gegenwärtiger Coaching-Praktiken und Herausforderungen in einem bestimmten Spiel. In ihrem Artikel stellen sie die Rekrutierung, Auswahl und den Befragungsprozess dar, und ebenso den Kontext des Themas im E-Sport. In den Ergebnissen werden dann spezifische Einsichten und Ansichten dieser ausgewählten Personengruppe in und über das Untersuchungsfeld des professionellen E-Sports aufgezeigt. Nach der Ergebnisdarstellung leiten die Autorys aus den Interviews verschiedene Perspektiven für zukünftige Forschung ab. Natürlich besonders die, die dem E-Sport in diesem Bereich und auch den befragten Personen hilfreiche Einsichten bringen könnten.

Sabtan, B., Cao, S., & Paul, N. (2022). Current practice and challenges in coaching Esports players: An interview study with league of legends professional team coaches. *Entertainment Computing, 42*, 100.481. https://doi.org/10.1016/j.entcom.2022.100481.

Wo kommt's im Buch vor?

Kap. 3 und Abschn. 4.3.4, 4.3.6

Weiterführende Quellen

Gläser, J., & Laudel, G. (2010). *Experteninterviews und qualitative Inhaltsanalyse als Instrumente rekonstruierender Untersuchungen* (4. Aufl.). VS Verlag.

5.1.6 Exzerpte erstellen

Was ist das?

Mit einem Exzerpt bereitest du die wichtigsten Aspekte eines wissenschaftlichen Texts für dich auf. Das können Konzepte, Argumente, Daten, prägnante Zitate oder offene Fragen und vieles mehr sein. Beim Exzerpieren gehst du über eine Zusammenfassung hinaus, denn du bringst auch nach Bedarf deine eigenen Überlegungen ein.

Was nützt mir das?

Das Exzerpieren ist eine Auseinandersetzung mit dem wissenschaftlichen Text. Du hältst diejenigen Aspekte fest, die für dich und deine Arbeit wichtig sind. Mit soliden Exzerpten hast du auch nach langer Zeit noch eine gute Stütze und einen Überblick zu dem, was du schon gelesen hast. Deshalb lohnt sich die Überlegung, wie du wissenschaftliche Texte für dich bearbeitest und diese Bearbeitung dokumentierst.

Wie nutze ich das?

Was du aus den Texten herausziehst (also ex-zerpierst), hängt von deinem Fokus oder dem Text ab. Dafür kannst du dir auch ein System oder eine Vorlage erstellen. Es hilft auf jeden Fall, wenn du dir die bibliographischen Angaben zum Text (also z. B. Autorys, Datum, Titel) direkt mit ins Exzerpt notierst, bei Zitaten auch die Fragestellung. Verschiedene Literaturverwaltungsprogramme bieten auch Notiz- oder Markierungs- und Zitationsfunktionen. Du kannst deine Exzerpte natürlich auch direkt dort festhalten.

Falls du nicht weißt, wie du bei einem Exzerpt beginnen sollst, überlege dir einfach ein paar Fragen an den Text: Worum geht es? Wie kommt der Text zu Ergebnissen (z. B. Methode)? Und so weiter. Wenn du an einer wissenschaftlichen Arbeit, einer Präsentation oder irgendeiner anderen Aufgabe sitzt, kannst du dir über deine Exzerpte einen guten Überblick zu den Texten einholen, die du gelesen hast.

Wie sieht das an einem Beispiel aus?

Vor dir liegt ein wissenschaftlicher Artikel zu Strategien, wie Coaches die Bedürfnisse ihrer Athletys im Nachwuchsleistungssport berücksichtigen.

- Du hältst die bibliographischen Angaben fest:
  Raabe, J., Readdy, T., & Höner, O. (2020). Fulfillment of basic psychological needs: A qualitative investigation of strategies used by elite youth soccer coaches. German Journal of Exercise and Sport Research, 50(2), 229–240. https://doi.org/10.1007/s12662-019-00640-y
- Notiere dir, um welche Art von Quelle es sich handelt. Diese qualitative Studie erhebt Primärdaten durch Interviews mit Trainer*innen. Außerdem nutzt die Studie einen psychologischen Zugang. Falls du

den Text als Beleg für deine Argumente nutzen möchtest, solltest du wissen, wie der Text eigentlich zu seinen Ergebnissen kommt.

Beispielsweise basieren diese Ergebnisse der Studie auf den Aussagen von Elitetrainer*innen und nicht auf der Perspektive von Athlet*innen.

- Notiere dir wichtige Aussagen, Ergebnisse oder Argumente. Hilfreich ist es, die Fragestellung des Texts festzuhalten. Möglicherweise ist die theoretische Basis für deine Hausarbeit relevant? Die Autor:innen greifen hier auf die Selbstbestimmungstheorie zurück.
- Überlege, wie diese Studie zu deiner Forschungsarbeit passt. Handelt es sich um eine Zitation für den Forschungsstand? Könnte die Studie für dein eigenes methodisches Vorgehen Ideen mitbringen? Sind die Ergebnisse für praktische Ableitungen in deiner Hausarbeit wichtig?
- Prägnante Zitate kannst du ebenfalls festhalten. Und dazu alles, was dir in den Sinn kommt. Das können ebenso Folgefragen aus dieser Studie, aber auch Kritikpunkte z. B. zur Methodik sein.

Ein abschließender Tipp: Es ist nicht einfach, Exzerpte so zu schreiben, dass sie auch nach Jahren noch selbsterklärend sind. Prüfe am Ende einmal, ob du wirklich alles in einer Art und Weise formuliert hast, dass dein zukünftiges Ich das Ganze versteht. Stichworte mögen in diesem Augenblick ein schneller Weg sein, sind aber in ein paar Jahren vielleicht nicht mehr ganz so verständlich – falls die Studie dann noch für dich relevant sein könnte.

Wo kommt's im Buch vor?

Abschn. 3.2.2, 3.5, 3.6, 4.3.2 und 4.3.3

Weiterführende Quellen

Döring, N., & Bortz, J. (Hrsg.). (2016). *Forschungsmethoden und Evaluation in den Sozial- und Humanwissenschaften* (5. Vollständig überarbeitete, aktualisierte und erweiterte Auflage). Springer.

5.1.7 Feldnotizen machen

Was ist das?

Feldnotizen sind Aufzeichnungen, die von Forschys während ihrer Feldarbeit gemacht werden, um ihre Beobachtungen, Gedanken und Erkenntnisse festzuhalten. Sie dienen als Referenz für die weitere Analyse und Interpretation der Daten und können auch als Quelle für die Erstellung von Forschungsarbeiten dienen. Feldnotizen können in verschiedenen Formen erstellt werden, wie zum Beispiel als handschriftliche Notizen, Audioaufnahmen oder Fotos. Feldnotizen dienen dem Zweck, das Beobachtete festzuhalten und sicherzustellen, dass die Daten auch zu einem späteren Zeitpunkt – nämlich dann, wenn du sie analysieren möchtest – zur Verfügung stehen. Es ist wichtig, dass Feldnotizen möglichst genau und detailliert sind, um später eine zuverlässige Analyse der Daten zu ermöglichen.

Was nützt mir das?

Das Sammeln von Feldnotizen ist eine wichtige Methode, um Daten und Beobachtungen zu dokumentieren und für zukünftige Analysen und Studien zu nutzen.

Wie nutze ich das?

Das Anfertigen von Feldnotizen bietet sich an, wenn du in der Praxis unterwegs bist. So kannst du dich z. B. im Praktikum im Rahmen einer *teilnehmenden Beobachtung* (siehe Tools) auf eine bestimmte Fragestellung fokussieren, hierzu Feldnotizen machen und diese im Anschluss mit einem wissenschaftlichen Verfahren (z. B. der *Inhaltsanalyse,* siehe Tools) analysieren.

Um Feldnotizen zu machen, gibt es einige wichtige Schritte, die du beachten solltest:

1. Vor dem Sammeln von Daten solltest du dir überlegen, welche Art von Informationen du benötigst und wie du diese am besten sammelst.

2. Während du die Daten sammelst, solltest du sorgfältig auf Einzelheiten und Details achten und alle relevanten Informationen notieren.
3. Du solltest darauf achten, dass die Notizen organisiert und übersichtlich sind, damit du sie leicht durchsehen und analysieren kannst.
4. Nachdem du die Notizen gemacht hast, solltest du sie sie regelmäßig überprüfen und gegebenenfalls ergänzen, um sicherzustellen, dass sie vollständig und akkurat sind.

Wie sieht das an einem Beispiel aus?

Im Rahmen einer *Aktionsforschung* (siehe Tools) möchtest du die Gruppendynamik in einem Training (oder Unterricht, oder Arbeitsteam) analysieren. Hierfür möchtest du zuerst Daten sammeln und diese dann im Anschluss inhaltsanalytisch auswerten, um herauszubekommen, welche Faktoren die Gruppendynamik beeinflussen.

Das Sammeln der Daten machst du mittels Feldnotizen. Da du dein Smartphone immer dabeihast, entscheidest du dich, die Feldnotizen hierüber aufzunehmen. Je nachdem, ob du Zeit zur Verfügung hast, nutzt du dafür die Notizen-App oder die Audiorecording-Funktion deines Smartphones.

Als Auswahlkriterium – also wann du eine Feldnotiz anfertigst – wählst du alle Situationen im Training, in denen dir auffällt, dass gerade etwas mit der Gruppe passiert (etwa während der Trainer eine Technik erklärt oder ein Feedback gibt). Definiere ein sinnvolles Ende deiner Erhebungsphase. Nun kannst du zur Analyse schreiten und deine Feldnotizen inhaltsanalytisch qualitativ auswerten. Getrackte Situationen, in denen bestimmte Faktoren des Trainings die Gruppendynamik verändert haben, kannst du außerdem quantitativ – also auszählend – auswerten.

Wo kommt's im Buch vor?

Abschn. 3.6.1 und 4.3.3

5.1.8 Forschungsethik

Was ist Forschungsethik?

Forschungsethik bedeutet, dass du als Forscherin überlegst, was moralisch richtig und falsch ist. Du fragst dich, wie du anständig forschen kannst. Das beinhaltet, wie du mit Menschen umgehst, die an deiner Forschung teilnehmen, wie z. B. Personen, die du befragst oder beobachtest. Ein wichtiger Punkt ist, keinen Schaden anzurichten. Das kann bedeuten, dass du darauf achtest, niemanden mit deinen Fragen zu verletzen oder zu stigmatisieren. Du solltest auch die Freiheit und Selbstbestimmung der Menschen respektieren, die an deiner Forschung teilnehmen.

Was nützt mir Forschungsethik?

Forschungsethik ist wichtig, um deine Forschungsergebnisse veröffentlichen zu können. Viele Fachzeitschriften verlangen, dass du ethische Standards einhältst. Ethikkommissionen an Universitäten oder anderen Institutionen können dir dabei helfen, deine Forschung ethisch korrekt zu gestalten. Wenn du Forschungsethik nutzt und diese von einer Ethikkommission prüfen lässt, stellst du sicher, dass deine Forschung moralisch vertretbar ist.

Wie nutze ich Forschungsethik?

Du überlegst, ob deine Forschung jemandem schaden könnte und wie du das vermeiden kannst. Du achtest darauf, dass die Menschen, die an deiner Forschung teilnehmen, freiwillig dabei sind und gut informiert werden. Du überlegst auch, wie du mit den Daten umgehst, die du sammelst.

Wie sieht das an einem Beispiel aus?

Du planst, im Rahmen einer Abschlussarbeit eine Bewegungsintervention mit übergewichtigen Kindern durchzuführen. Hierbei achtest du darauf, dass deine Probandys durch die Art der Intervention nicht stigmatisiert werden. Formal holst du dir die Einwilligungserklärungen von den gesetzlichen Vertreters deiner Studienteilnehmer ein. Darin erklärst du, was mit ihren Daten passiert und wie du sie schützt. In deiner Arbeit berichtest du dann, wie du ethische Aspekte in deiner Forschung behandelt hast.

Wo kommt's im Buch vor?
Abschn. 3.6.1, 4.3.4 und 4.4

5.1.9 Google Scholar Recherche

Was ist das?
Google Scholar ist die Suchmaschine von Google für die Literaturrecherche von wissenschaftlichen Dokumenten, welche auch im Vergleich zu anderen Datenbanken umfängliche Suchergebnisse liefert (Martín-Martín et al., 2021). Die Ergebnisse einer Google Scholar Recherche stellen auch *Pre-Prints* (siehe Glossar), als noch nicht gepeerreviewte (*Peer Review,* siehe Glossar), Veröffentlichungen dar.

Was nützt mir das?
Eine Google Scholar Recherche stellt zunächst nur wissenschaftliche Veröffentlichungen dar, was schon mal ein erster Indikator für die „Wissenschaftlichkeit" von Texten ist. Die Ergebnisse lassen sich nach Veröffentlichungsdaten filtern. Auch besteht die Möglichkeit, nur „Übersichtsarbeiten" anzeigen zu lassen, also sogenannte Review Artikel, die den Forschungsstand in einem Bereich zusammenfassen.

Wie nutze ich das?
Auf https://scholar.google.de kannst du direkt mit deiner Suchanfrage loslegen. Trage dort deine Suchbegriffe ein und schränke – wenn nötig – mit den Optionen in der Seitenleiste deine Suchergebnisse ein. In sozial- und geisteswissenschaftlichen Fächern lohnt sich auch eine Suche auf Englisch, da gerade Primärliteratur häufig auf Englisch publiziert wird.

Die angezeigten Ergebnisse kannst du dann anhand des dargestellten Titels und der angezeigten Textpassage einem ersten Screening unterziehen. Wenn der Text thematisch relevant erscheint, kannst du dir den *Abstract* (siehe Glossar) anzeigen lassen und gegebenenfalls den Text ansehen oder downloaden.

Wie sieht das an einem Beispiel aus?
Du musst einen Vortrag über den „Testimonial-Effekt in der Sportwerbung" halten. Du könntest bei deiner Google Scholar Suche „Werbung im Sport Testimonial" eingeben. Parallel schaust du auch mal auf Englisch: „Advertising Sport Testimonial". Anhand der Ergebnisse erkennst du, dass es im nationalen und internationalen Raum schon einiges an Forschung dazu gibt, die untersucht, inwieweit Sportler in der Werbung als Testimonial fungieren.

Wo kommt's im Buch vor?
Abschn. 2.3, Kap. 3, Abschn. 4.3 und 4.4

Quellen in diesem Tool
Martín-Martín, A., Thelwall, M., Orduna-Malea, E., & López-Cózar, E. D. (2021). Google scholar, microsoft academic, scopus, dimensions, web of science, and opencitations' COCI: A multidisciplinary comparison of coverage via citations. *Scientometrics, 126*(1), 871–906. https://doi.org/10.1007/s11192-020-03690-4

5.1.10 Inhaltsanalyse

Was ist das?
Eine Inhaltsanalyse ist eine Methode zur systematischen Analyse von kommunikativen Äußerungen. Diese Kommunikation kann als Text oder Dokument, Gespräch oder audiovisuelle Aufzeichnung in Form von Videos vorliegen. Beispielsweise werden Interviews häufig transkribiert und anschließend in Textform inhaltsanalytisch ausgewertet. Die Inhaltsanalyse soll systematische Erkenntnisse für eine bestimmte Fragestellung generieren. Damit die Interpretation der kommunikativen Daten (z. B. Interview) für andere Personen – also intersubjektiv – nachprüfbar und wissenschaftlich nachvollziehbar ist, existieren klare Verfahrensschritte

für die Analyse. Diese sollten transparent dokumentiert und beschrieben werden.

Es existieren unterschiedliche Varianten von Inhaltsanalysen. Teilweise unterscheiden einzelne Autoren in ihren Werken zwischen verschiedenen Formen, aber auch zwischen den Autorys und ihren Vorschlägen bestehen Unterschiede. Die *Qualitative Inhaltsanalyse* nach Mayring ist zum Beispiel eine bekannte Vorgehensweise, ebenso wie die *(Reflexive) Thematische Analyse* von Braun und Clarke oder Kuckartz' Vorschläge zur *Qualitativen Inhaltsanalyse*. Die Unterschiede liegen auf verschiedenen Ebenen: bei den Regeln der Analyse, bei der Schwerpunktsetzung und so weiter.

Dennoch ist das grundlegende Schema in der Inhaltsanalyse oftmals ähnlich. Die Voraussetzung für die Analyse sind Daten, in diesem Fall kommunikative Äußerungen. Diese werden durchgesehen und mit Codes versehen. Das bedeutet, einzelne Passagen, Äußerungen oder Wörter werden als Einheiten markiert und bekommen einen Code. Diese Codierung ordnet das Material in gewisser Weise. Die codierten Daten lassen sich schließlich auf bestimmte Muster hin analysieren, um übergeordnete Kategorien oder Themen zu bilden und diese letztendlich als Ergebnisse darzustellen und zu interpretieren.

Für diese Codierung ist insbesondere die Entwicklung von Codes (Kategorien oder Themen) entscheidend. Sie bestimmen schließlich, was du im Material markierst und später analysierst und als Ergebnisse einbringst. In einem deduktiven Vorgehen ergeben sich diese Codes vor allem aus der Theorie, die deine Arbeit und deine Fragestellung schon mitbringen. Induktive Codes entstehen dagegen aus dem Material heraus, z. B., falls Besonderheiten oder unerwartete Regelmäßigkeiten gefunden werden. Wichtig ist, dass Mischformen durchaus möglich sind. Die Bedeutung einer induktiven oder deduktiven Vorgehensweise variiert je nach Variante der Inhaltsanalyse. Darüber hinaus besteht auch die Möglichkeit, Kategorien und Codierungen (also codierte Passagen) auszuzählen. Eine Inhaltsanalyse ist nämlich auch quantitativ oder als Mischform möglich – in Abhängigkeit vom Forschungsziel und Vorgehen.

Was nützt mir das?

Der Nutzen der Inhaltsanalyse liegt darin, dass du Daten, die zunächst nicht zählbar vorliegen (z. B. eine Diskussion oder ein Instagram Profil) systematisch auswerten kannst. Dies hilft dir z. B. dabei, Argumentationsstrategien (Diskussion), Interaktionsverhalten (Trainer-Athlet-Kommunikation) oder Kommunikationsstrategien (Instagram Profil) zu verstehen und daraus Ableitungen für deine Fragestellung zu ziehen. Durch das Verwenden etablierter Methoden bei der Analyse qualitativer Daten (z. B. reflexive Thematische Analyse oder Qualitative Inhaltsanalyse nach Mayring) machst du dein Vorgehen transparent und reduzierst mögliche *kognitive Verzerrungen* (siehe Glossar).

Wie nutze ich das?

Vor der Analyse deines Datenmaterials (z. B. Interviews oder Dokumente) solltest du verschiedene Entscheidungen treffen und diese auch begründen können (am besten notierst du dir direkt deine Überlegungen). Wichtig ist die Festlegung auf ein Verfahren zur Analyse, das zu deinem Vorhaben und der Forschungsfrage passt. Hierfür sind Überlegungen hilfreich, ob dein Projekt eher deduktiv ausgerichtet ist oder induktiv. Denn die (reflexive) thematische Analyse nach Braun und Clarke bietet sich ebenso wie Kuckartz' Vorgehensweise vielleicht gerade für eine induktive, vom Material ausgehende Codierung an. Bei einer Codierung, die sich eher an einer theoretischen Folie orientiert, könnte Mayrings Vorschlag für dich passen.

Es existieren verschiedene Softwareangebote, die eine qualitative Inhaltsanalyse unterstützen. Manchmal finden sich auch an Universitäten oder in einzelnen Instituten Möglichkeiten, Software für deine Projekte (z. B. Hausarbeit oder Abschlussarbeit) zu nutzen.

Für Qualitative Inhaltsanalysen sind die kostenlose Software QCAMap2020 (für Analysen nach Mayring) sowie MAXQDA oder NVivo Beispiele für Software, die für die Analyse helfen kann.

Wie sieht das an einem Beispiel aus?

Ein hilfreiches Beispiel findet sich unter anderem mit einer Studie von Glenn T. Sandford und Peter Richard Gill. Sie wollten durch die Befragung von erfahrenen Martial Arts Instruktoren (siehe Tools zu *Experteninterview*) Einsichten über zentrale Komponenten des Trainings und Erfahrungen von Martial-Arts-Studenten erhalten. Das leitfadengestützte, teilstrukturierte (semi-structured) Interview wurde anschließend mit der thematischen Analyse nach Clarke und Braun ausgewertet. Die Autoren entwickelten mithilfe dieser Analysemethode drei zentrale Themen der befragten Martial-Arts-Instruktoren und diverse Facetten, die diese Themen näher beschreiben. Dazu findet sich im Methodikteil eine kurze Reflexion eines der Autoren als *Researcher reflexivity*. In dieser macht er seine eigenen Erfahrungen und seinen Zugang zu Martial Arts transparent.

Gerade bei qualitativer Forschung wird die Frage nach der Subjektivität in der Interpretation von Daten oftmals in der Wissenschaft diskutiert. Die Glossareinträge zu Reflexivität oder Gütekriterien bieten dir da weiterführende Informationen.

Sandford, G. T., & Gill, P. R. (2018). Martial arts masters identify the essential components of training. *Physical Education and Sport Pedagogy, 24*(1), 1–12. https://doi.org/10.1080/17.408.989.2018.1530749.

Ein anderes Beispiel zeigt die Studie von Sebastian Ruin, da er statt Interviews auf ein anderes Datenformat zurückgreift. Er untersuchte Sportlehrpläne in Nordrhein-Westfalen, also Dokumente, und ging dabei deduktiv vor. Ihn interessierte insbesondere, ob es in Sportlehrplänen mit der Orientierung an Kompetenzen zu einer Verengung des Körperbilds auf bestimmte Vorstellungen kommt (das wird im Titel des Beitrags hier drunter deutlich). Er entwickelte aus der Theorie verschiedene Kategorien zur Unterscheidung von Körperbildern und analysierte Lehrpläne deduktiv mithilfe der qualitativen Inhaltsanalyse nach Mayring.

Ruin, S. (2014). Fitter, gesünder, arbeitsfähiger – Die Verengung des Körperbildes in Sportlehrplänen im Zuge der Kompetenzorientierung. *Zeitschrift für sportpädagogische* Forschung, 2(2), 77–92. https://doi.org/10.5771/2196-5218-2014-2-77.

Wo kommt's im Buch vor?

Abschn. 3.6.1, 4.3.3 und 4.3.6

Genutzte Quellen in diesem Tool

Braun, V., & Clarke, V. (2019). Reflecting on reflexive thematic analysis. *Qualitative Research in Sport, Exercise and Health, 11*(4), 1–9. https://doi.org/10.1080/2159676x.2019.1628806.

Kuckartz, U. (2016). *Qualitative Inhaltsanalyse* (3. Aufl.). Beltz Juventa.

Mayring, P. (2020). Qualitative Inhaltsanalyse. In G. Mey & K. Mruck (Hrsg.), *Handbuch Qualitative Forschung in der Psychologie* (S. 1–17). Springer. https://doi.org/10.1007/978-3-658-18387-5_52-2.

5.1.11 Inklusive Sprache

Was ist das?

Als Inklusive Sprache wird Sprache bezeichnet, die darauf ausgelegt ist, alle Menschen einzuschließen und zu berücksichtigen. Inklusive Sprache vermeidet die Verwendung von Begriffen oder Ausdrücken, die möglicherweise in Ihrer Wirkung diskriminierend oder herabwürdigend sein können, und verwendet stattdessen Begriffe, die alle Menschen in gleicher Weise ansprechen. Inklusive Sprache stellt den Menschen und nicht eine getroffene Unterscheidung (z. B. aufgrund seiner Herkunft, seiner Ethnie, seines Alters, seines Geschlechts oder seiner körperlichen oder geistigen Fähigkeiten) in den Mittelpunkt.

Was nützt mir das?

Durch das Nutzen einer inklusiven Sprache trägst du dazu bei, Vorurteile und Diskriminierungen zu vermeiden, die auf Unterscheidungen basieren. Du reduzierst dadurch auch Zugangsbarrieren von unterschiedlichsten Menschen mit Blick auf eine gesellschaftliche Beteiligung. Durch die sorgfältige Auswahl einer Bezeichnung zeigst du, dass die Gefühle und Empfindungen anderer Menschen für dich von Interesse sind.

Wie nutze ich das?

Du könntest sprachliche Ausdrücke nutzen, die den „Menschen" – und nicht die Unterscheidung, die möglicherweise innerhalb dieser Kategorie – getroffen wird, in den Mittelpunkt rücken (sog. *Person First*

Language oder *Personenbezogene Sprache,* siehe Glossar). Du überlegst auch, an welchen Stellen du Unterscheidungen (z. B. Geschlecht) überhaupt thematisieren und relevant machen möchtest.

Im Nachdenken über deinen Sprachgebrauch machst du dir auch bewusst, welche Folgen deine sprachlichen Formulierungen haben können.

Wie sieht das an einem Beispiel aus?

Beispiel 1:

Du beschreibst in deiner Hausarbeit die Tätigkeit von Menschen, die im Leistungssport mit Trainingsfunktion tätig sind. Dabei geht es dir um die Tätigkeit („im Leistungssport Training gebend tätig sein") – alle anderen Unterscheidungen sind für dich in deiner Argumentation irrelevant. Du entscheidest dich für das „Bezeichnen nach Phettberg" (Gendern, *siehe Glossar*) und schreibst:

„*Für das professionelle Handeln von Trainys im Leistungssport …*"

Du könntest auch *Gendern* (siehe Glossar), würdest allerdings hier implizit die Unterscheidung von Menschen mit Blick auf Geschlecht wieder ins Spiel bringen:

„*Für das professionelle Handeln von Trainer*innen im Leistungssport …*"

Swen: Ein wichtiger Schritt – sozusagen gegen eine gut gemeinte Inklusion von oben – besteht auch darin, sich dafür zu interessieren, wie sich die betreffenden Menschen selbst sehen und beschreiben. So mag sich nicht jeder Mensch, der unter „Übergewicht leidet", damit identifizieren, krank zu sein oder darunter zu leiden. Zudem lohnt sich eine Auseinandersetzung mit Argumenten der sogenannten cancel culture.

Wo kommt's im Buch vor?
Abschn. 3.1 und 4.3.24.3.2; Eigentlich überall

Weiterführende Quellen
Balogun, J. A. (2019). Communicating Research Outcomes Sensitively Through Consistent Use of People-First Language. *African Journal of Reproductive Health, 23*(2), 9–17. https://doi.org/10.29063/ajrh2019/v23i2.1.

Staller, M. S., Koerner, S., & Zaiser, B. (2022a). Stochastische Gewalt: unangemessene polizeiliche Gewaltanwendung und problematische Interaktionen als Folge systeminterner Kommunikation. *Forensische Psychiatrie, Psychologie, Kriminologie, 1*–10. https://doi.org/10.1007/s11757-022-00746-4.

Staller, M. S., Kronschläger, T., & Koerner, S. (2022b). Auf geht's, Polizistys! – Gendersensible Sprache in der Polizei. *Die Polizei, 112*(7), 280–285.

Tran, N. T., Baggio, S., Dawson, A., O'Moore, É., Williams, B., Bedell, P., Simon, O., Scholten, W., Getaz, L., & Wolff, H. (2018). Words matter: a call for humanizing and respectful language to describe people who experience incarceration. *BMC International Health and Human Rights, 18*(1), 41. https://doi.org/10.1186/s12914-018-0180-4.

5.1.12 Interviewleitfaden

Was ist das?
Ein Interviewleitfaden ist ein Dokument, das die Fragen enthält, die du während deines Interviews stellst. Der Leitfaden dient dazu,

sicherzustellen, dass das Interview strukturiert und systematisch durchgeführt wird und dass alle wichtigen Themen angesprochen werden.

Was nützt mir das?

Ein Interviewleitfaden hat mehrere Vorteile:

- Er dient dazu sicherzustellen, dass das Interview strukturiert und systematisch durchgeführt wird.
- Durch den Leitfaden stellst du sicher, dass alle wichtigen Themen angesprochen werden.
- Der Leitfaden dient der Vergewisserung, dass deine Fragen begründet sind, sich also auf Vorerkenntnisse oder wissenschaftliche Theorien stützen.

Wie nutze ich das?

Um einen Interviewleitfaden zu erstellen, solltest du folgende Schritte beachten:

1. Bestimme das Ziel des Interviews und die (Forschungs-)Fragen, die du beantworten möchtest. Überlege dir, welche Informationen du sammeln möchtest und welche Themen du ansprechen willst.
2. Entwickle eine Liste von Fragen, die auf das Ziel des Interviews abgestimmt sind. Stelle sicher, dass die Fragen klar und präzise sind und dass sie nicht voreingenommen, suggestiv oder führend sind.
3. Gliedere die Fragen in klar definierte Abschnitte oder Themenbereiche. Dies hilft dir, das Interview flüssig und organisiert durchzuführen und sicherzustellen, dass alle wichtigen Themen angesprochen werden.
4. Überlege dir, wie du die Antworten des Interviewpartnys aufzeichnen möchtest. Mögliche Optionen sind das Mitschreiben der Antworten, das Aufnehmen des Interviews mithilfe eines Audiorecorders auf deinem Smartphone oder das Verwenden eines speziellen Fragebogens.

5. Überprüfe und überarbeite den Interviewleitfaden, bevor du ihn verwendest. Bitte andere Wissenschaftler*innen, dir Feedback zu deinem Leitfaden zu geben.
6. Um sicherzustellen, dass die Fragen klar und präzise sind und dass sie sich auf das Ziel des Interviews beziehen, kannst du hierfür einen *Pretest* (siehe Glossar) mit deinem Leitfaden durchführen.

Es ist wichtig, einen gut durchdachten und strukturierten Interviewleitfaden zu verwenden, um sicherzustellen, dass das Interview erfolgreich ist und dass die gesammelten Daten valide und verlässlich sind.

Wie sieht das an einem Beispiel aus?

Für eine Studie zum Einsatztraining der Polizei – wir wollten etwas über die Motivation von Lernys im Einsatztraining herausfinden – erstellten wir einen Interviewleitfaden. So sah z. B. unser Leitfaden aus (vgl. Tab. 5.1):

Während der Erstellung tauschten wir uns unter den Forschern regelmäßig aus, ob wir einen Aspekt vergessen hatten. Die Nachfragekategorien haben wir mit aufgenommen, falls einige Interviewteilnehmys nicht direkt auf diese Frage eingingen. So konnten wir nochmals nachhaken. In der letzten Spalte siehst du die Begründung, die unserer Frage zugrunde lag.

Die Interviews haben wir mit unseren Mobiltelefonen aufgenommen und im Anschluss transkribiert, bevor diese *qualitativ ausgewertet* wurden (*Inhaltsanalyse,* siehe Tools). Das fertige Ergebnis kannst du dir hier anschauen. Da der Text auf englisch ist, kannst du dir die entsprechenden Passagen auch übersetzen lassen (siehe Tool *DeepL*).

Staller, M. S., Koerner, S., Heil, V., Abraham, A., & Poolton, J. (2022). Police recruits' wants and needs in police training in Germany. *Security Journal,* 1–23. https://doi.org/10.1057/s41284-022-00338-1.

Wo kommt's im Buch vor?

Tab. 5.1 Interviewleitfaden zur Erforschung der Lernmotivation im Rahmen einer Studie zum Einsatztraining in der Polizei. (Quelle: eigene Darstellung)

	Fragen	Nachfragekategorien	Begründung/Theorie
1	Wie gefällt dir das Einsatztraining?	• Unterschiede Waffentraining/ Selbstverteidigung/ Festnahme/Taktik	• Warm Up • Motivation/ Lernklima
2	Welche Situationen gefallen dir im Training besonders gut?	• Langeweile/ Spannend/Lustig? • Motivation? • Partnerinteraktion? • Trainingsformen?	• Motivation • Lernklima • Partnerinterkation
3	Erzähle mir von deinen Gefühlen und Emotionen bei der Teilnahme am Einsatztraining	• Partnerinteraktion? • Trainerverhalten? • Trainingsformen? • Beschämende Situationen?	• Motivation • Lernklima • Partnerinteraktion
4	Gehst du gerne zum Einsatztraining?	• Freude/Pflicht?	• Motivation
5	Was sind deine Gründe für die Teilnahme am Einsatztraining?	• Hauptgründe? • Pflicht? • Wenn es keine Pflicht wäre, würdest du trotzdem gehen?	• Motivation
6	Was denkst du über die Inhalte des Einsatztrainings?	• Trainingsformen • Wiederholungen? • Realismus? Was heißt das für dich (genau nachfragen) • Techniken, Taktiken?	• Implizites Wissen über Inhalte und Methoden • Eigene Konzeption von Realität
7	Wendest du gelernte Inhalte außerhalb des Trainings an?	• Nutzt du das Wissen außerhalb des Trainings?	• Transfer der Inhalte
8	Was macht für dich einen kompetenten Einsatztrainer aus?	• Einsatzerfahrung? • Fachliche Ausbildung? • Pädagogische/ didaktische/ methodische Herangehensweise?	• Trainerwissen/ Trainerrolle

Abschn. 3.6.1, 4.3.4 und 4.3.5

Weiterführende Quellen

Renner, K.-H., & Jacob, N.-C. (2020). Konzeption und Erstellung eines Interviewleitfadens. In K.-H. Renner & N.-C. Jacob (Eds.), Das Interview, Grundlagen und Anwendung in Psychologie und Sozialwissenschaften (S. 47–64). Springer. https://doi.org/10.1007/978-3-662-60441-0_4.

5.1.13 Lesen

Was ist das?

Durch Lesen erschließt du Informationen aus Texten und machst dir abhängig von deinem Vorverständnis einen Reim auf diese Informationen. Du „verstehst", du „interpretierst". Je intensiver du in diesen Prozess einsteigst, desto mehr „verstehst" du die „tiefere" Bedeutung von Texten, oder genauer gesagt: die „tiefere" Bedeutung, die Texte für dich haben.

Was nützt mir das?

Durch Lesen von Texten über ein Thema erzeugst und erweiterst du dein Wissen über dieses Thema. Lesen funktioniert wie ein Schneeball. Indem du ihn weiter rollst, wird er größer und dichter.

Wie nutze ich das?

Beim Lesen empfehlen wir dir zwei Lesetechniken. Das *kursorische* und das *statarische* Lesen. Wenn es schnell gehen muss, für einen ersten Überblick, worum es in dem Text geht, oder wenn du nach einem bestimmten Aspekt oder Begriff fahndest, lese den Text kursorisch. Das heißt: Du kurvst und springst im Text hin und her, dorthin, wo dein Auge eine interessante Information entdeckt. Lies´ die Stelle etwas genauer und springe dann weiter. Wenn es schnell gehen muss mit dem ersten Verstehen, ist das kursorische Lesen das Mittel der Wahl. Im Unterschied dazu wendest du das statarische Lesen an, wenn du den Informationsgehalt eines Textes gründlich erschließen möchtest. Das Lesen hier ist langsam und genau. Satz für Satz. Und wieder zurück, falls du den Satz nicht verstanden hast; so lange, bis du ihn verstanden hast. Für das statarische Lesen benötigst du Zeit. Beide Techniken zerlegen den Text in Haupt- und Nebengedanken, in wichtige und weniger wichtige Aussagen und Informationen. Das kursorische Lesen ist gröber, das statarische feiner.

Wie sieht das an einem Beispiel aus?

Du schreibst eine Hausarbeit zum Thema „Externale versus internale Aufmerksamkeitsfokussierung beim Bewegungslernen". Du hast über Google Scholar vier verfügbare Studien als Ganztexte recherchiert und heruntergeladen. Für einen ersten Überblick liest du alle vier Abstracts *kursorisch,* denn dich interessieren vor allem die Forschungsergebnisse in Bezug auf die Frage, welche der beiden Aufmerksamkeitsfokussierungen besser „abgeschnitten" hat. Bevor du deine Hausarbeit schreibst, wirst du alle Texte *statarisch* lesen und *Exzerpte* erstellen (siehe Tools).

Wo kommt's im Buch vor?

Abschn. 3.2.2, 3.5, 3.6 und 4.3.3

Weiterführende Literatur

Alles, was lesbar ist

5.1.14 Literatur recherchieren

Was ist das?

Eine Literaturrecherche umfasst die Suche, Auswahl, Beschaffung und Auswertung von Literatur zu einem bestimmten Thema. Das Ziel liegt darin, wichtige Erkenntnisse und Forschungen zu einem Thema zu erfassen und für die eigene Arbeit aufzubereiten. Eine Literaturrecherche kann z. B. als systematische Übersichtsarbeit auch eine selbstständige Forschungsarbeit bilden (*Systematische Übersichtsarbeit,* siehe Tools).

Eine systematische Übersichtsarbeit / Literaturrecherche ist die systematische Suche und Auswertung von veröffentlichter Literatur zu einem bestimmten Thema. Sie dient dazu, sich einen Überblick über die wissenschaftliche und fachliche Diskussion zu einem Thema zu verschaffen und neue Erkenntnisse zu gewinnen.

Was nützt mir das?
Eine Literaturrecherche stellt die Basis für dein Forschungsthema dar. Mit der recherchierten Literatur erhältst du einen Überblick über das Thema und einen Eindruck vom aktuellen Forschungsstand. Darüber hinaus bietet die Recherche dir die Möglichkeit, offene Forschungsbedarfe zu erkennen sowie spezifische Erkenntnisse ähnlicher Studien zu finden, mit denen du deine Ergebnisse einordnen und vergleichen kannst.

Insgesamt hilft dir ein Überblick über relevante Literatur dabei, informierte und gut begründete Entscheidungen für deine Arbeit zu treffen. Du wirst schließlich Expert:in in diesem Thema.

Die Literaturrecherche bietet im besten Fall eine Orientierung für eine Vielzahl von Aspekten in deiner eigenen Arbeit: Deine Fragestellung und ihre Begründung profitieren davon, wenn du einen präzisen Überblick über den Forschungsstand und offene Forschungsfragen hast; die Aufbereitung deines Themas kann auf einer soliden und breiten Basis stehen; falls du eine Erhebung planst, hilft dir die recherchierte Literatur wahrscheinlich dabei, Befragungsinstrumente wie Fragebögen oder Interviewleitfäden zu entwickeln (siehe Toolbox *Umfragen machen* und Toolbox *Interviewleitfaden*). Und wenn du schließlich deine eigenen Ergebnisse *diskutierst,* kennst du schon vergleichbare Studien, um deine Ergebnisse einzuordnen!

Eine Literaturrecherche muss sich nicht nur auf wissenschaftliche Literatur beziehen. Es kann schließlich auch gute Gründe geben, andere Quellen in Betracht zu ziehen wie z. B. graue Literatur *(siehe Glossar Graue Literatur).* Beispielsweise kann für ein Thema auch wichtig sein, was denn gerade bildungspolitische Papiere wie Lehrpläne oder bestimmte Gesundheitsverordnungen des Landes vorgeben.

Deine wissenschaftlichen Arbeiten und Präsentationen benötigen eine solide Literaturrecherche. Denn für deine Argumentation aus deiner Forschung solltest du fundiert im Thema stehen. Schließlich verfolgst du als Wissenschaftler*in den Anspruch, gesicherte Erkenntnisse und nachvollziehbare Schlussfolgerungen zu entwickeln und zu präsentieren!

Wie nutze ich das?

Du kannst deine Literaturrecherche starten, wenn du eine grobe Vorstellung davon hast, was dein Thema sein könnte. Schließlich brauchst du für den Anfang lediglich Schlagworte und eine Datenbank für deine Recherche. Mit den Schlagworten kannst du in Bibliotheken oder Online-Datenbanken wie Google-Scholar oder PubMed erste Schritte wagen. Ein paar Tipps können deine Suche allerdings zielgerichteter gestalten:

- Nutze gezielt verschiedene Arten von *wissenschaftlichen Quellen* (siehe Glossar). Neben Primärquellen bieten dir Sekundärquellen vielleicht einen guten Überblick über verschiedene Studien (z. B. in *systematischen Übersichtsarbeiten*, siehe Toolbox), und Tertiärquellen wie Handbücher oder Einführungen können ein gut zugänglicher Ausgangspunkt sein, wenn du noch nicht viel über das Thema weißt.
- Schau dir Literaturverzeichnisse von Quellen an. Als *Schneeballsystem* (siehe Glossar) findest du womöglich genau dort weiterführende Literatur und hast einen nächsten Ausgangspunkt.
- Nutze Hilfsangebote. Vielleicht bietet deine Bibliothek am Standort Einführungen zur Recherche oder Unterstützung bei laufenden Recherchen an.
- Lass dich nicht entmutigen, falls du mal 40.000.000 Treffer für deine Suche findest. Mit ein paar Kniffen lässt sich die Suche spezifischer gestalten. Schau dazu mal ins Beispiel.

Wie sieht das an einem Beispiel aus?

Du möchtest dich mit der Effektivität von digitalen Medien im sportlichen Training befassen, weil dein Dozenty dies als Thema für die Abschlussarbeit vorschlägt. Es gibt allerdings eine riesige Bandbreite an Literatur und Optionen. Dein Auftrag: Schau dir das Thema genauer an und entwickle sukzessive erste Ideen für konkrete Forschungsfragen als Diskussionsgrundlage für dein nächstes Beratungsgespräch. Für deine Recherche hast du jetzt verschiedene Möglichkeiten:

- Du gibst in der Datenbank deiner Wahl die Schlagworte ein, die das Thema so mitbringt: Effektivität, Digital, Medien, Sport, Training. Versuche verschiedene Kombinationen und auch Alternativbegriffe. Vielleicht findest du etwas unter Effektivität nicht, aber unter Wirksamkeit!
- Nutze zielgerichtet Filter deiner Datenbank. Vielleicht willst du die Treffer auf einen bestimmten Erscheinungszeitraum (z. B. 2014–2024) oder eine bestimmte Art von Quelle (z. B. nur Journalbeiträge) einschränken.
- Schau dir die Abstracts (siehe *Abstracts* im Glossar) an. Damit erhältst du einen hilfreichen Eindruck davon, worum es in der Quelle geht.
- Wenn du passende Beiträge findest, schaue sie dir genauer an. Manche Datenbanken bieten die Möglichkeit, Einträge zu exportieren, in verschiedene Formate. Falls du ein Literaturverwaltungsprogramm nutzt, könnte dies eine Möglichkeit sein, die Quellen direkt dort einzupflegen (siehe Toolbox zur *Literaturverwaltung*).
- Wenn deine Suche zu viele Treffer bringt, dann nutze Operatoren. Manche Datenbanken verwenden sie automatisch, bei anderen kannst du sie selbstständig eingeben. In der Abbildung (vgl. Abb. 5.1) haben wir beispielsweise unsere Suchanfrage mit dem AND (oder UND) präzisiert, da wir nur Treffer wollten, die alle diese Begriffe beinhalten. Die Anführungszeichen machen außerdem klar, dass „effektives Training" für uns zusammengehört – und nicht etwa nach allem mit „effektiv" und dazu allem mit „Training" gesucht wird.
- Mit einem OR (ODER) kannst du außerdem Optionen mit einspielen. Mit dem Operator NOT schließt du Schlagworte aus.

≡ Google Scholar   "effective training" AND "digital media" AND sport

Artikel   Ungefähr 656 Ergebnisse (0,21 Sek.)

Abb. 5.1 Literaturrecherche bei Google Scholar

Vielleicht geht es dir um digitale Medien, aber gerade NOT Videos. Dazu bietet dir ein * bei manchen Datenbanken die Möglichkeit, Variationen von Begriffen einzuschließen. Stell dir vor, du willst nicht nur „digital" einschließen, sondern auch „digitalisierung", „digitalität" und vieles mehr. Dann machst du daraus einfach: „digital*".

- Ein letzter Tipp: Probiere diese Vorgehensweisen einfach mal aus. Sie funktionieren nicht immer und in allen Datenbanken. Sie bieten dir allerdings Optionen, falls du deine Recherche mal präzisieren möchtest.

Wo kommt's im Buch vor?
Abschn. 3.2.2; 3.4.13.2.2, 3.5, 3.6, 3.6.1, 4.3.3, 4.3.6 und 4.4

Weiterführende Quellen
Döring, N., & Bortz, J. (Hrsg.). (2016). *Forschungsmethoden und Evaluation in den Sozial- und Humanwissenschaften* (5. Aufl.). Springer.

Kirchner, J., & Meyer, S. (2022). Literaturrecherche. In J. Kirchner & S. Meyer (Hrsg.), Wissenschaftliche Arbeitstechniken für die MINT-Fächer (S. 131–142). Springer. https://doi.org/10.1007/978-3-658-33912-8_7.

5.1.15 Literaturverwaltung

Was ist das?
Literaturverwaltung bezieht sich auf die Organisation deiner Quellen und auch Notizen. Die Literatur lässt sich natürlich händisch verwalten, indem du die Quellen notierst und für dich abheftest. Es existieren allerdings auch diverse digitale Programme, die genau diese Organisation erleichtern sollen.

Was nützt mir das?
Programme zur Literaturverwaltung helfen dir dabei, deine Quellen und Notizen aufzubewahren, zu ordnen und auch anzugeben (siehe *Referenzieren* im Glossar). Denn verschiedene Programme beinhalten

die Möglichkeit, Zitate in deine Texte einzusetzen oder Literaturverzeichnisse in einem bestimmten Format, wie z. B. dem APA-Stil, zu generieren.

Für eine kurze Hausarbeit mit wenigen Quellen mag die Verwaltung vielleicht nicht besonders notwendig erscheinen. Doch gerade für längere Arbeiten oder als durchgehende Weiterentwicklung deines Literaturfundus über das Studium hinweg, kann dir eine systematische Literaturverwaltung durchaus eine große Hilfe sein.

Wie nutze ich das?

Das kommt ganz darauf an, wie du deine Literatur verwaltest und welche Programme du dafür nutzt. Verwende auf jeden Fall eine Lösung, die zu dir und deinem Vorgehen passt. Dafür kannst du dich einfach mal über ein paar Möglichkeiten und Softwares erkundigen. Vielleicht wird an deiner Hochschule oder Institution ja auch ein bestimmtes Programm genutzt, wie z. B. Citavi, Zotero, Endnote™ oder Papers. Die Universitätsbibliothek der Technischen Universität München hat Software zur Literaturverwaltung miteinander verglichen – damit könntest du dir einen Überblick verschaffen!

Wie sieht das an einem Beispiel aus?

Milan

Milan
Sport-Student

Milan: Hey Leute, meine Hausarbeit zu „Persönlichkeitsentwicklung durch Sport" nimmt Form an. Ich hab' dazu mal die Literaturverwaltung mit Zotero ausprobiert (vgl. Abb. 5.2). Dazu hab' ich einen Ordner im Programm aufgemacht für Persönlichkeitsentwicklung und dort meine Quellen eingetragen. Da sammel' ich dann auch direkt die PDFs, wenn ich Zugang zu den Texten habe. Artikel mit DOI oder Bücher mit ISBN trägt das Programm meistens automatisch ein. Jetzt hab' ich schon eine kleine Liste mit ein paar Ideen von mir in der Notizspalte. Screenshot folgt!

Gestern habe ich außerdem rausgefunden, dass ich Literaturverwaltungsprogramme mit meinem Textprogramm verknüpfen und direkt in meiner Hausarbeit Quellen einfügen kann, die dann automatisch ins Literaturverzeichnis rücken.

Wo kommt's im Buch vor?

Abschn. 2.3; 3.2.2; 3.5; 3.6.3 und 4.3.3

Weiterführende Literatur

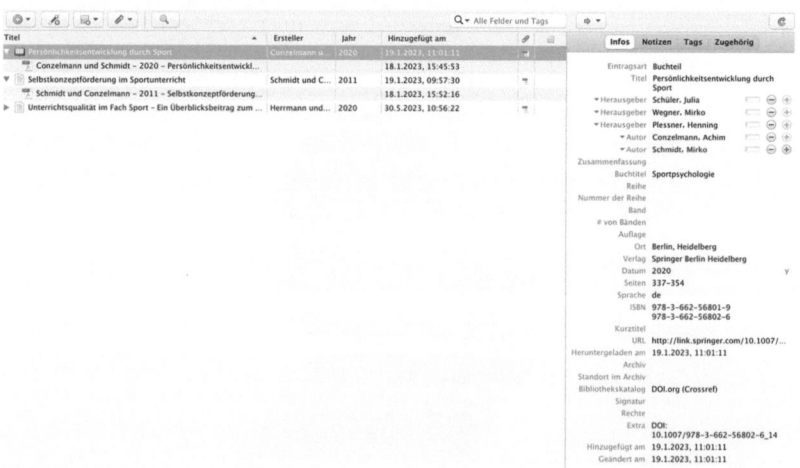

Abb. 5.2 Beispiel zur Literaturverwaltung mit Zotero (eigener Screenshot)

Universitätsbibliothek Technische Universität München. (2022). Softwarevergleich Literaturverwaltung — 9. Aktualisierung (Juli 2022). https://mediatum.ub.tum.de/doc/1316333/1316333.pdf.

5.1.16 Scoping Reviews erstellen

Was ist das?

Scoping Reviews sind eine Form systematischer Übersichtsarbeiten (*systematic review* oder *research synthesis*), die du hier ebenfalls in den Tools findest. Schau dort gerne in den Eintrag, wenn du dich grundlegend über Übersichtsarbeiten informieren möchtest.

Scoping Reviews streben einen Überblick zu einem bestimmten Thema an. In der Regel haben sie ein breiteres Erkenntnisinteresse als systematische Übersichtsarbeiten. Sie zielen darauf ab, existierende Evidenz zu identifizieren und abzubilden. Es geht dabei weniger um die Bewertung und enge Auswahl bestehender Studien als vielmehr um ein Abbild des bestehenden Forschungsstands, z. B. als Basis für ein anschließendes systematisches Review. Dabei soll der Begriff nicht täuschen: Scoping Reviews verlaufen ebenfalls systematisch. Ziel und Fokus unterscheiden sich dann allerdings.

Was nützt mir das?

Die enorme Menge an Studien oder anderen Wissensquellen zu diversen Themenbereichen kann eine Einschätzung erschweren, was denn überhaupt schon in welchem Maße erforscht wurde. Dazu gibt es oftmals neuere Themen, bei denen der Erkenntnisstand noch recht unklar und vielleicht auch höchst dynamisch ist. Scoping Reviews machen es sich zur Aufgabe, die verfügbare Evidenz zu identifizieren und einen Überblick zu schaffen. Neben diesem Überblick können damit zum Beispiel Konzepte, Definitionen oder methodische Schwerpunkte innerhalb bestehender Forschungsliteratur erfasst oder Forschungslücken identifiziert und Potenziale für anschließende Untersuchungen (z. B. Systematische Reviews) aufbereitet werden.

Wie nutze ich das?

Bei einem Scoping Review gehst du überwiegend vor, wie bei anderen Formen der systematischen Übersichtsarbeit:

- Formulierung einer Forschungsfrage
- Festlegung von Ein- und Ausschlusskriterien
- Auffinden von Studien durch Suche (z. B. Google Scholar, Research Gate, SURF u. a. Datenbanken)
- Auswahl der Studien für den Einschluss
- Analyse der relevanten Studien
- Präsentation und Interpretation der Ergebnisse, möglicherweise einschließlich eines Verfahrens zur Herstellung von Gewissheit in der Beweislage

Das Scoping Review zielt in der Regel weniger auf eine dezidierte Synthese der Ergebnisse einzelner Studien ab. Deshalb ist eine Prüfung der Güte oder des Bias nicht üblich. Das Ziel liegt wie gesagt vielmehr darin, einen Überblick in der Breite darzustellen und das Thema ordnend aufzubereiten. Deshalb kann es gute Gründe dafür geben, wissenschaftliche Beiträge abseits von empirischen Studien sowie nichtwissenschaftliche und *Graue Literatur* hinzuzuziehen (siehe Glossar).

Falls du dir unsicher bist, welche Form der Übersichtsarbeit für dein Thema infrage kommt, findest du zum Beispiel bei (Munn et al., 2018) ein paar Guidelines, die dir bei der Entscheidung helfen können.

Wie sieht das an einem Beispiel aus?

Zur Veranschaulichung einer systematischen Übersichtsarbeit haben wir zwei Beispiele eingefügt. Eins zum Schulsport findest du im Eintrag zu *systematischen Reviews,* das zweite als Scoping Review zum sportlichen Training genau hier.

Wir haben uns während der Erstellung des Buchs gefragt, was es eigentlich für Beobachtungsstudien für sportliches Coaching, z. B. im Leistungsbereich gibt. Es sollte also nicht im Detail um die Zusammenfassung bestimmter Kenntnisse, sondern um einen Überblick zur verfügbaren Evidenz in diesem Bereich gehen. Das Thema schränken der Inhalt (sportliches Training) und die Methodik ein: Wir suchen nur nach Studien, die eine Beobachtung als Erhebungsmethode durchgeführt haben (siehe Tools zur *Teilnehmenden Beobachtung*).

Als Datenbank entscheiden wir uns in diesem Beispiel für das Web of Science™, da dies interdisziplinäre Forschungsbeiträge einschließt und diverse Optionen für die Suchstrategie ermöglicht. (Eine erste Recherche bei Google Scholar mit den gleichen Suchstrings brachte ca. 230.000 Treffer zutage, die kaum händelbar waren. Das haben wir für das Buch leider nicht gepackt.). Auf Basis unserer bisherigen Erkenntnisse über das Thema notieren wir Schlagworte auf englisch – wir wollen das Thema international erfassen – und organisieren diese Schlagworte nach der „Blockbuilding-Methode" (Guba, 2008) zu einem Suchstring verknüpft. Die kurze Erklärung zum Verfahren findest du beim Tooleintrag zu *systematischen Übersichtsarbeiten*. Das sieht für dieses Beispiel dann so aus (vgl. Tab. 5.2):

Block 1	Block 2	Block 3
„Sport*"	„coach*"	„observational studies"
		„observation"
		„ethnography"

Der Suchstring sieht dann so aus:

("sport" AND "coach*" AND ("observational studies" OR "observation" OR "ethnography"))*

Dazu geben wir in die Suche die Einschränkungen mit, nur Beiträge der letzten zehn Jahre (2013–2023) in den Sprachen Deutsch und Englisch sowie nur Artikel einzuschließen. Mit dem Suchstring kommen wir dann auf 373 Treffer. Diese Treffer müssen anschließend in verschiedenen Schritten und nach transparenten Kriterien selektiert werden. Die Flowchart zum Tooleintrag *systematischer Übersichtsarbeiten* (siehe Tools) bietet dir einen Eindruck vom Prozess.

Was kommt danach im Scoping Review? Wir exportieren die Treffer in Excel. Auch ein Export in Formate für Literaturverwaltungsprogramme, wie Citavi, Zotero oder Endnote™, ist möglich. Für unsere 373 Treffer können wir anschließend prüfen, inwieweit sie sich für die Beantwortung unserer Forschungsfrage eignen. Dafür benötigen wir klare und transparente Kriterien, z. B. die Vorgabe, dass wir nur empirische Studien einschließen, in denen das Coaching im sportlichen Training *beobachtet* wurde. Es muss sich also um Beobachtungsstudien handeln. Folgende Schritte schließen an.

- Prüfung auf Duplikate
- Prüfung der übrigen Titel auf Eignung
- Prüfung der übrigen Abstracts auf Eignung
- Prüfung der übrigen Volltexte auf Eignung
- Analyse der eingeschlossenen Volltexte

Für unser Vorhaben liegt das Ziel vor allen Dingen darin, einen Überblick über die inhaltlichen Schwerpunkte von Beobachtungsstudien zum Coaching im sportlichen Training zu geben. Daraus können wir eine zielführende Orientierung für folgende Studien entwickeln. Beispielsweise können wir gezielt erfassen und darstellen, welche Zielgruppen beobachtet werden oder welche Variablen und Gegenstände eine Rolle spielen.

Wo kommt's im Buch vor?

Abschn. 3.2.2, 3.6.1 und 4.3.6

Weiterführende Quellen

Guba, B. (2008b). Systematische Literatursuche. *Wiener Medizinische Wochenschrift, 158*(1–2), 62–69. https://doi.org/10.1007/s10354-f007-0500-0.

Genutzte Quellen in diesem Tool

Guba, B. (2008). Systematische Literatursuche. *Wiener Medizinische Wochenschrift, 158*(1–2), 62–69.

von Elm, E., Schreiber, G., & Haupt, C. C. (2019). Methodische Anleitung für Scoping Reviews (JBI-Methodologie). *Zeitschrift* für Evidenz, Fortbildung und Qualität im Gesundheitswesen, 143, 1–7. https://doi.org/10.1016/j.zefq.2019.05.004.

Munn, Z., Peters, M. D. J., Stern, C., Tufanaru, C., McArthur, A., & Aromataris, E. (2018). Systematic review or scoping review? Guidance for authors when choosing between a systematic or scoping review approach. *BMC Medical Research Methodology, 18*(1), 143. https://doi.org/10.1186/s12874-018-0611-x.

Peters, M. D. J., Godfrey, C., P, M., Z, M., AC, T., & Khalil. (2020). Scoping Reviews. In E. Aromataris & Z. Munn (Hrsg.), *JBI Manual for Evidence Synthesis* (S. 406–450). JBI. https://doi.org/10.46658/JBIMES-20-12.

5.1.17 Statistiken erstellen

Was ist das?

Eine Statistik ist ein Werkzeug der Mathematik, das dazu dient, aus Daten Aussagen und Rückschlüsse zu ziehen. Statistiken werden häufig verwendet, um Muster und Trends in Daten zu erkennen und daraus Rückschlüsse auf die zugrunde liegenden Prozesse und Zusammenhänge zu ziehen. Es gibt verschiedene Arten von Statistiken, die je nach Anwendungsbereich unterschiedlich sind. Zum Beispiel gibt es die *deskriptive Statistik,* die sich damit beschäftigt, Daten zu sammeln und zu beschreiben, und die *Inferenzstatistik,* die dazu dient, aus einer Stichprobe von Daten Rückschlüsse auf eine größere Population zu ziehen.

Was nützt mir das?

Statistiken können dir helfen, Muster und Trends in Daten zu erkennen. Sie können dir auch helfen, Risiken und Chancen zu bewerten und basierend darauf Entscheidungen zu treffen.

Wie nutze ich das?

In einem ersten Schritt benötigst du Daten, die du oder andere bereits beobachtet oder gemessen hast. Mit der Hilfe von Software – und hier stehen verschiedene kommerzielle (z. B. Excel, SPSS) aber auch open source Softwares (z. B. R Jamovi) zur Verfügung – kannst du die Daten aufbereiten und deskriptiv, also beschreibend, darstellen. Wenn du inferenzstatistische Verfahren anwenden möchtest, kannst du ebenfalls diese Software Pakete verwenden.

Du entscheidest dich zusammen mit deinem Betreuer, ein kleines Experiment zu machen. Du möchtest untersuchen, ob eine bestimmte Art des Trainings die Verteidigungsfähigkeit von Polizistys gegen Messerangriffe erhöht. Dazu teilst du zufällig die Teilnehmer*innen in zwei Gruppen auf: die „linear" Gruppe und die „nonlinear" Gruppe. Beide Gruppen erhalten denselben Umfang an Training, nämlich jede Woche einmal 40 min Training. Der einzige Unterschied ist: Die Art des Unterrichtens unterscheidet sich. Während die eine Gruppe „linear" unterrichtet wird und Techniken gegen Messerangriffe vorgegeben werden, wird die andere Gruppe „nichtlinear" unterrichtet. Hier werden keine Techniken vorgegeben. Das Training ist viel chaotischer. Um den Effekt des Trainings zu messen, entscheidest du dich dafür, vor dem Training die Teilnehmys zu testen (Pretest), dann nochmal unmittelbar nach dem letzten Training (Posttest) und nach 8 Wochen noch einmal (Retention Test), um zu schauen, ob die Lerneffekte nachhaltig sind.

Die Leistung misst du über Testsituationen. Hier werden die Polizisten von einem Messerangreifer überrascht. Der Angriff wird gefilmt. Im Nachgang kannst du auswerten, wie viele Messerstiche jedes Teilnehmy bekommen hat („number of hits"), bis die Gefahr beseitigt war, also die Verteidigung erfolgreich war.

In dein Statistik Programm kannst du nun für jedes Teilnehmy die Gruppenzugehörigkeit (linear oder nonlinear) und die Anzahl der Treffer („number of hits") für alle drei Zeitpunkte des Tests eingeben (Pre, Post, Retention).

Damit kannst du dann zum Beispiel folgende Grafik erstellen (vgl. Abb. 5.3):

Du siehst hier für jede Gruppe und jeden Messzeitpunkt den Mittelwert (M) und das Konfidenzintervall. Der Mittelwert ist das arithmetische Mittel aus den Messertreffern für jede Gruppe. Das Konfidenzintervall gibt das Intervall an, in dem bei einer Testung einer erneuten zufälligen Stichprobe mit 95 %-iger Wahrscheinlichkeit der neue Mittelwert liegen würde. Mit anderen Worten, du hättest eine 95 %-ige

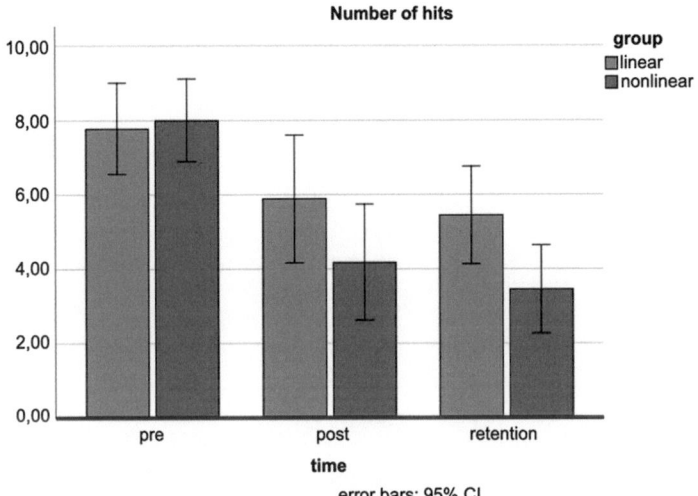

Abb. 5.3 "Number of hits" linear versus nonlinear. (Quelle: Koerner, Staller & Kecke, 2021)

Gewinnchance, wenn du darauf wettest, dass ein erneuter Test zu einem Mittelwert führt, der innerhalb des eingetragenen Fehlerbalkens liegt.

Mit verschiedenen statistischen Tests kannst du ausrechnen – allerdings ist das nicht ganz einfach – welche Effekte hier zufällig sind, und welche auf die unterschiedliche Trainingsweise zurückzuführen sind. Als grobe Daumenregel kannst du dir hier den Unterschied zwischen den Konfidenzintervallen anschauen. Wenn diese so gut wie gar nicht überlappen, ist die Wahrscheinlichkeit groß, dass der Effekt aufgrund der unterschiedlichen „Behandlung" der Gruppen – also hier der Pädagogik (linear versus nichtlinear) – zustande gekommen ist. Wenn du mit dieser Daumenregel auf die Grafik schaust, erkennst du, dass das nichtlineare Training die Verteidigungskompetenz gerade mit Blick auf den Retention Test deutlich reduziert hat. Aber es gilt auch: Das lineare Training hat ebenfalls etwas gebracht. Nur eben nicht so viel.

Übrigens: Die Studie wurde wirklich durchgeführt. Wenn du sie dir einmal anschauen möchtest, hier ist sie: Koerner, S., Staller, M. S., & Kecke, A. (2021). "There must be an ideal solution…": Assessing linear and nonlinear pedagogical approaches to knife defence performance of police recruits. *Policing: An International Journal, 44*(3), 483–497. https://doi.org/10.1108/pijpsm-08-2020-0138.

Swen (er/ihm)
Professory

Swen: Kleiner Tipp: Statistik kostet viel Zeit und Nerven. Nach unserer Erfahrung findest du am besten Zugang in die Welt der Statistik, indem du sie dir anhand eigener konkreter Forschungsfragen wie im obigen Beispiel erschließt.

Mario (er/ihm)
Professory

Mario: Die Welt der Statistik ist wirklich ein eigene und sehr spezielle. Viele Verfahren sind derart komplex, dass es extra Statistik-Expertys gibt, die für Forschungsprojekt die statistischen Analysen machen. Das sollte dich aber nicht davon abhalten, Daten im Rahmen deiner Bachelorarbeit zu erheben.

Wo kommt's im Buch vor?
Abschn. 3.6.1; 4.3.4 und 4.3.6

Weiterführende Quellen
Ein ganz tolles Statistik Buch (gerade, wenn du mit dem Statistik-Programm SPSS arbeitest) ist das Buch von Andy Field. Es wird für viele Lacher sorgen, versprochen!
Field, A. (2018). *Discovering statistics using IBM SPSS statistics* (5. Aufl.). Sage.

5.1.18 Systematische Übersichtsarbeiten erstellen

Was ist das?
Systematische Übersichtsarbeiten (*systematic review* oder *research synthesis*) fassen bestehende Kenntnisse zu einem spezifischen Thema zusammen. Sie entwickeln eine umfassende Synthese relevanter Studien in einem einzigen Dokument unter Verwendung strenger und transparenter Methoden. Synthese bedeutet in diesem Fall eine Zusammenfassung und Verknüpfung der Erkenntnisse verschiedener Studien. Die systematische Übersichtsarbeit ist der Gold-Standard der *Wissenssynthese* (siehe Tools). Eine systematische Übersichtsarbeit zielt darauf ab, vorhandenes Wissen zu überblicken. Sie versucht, „alle" für eine Frage relevanten wissenschaftlichen *Evidenzen* (siehe Glossar) aufzudecken.

Was nützt mir das?
Es existiert mittlerweile eine enorme Menge an Studien oder anderen Wissensquellen zu diversen Themenbereichen und es werden mehr. Der Nutzen von systematischen Übersichtsarbeiten liegt deshalb darin, Erkenntnisse zusammenzufassen, die Entwicklung dieser Wissensbestände zu rekonstruieren, evidenzbasierte Handlungsanweisungen für

verschiedene Tätigkeitsfelder (z. B. Unterrichten, Beraten) zu entwickeln und Forschungslücken und Probleme ausfindig zu machen, die weitere Forschung erfordern. Es gibt verschiedene Formen. Eine weitere innerhalb unserer ist das *Scoping Review* (siehe Tools), das sich eher einer breiten Übersicht über bestehende Kenntnisse zu meist neuen, weniger erforschten Themen widmet.

Wie nutze ich das?

Bei einer systematischen Übersichtsarbeit kannst du in der Regel folgende Schritte durchlaufen:

- Formulierung einer Forschungsfrage
- Festlegung von Ein- und Ausschlusskriterien
- Auffinden von Studien durch Suche (z. B. Google Scholar, SURF, Research Gate u. a. Datenbanken)
- Auswahl der Studien für den Einschluss
- Bewertung der Qualität der Studien
- Analyse und Synthese der relevanten Studien
- Präsentation und Interpretation der Ergebnisse, möglicherweise einschließlich eines Verfahrens zur Herstellung von Gewissheit in der Beweislage

Für ein *Systematic Literature Review* ist ein sorgfältiges und systematisches Vorgehen wichtig, um sicherzustellen, dass deine Übersichtsarbeit umfassend und verlässlich ist. Dafür ist es hilfreich, wenn du dir bei all deinen Arbeitsschritten Notizen machst und deinen Prozess möglichst transparent dokumentierst. Für den Ablauf einer systematischen Literaturübersicht gibt es Leitlinien, an denen du dich orientieren kannst. Ein Beispiel hierfür sind die PRISMA Leitlinien (Moher et al., 2009).

Die Systematic Review Toolbox (Johnson et al., 2022) stellt auf http://www.systematicreviewtools.com/ weitere Richtlinien und Tools für die unterschiedlichen Arten von systematischen *Wissenssynthesen* (siehe Tools) bereit.

Wie sieht das an einem Beispiel aus?

Zur Veranschaulichung einer systematischen Übersichtsarbeit haben wir zwei Beispiele eingefügt. Eins zum Schulsport findest du hier als systematisches Review, ein zweites zum Training steht im Toolbox-Eintrag zu *Scoping Reviews* (siehe Tools).

Wir wollten wissen, welche Evidenz zu Effekten im Schulsport in Deutschland existiert. Dabei ging es uns nicht um *Interventionsstudien* (siehe Glossar) – also gezielte Anpassungen des schulischen Sportangebots für bestimmte Effekte –, sondern um Beobachtungsstudien zu Effekten des „üblichen" Schulsports.

Als Datenbank wählen wir SURF vom Bundesinstitut für Sportwissenschaft (https://www.bisp-surf.de/) aus, weil diese Datenbank sportwissenschaftliche und u. a. deutschsprachige Forschungsliteratur und weitere Quellen umfasst. Wir notieren dann mit einer ersten offenen Recherche Schlagworte in Deutsch und Englisch und verknüpfen diese mit der „Blockbuilding-Methode" (Guba, 2008) zu einem Suchstring. Dabei werden Begriffe innerhalb eines Blocks mit „OR" verknüpft, und im Anschluss mit anderen Blöcken durch ein „AND" verbunden. Das sieht folgendermaßen aus:

Block 1	Block 2	Block 3
Schulsport	Effekte	Empirie
Sportunterricht	Wirkungen	empirisch
Sport-AG		Studie

Innerhalb der Blöcke werden die Begriffe mit einem „OR" verbunden: Hier sollen alle Treffer für diese ähnlichen Begriffe eingeschlossen werden. Die Blöcke werden dann quer mit einem „AND" verbunden. Das heißt, es sollen nur diejenigen Treffer angezeigt werden, die einen Begriff aus Block 1, 2 und 3 beinhalten. Der Suchstring sieht dann so aus:

("Schulsport" OR "Sportunterricht" OR "Sport AG") AND ("Effekt*" OR "Wirk*") AND ("Empirie" OR "empirisch" OR "Studie")

Die Anführungszeichen stellen sicher, dass die Datenbank den Begriff als ein Schlagwort zählt. Bei „Sport AG" sucht die Datenbank deshalb nach allem, was wirklich als „SportAG" auftaucht. Andernfalls und ohne Anführungszeichen würden alle Treffer mit Sport oder AG einbezogen. Darüber hinaus nutzen wir Sternchen*. Das schließt alle Begriffe ein, die z. B. mit „Wirk" anfangen und dann auch weitergehen: Wirk, Wirkung, Wirken, Wirksamkeit etc.

Den gesamten Suchstring geben wir in die Datenbank SURF des Bundesinstituts für Sportwissenschaft ein. In der folgenden Flowchart erhältst du einen Überblick über die Trefferzahl und den weiteren Prozess (vgl. Abb. 5.4).

Auf Basis der Titel fallen diverse Beiträge raus, da diese sich z. B. nicht mit dem Sportunterricht in Deutschland, sondern anderen Ländern befassen, oder von uns ausgeschlossene Interventionsstudien abbilden, oder sich thematisch nicht eignen (z. B. Fokus auf Lehryausbildung). Auch systematische Literaturübersichten schließen wir hier aus, da deren Ergebnisse auf diversen Studien basieren. Wir pausieren hier – deshalb

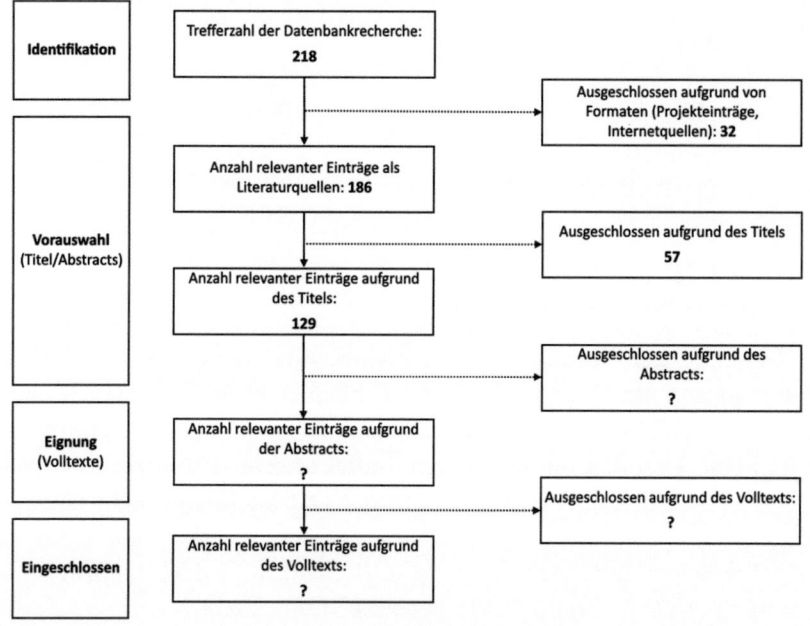

Abb. 5.4 Flowchart, angepasst nach Liberati et al. (2009); Elm et al. (2019)

die Fragezeichen. Im nächsten Schritt würden wir uns die Abstracts auf Eignung und Relevanz anschauen und weiter selektieren: Anschließend ginge es mit den Volltexten weiter, bis wir schließlich eine finale Auswahl an Studien haben, deren Erkenntnisse wir zusammenfassen und mit der Zusammenfassung die Frage beantworten, welche Evidenz eigentlich zu den Effekten von Schulsport vorliegt.

Wo kommt's im Buch vor?

Abschn. 3.2.2, 3.2.3 und 4.3.2 und 4.3.6

Weiterführende Quellen

Guba, B. (2008). Systematische Literatursuche. *Wiener Medizinische Wochenschrift, 158*(1–2), 62–69.

Genutzte Quellen in diesem Tool

Guba, B. (2008b). Systematische Literatursuche. *Wiener Medizinische Wochenschrift, 158*(1–2), 62–69. https://doi.org/10.1007/s10354-f007-0500-0.

Gusenbauer, M. (2019). Google scholar to overshadow them all? Comparing the sizes of 12 academic search engines and bibliographic databases. *Scientometrics, 118*(1), 177–214. https://doi.org/10.1007/s11192-018-2958-5.

Johnson, E. E., O'Keefe, H., Sutton, A., & Marshall, C. (2022). The Systematic Review Toolbox: keeping up to date with tools to support evidence synthesis. *Systematic Reviews, 11*(1), 258. https://doi.org/10.1186/s13643-022-02122-z

Moher, D., Liberati, A., Tetzlaff, J., Altman, D. G., & Group, T. P. (2009). Preferred Reporting Items for Systematic Reviews and Meta-Analyses: The PRISMA Statement. *PLoS Medicine, 6*(7), e1000097. https://doi.org/10.1371/journal.pmed.1000097.

Munn, Z., Peters, M. D. J., Stern, C., Tufanaru, C., McArthur, A., & Aromataris, E. (2018). Systematic review or scoping review? Guidance for authors when choosing between a systematic or scoping review approach. *BMC Medical Research Methodology, 18*(1), 143. https://doi.org/10.1186/s12874-018-0611-x.

Neumann, T. (2022). Die Einführung von DEIGs: Eine Analyse der Begründungen, Einführungsstudien und Pilotprojekte [unveröffentlichte Bachelorarbeit]. Hochschule für Polizei und öffentliche Verwaltung NRW.

5.1.19 Teilnehmende Beobachtung

Was ist das?

Die teilnehmende Beobachtung ist eine Methode der qualitativen Datenerhebung, bei der der Beobachter aktiv in die beobachtete Situation eingreift und sich als Teil der Gruppe oder Gemeinschaft verhält, die er beobachtet. Teilnehmende Beobachtung und Ethnografie sind zwei verwandte Methoden in der Sozialwissenschaft, die beide darauf abzielen, das Verhalten und die Erfahrungen von Menschen in ihren natürlichen Lebensumgebungen zu untersuchen. Der Hauptunterschied zwischen diesen beiden Methoden besteht darin, dass Ethnografie eine breitere und umfassendere Form der Feldforschung ist, die sich mit der Kultur und dem Verhalten von Menschen in einer bestimmten Gemeinschaft befasst, während teilnehmende Beobachtung sich auf einen spezifischen Aspekt des Verhaltens innerhalb dieser Gemeinschaft konzentriert.

Was nützt mir das?

Der Nutzen dieser Methode liegt darin, dass der Beobachter ein tieferes Verständnis der beobachteten Situation erlangen kann, indem der Beobachter selbst Teil dieser Situation wird. Dadurch können Einsichten gewonnen werden, die aus der rein passiven Beobachtung allein nicht möglich wären. Die teilnehmende Beobachtung ist besonders nützlich, wenn das Verhalten und die Interaktionen innerhalb einer Gruppe oder Gemeinschaft untersucht werden sollen. Sie kann auch dazu beitragen, Vorurteile und Annahmen zu überprüfen und zu vermeiden, die bei einer rein passiven Beobachtung entstehen könnten.

Wie nutze ich das?

Eine teilnehmende Beobachtung kann auf verschiedene Arten durchgeführt werden. Hier sind einige Schritte, die dir bei der Durchführung einer teilnehmenden Beobachtung helfen können:

- Ziel und Forschungsfrage definieren: Bevor du mit der teilnehmenden Beobachtung beginnst, solltest du klar definieren, was du beobachten möchtest und welche Fragen du damit beantworten möchtest.
- Ethische Reflexion: Du solltest dir bei der Durchführung einer teilnehmenden Beobachtung unbedingt über die ethischen Aspekte Gedanken machen und diese dokumentierten (siehe Tools *Forschungsethik*).
- Beobachtungsdokumentation: Während der Beobachtung solltest du sorgfältig dokumentieren, was du beobachtest. Dies kann in Form von Feldnotizen, Audio- oder Videomaterial (siehe Tools *Feldnotizen machen*) geschehen. Es ist wichtig, dass du so detailliert wie möglich dokumentierst, um später eine umfassende Analyse durchführen zu können.
- Analyse der Beobachtungen: Nach Abschluss der Beobachtung solltest du alle gesammelten Daten sorgfältig analysieren, um Antworten auf deine Forschungsfragen zu finden.

Wie sieht das an einem Beispiel aus?

Ein Beispiel für eine teilnehmende Beobachtung ist unsere Forschung im Bereich des Einsatztrainings der Polizei. Beispielsweise dokumentierten wir im Rahmen einer teilnehmenden Beobachtung mehr als 45 h polizeilichen Einsatztrainings. Hierfür erstellten wir eine Matrix auf DIN A4 Blättern, in der wir alle 15 s eintrugen, was gerade im Unterricht passierte. Das so gesammelte Material werteten wir im Anschluss *inhaltsanalytisch* (siehe Tools) aus.

Das Ergebnis der Arbeit findet sich hier:

Staller, M. S., Koerner, S., Heil, V., Klemmer, I., Abraham, A., & Poolton, J. (2021). The Structure and Delivery of Police Use of Force

Training: A German Case Study. *European Journal for Security Research*, 1–26. https://doi.org/10.1007/s41125-021-00073-5.

Wo kommt's im Buch vor?
Abschn. 3.6.1, 4.3.4 und 4.3.6

Weiterführende Quellen
Thierbach, C., & Petschick, G. (2022). Beobachtung. In N. Baur & J. Blasius (Eds.), Handbuch Methoden der empirischen Sozialforschung (pp. 1563–1579). Springer. https://doi.org/10.1007/978-3-658-37985-8_109.

5.1.20 Texte generieren mit künstlicher Intelligenz: ChatGPT

Was ist das?
Chatbot GPT (kurz: ChatGPT) ist ein Chatbot-Modell, das auf der „Generative Pretrained Transformer" (GPT) -Technologie von OpenAI basiert. Die GPT ist ein maschinelles Lernmodell, das auf großen Textdatenmengen trainiert wurde und in der Lage ist, Texte zu generieren, die menschenähnlich klingen. Es wird auch als Sprachmodell bezeichnet. Wenn du dir das Potenzial dieses Modells erschlossen hast, hast du eine Idee davon, was wir noch in Zukunft von Sprachmodellen erwarten können. Es lohnt sich auf jeden Fall, sich darüber Gedanken zu machen und auszuprobieren, wie du den Chatbot (oder ähnliche Bots) in deinem Workflow nutzen kannst.

Was nützt mir das?
Gerade wenn es dir schwerfällt, selbst Texte zu schreiben oder deine Gedanken strukturiert in Textform niederzuschreiben, kann dir der Chatbot GPT unter die Arme greifen. Da das aktuelle Modell mit großen Textdatenmengen trainiert wurde (und künftige Modelle werden das noch besser können), fällt dem Chatbot das strukturierte und flüssige Schreiben leicht. Du kannst die generierten Texte also wunderbar als Vorlage verwenden. Der Chatbot kann dir bei allen „sprachlichen

und stilistischen" Problemen helfen. Du kannst ihn z. B. auch Passagen umformulieren lassen, sodass der Text stilistisch flüssiger klingt. Er hilft dir, deinen Text sprachlich zu verfeinern.

Die Argumentation musst du natürlich selbst noch aufbauen, d. h. du bekommst sprachliche Hilfe – das wissenschaftliche Mindset wird daher umso bedeutender für deine Arbeiten unter Zuhilfenahme von künstlichen Sprachmodellen.

Wie nutze ich das?

ChatPTC
Sidekick

ChatPTC: Geh' auf https://chat.openai.com/chat *und leg' los. Schreib' dem Bot einfach, was er für dich tun soll. Vergiss nicht, dass die Textbausteine keine Quellen enthalten. Du solltest also den Text mit Belegen und entsprechenden Quellen anfüttern. Auch den Wahrheitsgehalt der getroffenen Aussagen solltest du überprüfen. Spiele einfach mal ein wenig damit herum. Du wirst dir recht schnell der Möglichkeiten der Unterstützung deiner Arbeit bewusst.*

Wie sieht das an einem Beispiel aus?

Beispiel

Deine bisherige Einleitung deiner Hausarbeit zum Thema „Gamification im Training" fühlt sich für dich noch unrund an, weil du nicht gewohnt bist, regelmäßig Texte zu schreiben. Bisher hast du geschrieben:

> *„Unter Gamifizierung versteht man, wen man Lernumgebungen gestaltet, wie man Videospiele gestaltet Videospiele gehören in die Pop-Kultur und vor*

allem bei Kindern und Jugendliche sind von ihnen begeistert. Das eröffnet auch wissenschaftliche und pädagogische Perspektiven für die Gestaltung ansprechender Lerngelegenheiten im sportlichen Training. Denn: Betrachten wir eine Vielzahl der heutzutage erfolgreichen Videospiele unter pädagogischem Aspekt wird deutlich, dass die Spiele so erfolgreich sind, weil sie die Spieler motivieren, weiterzuspielen. Das wäre auch im Training wichtig. Athleten, die motiviert sind, lernen besser und freuen sich auf das nächste Level, also auf das nächste Training wie auf ihr Lieblingsvideospiel. Spielen heißt lernen. In der Gamification lernt der Spieler aus eigener Perspektive. Das implizite Lernen passiert dabei ohne es zu merken. Durch die häufig offene Aufgabengestaltung und die Kreativität bei der Entwicklung eigener Lösungswege wird das Lernen gefördert. „Scheitern" ist dabei erlaubt und spornt Athleten an, es nochmal zu versuchen. Der Trainer ist bei der Gamification im Hintergrund. Er hat die Aufgabe, die Lernumgebung geschickt so zu designen, dass Lernen stattfinden muss."

Den Chatbot GPT lässt du nun die Einleitung umschreiben: „Schreibe den folgenden Text als Einleitung einer Seminararbeit um:" Den Text hängst du natürlich an.

Der Chatbot antwortet:

« Unter Gamifizierung versteht man die Gestaltung von Lernumgebungen, die an die Struktur und das Design von Videospielen angelehnt sind. Videospielen kommt eine bedeutende Rolle in der Pop-Kultur zu, besonders bei Kindern und Jugendlichen, die von ihnen fasziniert sind. Diese Begeisterung eröffnet interessante wissenschaftliche und pädagogische Perspektiven, insbesondere für die Gestaltung von ansprechenden Lerngelegenheiten im sportlichen Training. Wenn wir uns eine Vielzahl der heute erfolgreichen Videospiele unter einem pädagogischen Blickwinkel anschauen, wird deutlich, dass diese Spiele vor allem deshalb so erfolgreich sind, weil sie die Spieler dazu motivieren, weiterzuspielen. Eine solche Motivation ist auch im sportlichen Training von großer Bedeutung. Athleten, die motiviert sind, lernen effektiver und freuen sich auf das nächste „Level" ihres Trainings, ähnlich wie sie sich auf ihr Lieblingsvideospiel freuen würden. Hierbei gilt: Spielen heißt lernen. In der Gamifizierung lernt der Spieler aus seiner eigenen Perspektive, wobei das implizite Lernen oft unbemerkt stattfindet. Durch eine häufig offene Aufgabengestaltung und die Ermutigung zur Entwicklung eigener Lösungswege wird das Lernen gefördert. Das „Scheitern" ist ein erlaubter

und sogar förderlicher Bestandteil des Prozesses, der Athleten anspornt, es erneut zu versuchen. In diesem Kontext spielt der Trainer eine eher zurückhaltende Rolle. Seine Aufgabe besteht darin, die Lernumgebung so zu gestalten, dass das Lernen quasi zwangsläufig erfolgt. Dieser Ansatz eröffnet vielfältige Möglichkeiten, Lernprozesse im Sporttraining neu zu denken und effektiver zu gestalten.»

Überlegst du noch, ob die Struktur für deine Hausarbeit sinnvoll ist, lass dir den Vorschlag vom Chatbot anzeigen. Befrage den Chatbot: Wie könnte eine Struktur für eine Hausarbeit mit dem Thema „Gamification im Training" aussehen?

Die Antwort:

1. **Einleitung**
   - Kurze Einführung in das Thema Gamifizierung und ihre Relevanz im sportlichen Training.
   - Darlegung der Zielsetzung und zentralen Fragestellungen der Arbeit.

2. **Grundlagen der Gamifizierung**
   - Definition und Kernprinzipien der Gamifizierung.
   - Überblick über die Verbindung zwischen Gamifizierung und Lernmotivation.

3. **Anwendung von Gamifizierung im sportlichen Training**
   - Beispiele für die Integration von Gamifizierungselementen in das Training.
   - Diskussion der Rolle des Trainers und der Gestaltung der Lernumgebung.

4. **Analyse der Effekte und Herausforderungen**
   - Betrachtung der Vor- und Nachteile der Gamifizierung im sportlichen Kontext.
   - Erwähnung relevanter Studien oder Fallbeispiele.

5. **Fazit und Ausblick**

- Zusammenfassung der Haupterkenntnisse.
- Kurzer Ausblick auf mögliche zukünftige Entwicklungen und Forschungsrichtungen.

Sam
Studenty Sport-Lehramt

Sam: Wow, das ist ja krass. Da muss ich ja zum Erstellen meiner Arbeit fast gar nichts mehr selbst tun. Gerade, da mir ab und zu das Schreiben schwerfällt, ist es ja genial, dass der Bot mir da einiges abnehmen kann... oder mir zumindest mal beim Anfang helfen kann.

Benjamin (er/ihm)
Dozent

Benjamin: Puh... ich weiß nicht, was ich sagen soll. Das ist ja beängstigend. Beeindruckend, aber auch beängstigend. Ich frage mich, wie ich als Dozenty da noch erkennen soll, wer was noch selbst geschrieben hat... Ich weiß nicht...

Günter Fetzer
Ehemaliger Profisportler

Günter Fetzer: Hört zu! In neuer Technik sehen wir immer zuerst vor allem das Bedrohliche… Auch die Universität muss hier vielleicht die eine oder andere Vorstellung über Bord werfen.

Wo kommt's im Buch vor?
Abschn. 3.2.1 und 4.3.3

5.1.21 Mit Theorie arbeiten

Was ist das?

Als Theorie wird üblicherweise ein System oder Zusammenhang von Aussagen bezeichnet. Auch unser Modell Professionellen Handelns (MPH) bildet ein System von Aussagen, wie du unten im Beispiel siehst. Unser alltägliches Handeln ist geprägt von Theorien, die uns teilweise bewusst und teilweise unbewusst sind. Wir haben schließlich Annahmen darüber, wie die Welt funktioniert, wie Menschen gut lernen, wie wichtig Spaß ist oder was einen guten Sportfilm auszeichnet. Wissenschaft arbeitet ebenfalls mit Theorien und Theorien sind ein Ergebnis von Wissenschaft. Das Ziel von Wissenschaft liegt unter anderem darin, Theorien oder Aussagen zu entwickeln und kritisch zu prüfen. Stimmt es, dass Sport Persönlichkeit fördert, oder ist das ein Mythos? Sind die bekannten Therapieansätze wirklich effektiv? In unserem Verständnis orientiert sich Wissenschaft an methodischer Kontrolle. Deshalb werden in Wissenschaft Theorien – also die Aussagen(-systeme), auf denen unsere Forschung basiert – offengelegt, erläutert und auch auf ihre Limitationen (*Methodenkritik,* siehe Glossar) hin reflektiert. So können auch andere unseren Erkenntnisweg nachvollziehen und überprüfen. Im Alltag müssen wir unsere (subjektiven) Theorien (*Subjektive Theorien,* siehe Glossar) üblicherweise nicht offenlegen.

In der Wissenschaft gibt es in den verschiedenen Disziplinen unzählige, etablierte Theorien zu den verschiedensten Gegenständen. Auf diesen lässt sich aufbauen. Und gleichzeitig werden Theorien immer mal wieder revidiert, angepasst oder mit Alternativvorschlägen konfrontiert.

Was nützt mir das?

Theorie hilft dir dabei, Sachverhalte in einer bestimmten, nachvollziehbaren Sichtweise zu beobachten. Sie schränken den Fokus ein – im besten Fall passend zu deiner Fragestellung. Gleichzeitig eröffnen sie dir damit wieder Möglichkeiten, z. B. zur Gestaltung von Erhebungsinstrumenten oder zur Interpretation und Darstellung deiner Ergebnisse. Für die Präsentation deiner Arbeit bedeutet die Darstellung deiner theoretischen Grundlagen, dass sie für andere transparent ist.

Wie nutze ich das?

Die Rolle von Theorie ist in einzelnen Forschungsvorhaben sehr unterschiedlich. Wenn man sich wissenschaftliche Artikel zu einem Thema anschaut, dann wird „Theorie" sehr unterschiedlich gehandhabt und eingebracht. Wichtig ist es, den Forschungsdiskurs zum Thema ansatzweise zu kennen. Vielleicht lernst du im Studium etablierte Theorien (zu Motivation, Lernen, Unterricht, Therapie etc.) kennen, mit denen du arbeiten und üben kannst.

Hilfreiche Ansätze für deine eigene Arbeit (z. B. Hausarbeit, Abschlussarbeit) könnten die folgenden Fragen liefern:

- Welche theoretischen Ansätze kenne ich zum Thema? Welche tauchen in der Literatur auf, die ich lese?
- Welche Begriffe bringt meine Fragestellung oder mein Thema mit? Finde ich zu diesen Themen etablierte Modelle?

- Welche Funktion hat Theorie in meinem Vorhaben? Bietet sie mir einen Ausgangspunkt für meine Erhebung, Auswertung und Diskussion? Oder geht es vor allen Dingen darum, eine neue Theorie zu einem eher unbekannten Thema zu entwickeln?

Wichtig dabei ist, dass du dich für dein Vorhaben auch informierst, welche Rolle Theorie in deiner Disziplin oder deiner Forschungsausrichtung zukommt. Es kann auch gute Gründe geben, deinen Daten eher offen zu begegnen, und weniger auf Basis von feststehenden Theorien. Schau dazu gerne mal im Glossar in die Einträge zu *deduktiver und induktiver Datenanalyse*.

Wie sieht das an einem Beispiel aus?

Unser Modell Professionellen Handelns stellt ein System von Aussagen dar. Der Zusammenhang dieser Aussagen ist die Frage, was Professionalität ausmacht. Dazu kommen in unserem Modell verschiedene Komponenten, wie das handelnde Selbst, der Kontext sowie die Was-, Wie- und Wer-Dimension. Die Begründung für dieses Modell findest du in Kap. 2. Kurz gesagt entstanden frühere Versionen des Modells in der Coaching-Wissenschaft auf Annahmen zu professionellem und reflektiertem Training sowie Anforderungen, mit denen Coaches üblicherweise umzugehen haben.

Wie haben wir das Modell genutzt? Das Modell ist unser Ausgangspunkt für das Buch. In diesem Sinne bietet es uns eine Orientierung für das Gesamtkonzept und alle Teilkapitel. Wenn wir in einzelnen Kapiteln der Frage nachgehen, was Wissenschaft für das Studium und die Berufsbilder nach dem Sportstudium bedeutet und wie sie eine professionelle Praxis prägen kann, dann basieren unsere Schlussfolgerungen auf dem Modell. Das Modell gibt uns also eine Struktur vor, mit der wir unsere Annahmen und Ableitungen gliedern. Wir beobachten Praxis gewissermaßen durch das Objektiv unseres Modells und sehen das, was unser Modell mitbringt. Im besten Fall (und das ist unser Anspruch) können Lesende deshalb nachvollziehen, warum wir bestimmte Erklärungen und Vorschläge machen – und andere nicht.

Wo kommt's im Buch vor?

Abschn. 2.3.2; 3.2.2, 3.5, 4.3.2, 4.3.4, 4.3.6 und 4.5

Genutzte Quellen in diesem Text und weiterführend
Döring, N., & Bortz, J. (Hrsg.). (2016). *Forschungsmethoden und Evaluation in den Sozial- und Humanwissenschaften* (5. Vollständig überarbeitete, aktualisierte und erweiterte Auflage). Springer.

Kalthoff, H., Hirschhauer, S. & Lindemann, G. (Hrsg.) (2015). *Theoretische Empirie. Zur Relevanz qualitativer Forschung* (suhrkamp taschenbuch wissenschaft, 1881). Suhrkamp.

Strübing, J. (2018). *Qualitative Sozialforschung. Eine komprimierte Einführung* (2., überarbeitete und erweiterte). De Gruyter.

5.1.22 Wissenschaftliches Interview

Was ist das?
Ein wissenschaftliches Interview ist eine Art von Untersuchung, bei der Informationen von einer Person oder einer kleinen Gruppe von Menschen gesammelt werden, um bestimmte Fragen oder Hypothesen zu beantworten. Im Gegensatz zu anderen Arten von Interviews, die möglicherweise nicht sehr genau oder systematisch sind, werden wissenschaftliche Interviews nach bestimmten Regeln und Methoden durchgeführt, um sicherzustellen, dass die Ergebnisse möglichst genau und verlässlich sind. Dies kann beinhalten, dass die Teilnehmer sorgfältig ausgewählt werden, um sicherzustellen, dass sie repräsentativ für die Bevölkerung sind, und dass die Fragen, die gestellt werden, sorgfältig entworfen werden, um mögliche Verzerrungen zu vermeiden. Wissenschaftliche Interviews werden häufig in der Sozialwissenschaft, der Psychologie und anderen wissenschaftlichen Bereichen eingesetzt.

Was nützt mir das?
Wissenschaftliche Interviews werden nach bestimmten Regeln und Methoden durchgeführt, um sicherzustellen, dass die gesammelten Daten valide und verlässlich sind.

Wie nutze ich das?

Um ein wissenschaftliches Interview durchzuführen, solltest Du folgende Schritte beachten:

1. Bestimme das Ziel des Interviews und die Fragen, die du beantworten möchtest. Überlege dir, welche Informationen du sammeln möchtest und welche Themen du ansprechen möchtest.
2. Entwickele einen *Interviewleitfaden* (siehe Tools), der die Fragen enthält, die während des Interviews gestellt werden sollen. Stelle sicher, dass die Fragen klar und präzise sind, und dass sie nicht voreingenommen oder führend sind.
3. Wähle die Teilnehmys des Interviews sorgfältig aus. Es ist wichtig, dass die Teilnehmys repräsentativ für die Bevölkerungsgruppe sind, von der du Informationen sammeln möchtest.
4. Führe das Interview in einer ruhigen und angemessenen Umgebung durch. Videokonferenzsysteme sind ebenfalls eine Möglichkeit. Stelle sicher, dass du genügend Zeit hast, und dass das Interviewpartny sich wohl und entspannt fühlt.
5. Verwende den Interviewleitfaden, um sicherzustellen, dass das Interview strukturiert und systematisch durchgeführt wird, und dass alle wichtigen Themen angesprochen werden.
6. Zeichne die Antworten des Interviewpartny auf eine Weise auf, die valide und verlässlich ist. Mögliche Optionen sind das Mitschreiben der Antworten, das Aufnehmen des Interviews oder das Verwenden eines speziellen Fragebogens.
7. Analysiere die gesammelten Daten sorgfältig, um mögliche Muster und Trends zu identifizieren. Hierfür kannst du beispielsweise auf die *Analyse qualitativer Daten* (*Inhaltsanalyse,* siehe Tools) zurückgreifen. Verwende die Ergebnisse, um deine Hypothesen zu testen oder um neue Erkenntnisse zu gewinnen.

Wie sieht das an einem Beispiel aus?

Wir haben beispielsweise einmal Polizeitrainer nach den pädagogischen Herausforderungen im Training befragt. Innerhalb der Interviews zeichnete sich ein interessantes Datum ab, nämlich, dass Lernys als nicht mehr so kompetent wie früher wahrgenommen wurden. Aufgrund dieses

Musters analysierten wir den Datensatz nochmal vor dem Hintergrund dieses Themas. Die Veröffentlichung mit der transparenten Beschreibung des Vorgehens kannst du dir hier anschauen:

Koerner, S., & Staller, M. S. (2022). "It has Changed, Quite Clearly." Exploring Perceptions of German Police Trainers on Police Recruits. *Frontiers in Education, 6.* https://doi.org/10.3389/feduc.2021.771629

Spannend an diesem Beispiel ist, dass die Interviews eigentlich mit einer anderen Fragestellung geführt wurden, die Daten aber eben deutlich auf ein Muster hinwiesen, das uns bis dahin so noch gar nicht bewusst war. Durch das systematische Vorgehen (Interview, Aufnahmen, Transkription, Analyse) bei den Interviews entdeckten wir ein Muster, das sonst wohl unbeobachtet geblieben wäre. Auch das kann Forschung: Uns immer wieder überraschen.

Wo kommt's im Buch vor?

Kap. 3, 4.3.4 und 4.3.6

Weiterführende Quellen

Helfferich, C. (2022). Leitfaden- und Experteninterviews. In N. Baur & J. Blasius (Hrsg.), Handbuch Methoden der empirischen Sozialforschung (S. 875–892). Springer. https://doi.org/10.1007/978-3-658-37985-8_55.

Küsters, I. (2022). Narratives Interview. In N. Baur & J. Blasius (Hrsg.), *Handbuch Methoden der empirischen Sozialforschung* (S. 893–900). Springer. https://doi.org/10.1007/978-3-658-37985-8_56.

5.1.23 Wissenssynthese / Review – Übersicht über den Wissensstand

Was ist das?

Das wissenschaftlich generierte Wissen der Menschheit wächst ständig. Entsprechend steigt der Bedarf (auch in der Wissenschaft), das Wissen über ein bestimmtes Thema zusammenzufassen, um einen Überblick darüber zu bekommen, was wir denn zu einem Thema wissen. Dieses Zusammenführen und Zusammenfassen von Erkenntnissen wird als

Synthese oder Wissenssynthese bezeichnet. In der Wissenschaft hat sich dafür der Terminus *Review* etabliert.

Ein *Review* ist dabei nicht gleich ein *Review*. Je nachdem wie systematisch, mit welcher Zielrichtung und welchem Umfang ein Review vorgenommen wird, werden diese *Reviews* unterschiedlich bezeichnet. Alle haben aber gemein, dass ihnen ein wissenschaftliches Mindset zugrunde liegt, allerdings unterscheiden die Reviews sich in der Qualität. Dies macht sich in der Regel im Umfang und in der Systematik bemerkbar. Je systematischer ein Review durchgeführt wird und je transparenter das Vorgehen beschrieben wird, umso „höherwertiger" die wissenschaftliche Qualität.

Eine aktuelle Studie identifizierte 48 verschiedene Review-Arten, welche in 7 Kategorien zusammengefasst werden können (Sutton et al., 2019). Diese 7 Kategorien sind (vgl. Tab. 5.3):

Für die unterschiedlichen Review-Arten existieren Richtlinien, die befolgt werden sollten, um Verzerrungen zu reduzieren und das systematische Vorgehen sicherzustellen. Die Systematic Review Toolbox (Johnson et al., 2022) stellt auf http://www.systematicreviewtools.com/ Richtlinien und Tools für die unterschiedlichen Review-Arten bereit.

Was nützt mir das?

Wissenssynthesen und Reviews sind notwendig, um die stetig wachsende Anzahl an Studien zu einem Themengebiet zusammenzufassen. Als Lesy hast du so einen Überblick über den aktuellen Studienstand zu einem Thema. Du weißt also, was wir zu einem Thema wissen und was wir eben nicht wissen.

Als Ersteller einer eigenen Übersichtsarbeit liefern dir die Richtlinien eine Möglichkeit, deine Arbeit in ihrem Erstellungsprozess transparent zu beschreiben und dich auf methodisch-kontrollierte Verfahren zu stützen.

Wie nutze ich das?

Wenn du auf der Suche nach Übersichtsarbeiten zu einem Thema bist, kannst du den Suchterminus „Review" in wissenschaftlichen Datenbanken (z. B. Google Scholar) verwenden.

Tab. 5.3 Sieben Kategorien von Reviews (Quelle: eigene Darstellung in Anlehnung an (Sutton et al., 2019)

Review Art	Beschreibung
Traditionelle Reviews *(traditional reviews)*	Hier wird eine zielgerichtete Stichprobe von Studien verwendet, um einen Überblick über den Wissenstand zu einem Thema zu generieren. Die zunehmende Bedeutung systematischer Reviews macht es erforderlich, dass auch traditionelle Reviews (wie z. B. das narrative Review) zunehmend transparent in der Methodenbeschreibung sind (wie wurde wo gesucht; was wurde einbezogen)
Systematische Übersichtsarbeiten *(systematic reviews)*	Das bestimmende Merkmal einer systematischen Übersichtsarbeit ist ein umfassender Suchansatz. Systematische Übersichten konzentrieren sich häufig auf bestimmte Studientypen, bei denen es sich entweder um eine allgemeine Kategorie wie Beobachtungsstudien oder um ein oder mehrere spezifische Studiendesigns handeln kann
Review von Reviews *(review of reviews)*	Ein *review of reviews* konzentriert sich nur auf einen Studientyp. So werden systematischen Übersichtsarbeiten oder Wissenssynthesen der Vorrang vor Primärstudien eingeräumt

(Fortsetzung)

Tab. 5.3 (Fortsetzung)

Review Art	Beschreibung
Schnelle Reviews (*rapid reviews*)	Unter *rapid reviews* fallen Übersichtsarbeiten, die von herkömmlichen systematischen Übersichtsarbeiten insofern abweichen, als dass sie aufgrund der Rahmenbedingungen (Zeit, Ressourcen, ...) sich eines abgekürzten Verfahrens bedienen. Ein *rapid review* sollte ausführlich und transparent auf die Abwägungsprozesse zwischen dem Forschy(team) und dem Auftraggeber eingehen und Informationen über den Umfang und die Methoden beinhalten, um festzulegen, wie es in der verfügbaren Zeit durchgeführt werden kann. Dieser Abwägungsprozess ist das bestimmende Merkmal dieser Review-Art. Damit ein *rapid review* nützlich ist, müssen alle Modifikationen des Prozesses und die sich daraus ergebenden Einschränkungen ausdrücklich erklärt werden, vielleicht sogar ausführlicher als bei einer herkömmlichen systematischen Übersichtsarbeit
Qualitative Systematische Reviews (*qualitative systematic reviews*)	Qualitative systematische Übersichtsarbeiten sind vergleichsweise neu auf dem Feld der Übersichtsarbeiten. Die Vielzahl an qualitativen Forschungstraditionen sowie die unterschiedlichen Positionen qualitativer Forschys führen zu einer raschen Vermehrung und einer potenziell verwirrenden Vielfalt von Reviews

(Fortsetzung)

Tab. 5.3 (Fortsetzung)

Review Art	Beschreibung
Gemischte Methoden Reviews *(mixed-methods reviews)*	Mixed-Methods-Reviews sind Übersichtsarbeiten, die gemischte – also mixed-methods – Primärstudien einbeziehen, oder die versuchen, gemischte (quantitative und qualitative) Daten zu integrieren
Zweckspezifische Reviews *(purpose-specific reviews)*	Die Familie der zweckspezifischen Reviews ist am schwierigsten zu charakterisieren, vor allem wegen der Heterogenität der Review-Arten und -methoden. Alle Reviews sollten dem Zweck entsprechend ausgewählt werden; d. h., dass der Grad der Anpassung, der erforderlich ist, um einen bestimmten Zweck zu erfüllen, so hoch ist, dass es schwieriger wird, die Review-Art für eine allgemeine Verwendung über diesen Zweck hinaus anzupassen

Als Erstellerin kannst du dich an den Empfehlungen und Richtlinien für Reviews orientieren. Das gibt dir bei der Erstellung Sicherheit und Struktur.

Wie sieht das an einem Beispiel aus?

Für deine Bachelorarbeit möchtest du eine Übersichtsarbeit zum Thema „???" erstellen.

Ausgehend von den Möglichkeiten, ein Review zu erstellen, überlegst du, welche Art Review in Frage kommt. Toll wäre natürlich ein *systematisches* oder ein *rapid review*. Aufgrund zeitlicher Einschränkungen (du hast nur wenige Wochen zum Erstellen deiner Bachelorarbeit) und dem Zugang zu wissenschaftlichen Datenbanken (deine Hochschule hat nur eingeschränkten Zugang zu wissenschaftlichen Fachjournals), entscheidest du dich, ein *Narratives Review* durchzuführen.

Entsprechend nennst du im Titel deiner Arbeit, die angewendete Methode: „???: Ein narratives Review". Dadurch ist schnell erkennbar, welche Methode der Wissenssynthese du angewandt hast.

Obwohl das Narrative Review als traditionelles Review nicht so systematisch und rigoros wie ein systematisches Review ist, möchtest du dennoch transparent sein. Du beschreibst in deiner Arbeit, wo du wie nach welchen Kriterien gesucht hast und welche Art von Literatur du verwendest (beispielsweise Primär-, Sekundär-, Tertiärquellen), um dir deinen Wissensstand zur vorliegenden Thematik anzueignen. Du könntest – ähnlich wie in einem Narrativen Review zur Glaubhaftigkeitsbegutachtung (Schoon & Briken, 2019) – schreiben:

> *„Die vorliegende Arbeit ist als narratives Review angelegt. Das Vorgehen zur Erstellung dieser Arbeit orientiert sich an Richtlinien und Kriterien zur Erstellung eines narrativen Reviews von Ferrari (2015). Die Durchführung der Literaturrecherche erfolgte im Zeitraum von [Zeitraum] über die wissenschaftlichen Open-Access-Suchportale [Suchportale], welche Zugriffe auf zahlreiche einschlägige Datenbanken ermöglichen. Zur Identifikation relevanter Texte wurde eine Reihe von Schlagwörtern eingegeben, einschließlich [Schlagwörter mit denen du gesucht hast]. Die initiale Recherche wurde durch eine iterative Suche in Literaturverzeichnissen themenbezogener Monografien, Sammelwerke und Fachzeitschriftenartikeln ergänzt. Online unzugängliche Quellen wurden über die Fernleihe bestellt oder bei Autoren direkt angefragt. Diese Arbeit erhebt keinen Anspruch auf Vollständigkeit, da unsystematische Verzerrungsfehler aufgrund Limitierungen der Verschlagwortung und [weitere Probleme bei der Literaturerhebung und Beschaffung; sei transparent]"*

Nachdem du strukturiert die Ergebnisse deines Reviews dargelegt hast, solltest du die angewandte Methode kritisieren (*Methodenkritik*, siehe Glossar) und eben auch dein Ergebnis der Arbeit relativieren. Du könntest schreiben – ähnlich wie in der Arbeit von Schoon und Briken (2019):

> *„Bei der vorliegenden Arbeit handelt es sich um ein narratives Review zur Abbildung aktuellerer Forschungsbeiträge zur [Thema]. Ein Anspruch auf Vollständigkeit der Darstellungen und Erkenntnisse wird nicht erhoben."*

Wo kommt's im Buch vor?

Abschn. 2.3; 3.2.2, 3.6.1 und 4.3.6

Weiterführende Quellen

Ferrari, R. (2015). Writing narrative style literature reviews. *Medical Writing*, *24*(4), 230–235. https://doi.org/10.1179/2047480615z.000000000329.

Johnson, E. E., O'Keefe, H., Sutton, A., & Marshall, C. (2022). The Systematic Review Toolbox: keeping up to date with tools to support evidence synthesis. *Systematic Reviews*, *11*(1), 258. https://doi.org/10.1186/s13643-022-02122-z

Schoon, W., & Briken, P. (2019). Zur Anwendbarkeit der Glaubhaftigkeitsbegutachtung unter spezifischen Begutachtungsumständen – Eine narrative Übersichtsarbeit. *Forensische Psychiatrie, Psychologie, Kriminologie*, *13*(2), 125–135. https://doi.org/10.1007/s11757-019-00530-x.

Sutton, A., Clowes, M., Preston, L., & Booth, A. (2019). Meeting the review family: exploring review types and associated information retrieval requirements. *Health Information & Libraries Journal*, *36*(3), 202–222. https://doi.org/10.1111/hir.12276.

5.1.24 Wissenschaftliche Umfragen

Was ist das?

Eine wissenschaftliche Umfrage ist eine Forschungsmethode, bei der Informationen von einer Gruppe von Menschen gesammelt werden, um bestimmte Fragen oder Hypothesen zu beantworten. Im Gegensatz zu anderen Arten von Umfragen, die möglicherweise nicht sehr genau oder systematisch sind, werden wissenschaftliche Umfragen nach bestimmten Regeln und Methoden durchgeführt, um sicherzustellen, dass die Ergebnisse möglichst genau und verlässlich sind.

Dies kann beinhalten, dass die Teilnehmer zufällig ausgewählt werden, um sicherzustellen, dass die Ergebnisse repräsentativ für die Bevölkerung insgesamt sind, und dass die Fragen, die gestellt werden, sorgfältig entworfen werden, um mögliche Verzerrungen zu vermeiden.

Was nützt mir das?

Wissenschaftliche Umfragen ermöglichen es, Informationen von einer großen Anzahl von Menschen zu sammeln. Dies kann sehr nützlich sein, wenn du versuchst, die Meinungen und Einstellungen einer größeren Gruppe von Menschen zu bestimmten Themen oder Fragen zu erfassen.

Wie nutze ich das?

Um eine wissenschaftliche Umfrage zu erstellen, gibt es einige wichtige Schritte, die du beachten solltest:

1. Zunächst solltest du dir überlegen, welches Thema du untersuchen möchtest und welche Fragen du stellen willst, um die gewünschten Informationen zu erhalten.
2. Es ist wichtig, dass die Fragen klar und präzise formuliert sind, damit die Antworten möglichst genau und aussagekräftig sind.
3. Du solltest darauf achten, dass die Fragen neutral formuliert sind und keine vorgefertigten Antworten vorgeben, damit die Teilnehmys an deiner Umfrage ihre ehrliche Meinung äußern können.
4. Die Umfrage sollte möglichst kurz und übersichtlich sein, damit die Teilnehmer sie leicht verstehen und beantworten können.
5. Nachdem du die Umfrage erstellt hat, solltest du die Umfrage von anderen Fachleuten (z. B. Dozent*innen, Professorys) überprüfen lassen und einen *Pretest* (siehe Glossar) durchführen, um sicherzustellen, dass sie valide und zuverlässig ist.
6. Schließlich solltest du eine geeignete Methode wählen, um die Umfrage an die Teilnehmer zu verteilen, z. B. per E-Mail oder über eine Online-Plattform (z. B. SosciSurvey)

Insgesamt ist das Erstellen einer wissenschaftlichen Umfrage ein wichtiger Schritt, um valide und aussagekräftige Daten zu sammeln und die gewünschten Informationen zu erhalten.

Wenn du dich für eine Online-Umfrage entscheidest, empfehlen wir dir das Tool SosciSurvey (www.soscisurvey.de). Dieses Umfrage-Tool ist für den wissenschaftlichen Gebrauch kostenlos. Es bietet einen großen Umfang an Möglichkeiten für die Erstellung von wissenschaftlichen Umfragen. Du solltest allerdings etwas Zeit einplanen, um dich mit der

Web-Plattform vertraut zu machen. Die erhobenen Daten kannst du dann z. B. als Excel-Tabelle exportieren und analysieren.

Wie sieht das an einem Beispiel aus?

In der nachfolgenden Studie wurde eine Befragung mit einer besonderen Methode durchgeführt, die vor allem in Untersuchungen über abweichendes Verhalten eingesetzt wird. Hier kannst du auch sehen, wie eine mögliche Struktur einer Arbeit aussieht, die sich einer Umfrage bedient:

Plessner, H. & Musch, J. (2002). Wie verbreitet ist Doping im Leistungssport? Eine www-Umfrage mit Hilfe der Randomized-Response-Technik. In B. Strauß, M. Tietjens, N. Hagemann & A. Stachelhaus (Eds.), Expertise im Sport (pp. 78–79). Köln: bps

Wo kommt's im Buch vor?

Abschn. 3.6.1 und 4.3.3

Weiterführende Quellen

Franzen, A. (2022). Antwortskalen in standardisierten Befragungen. In N. Baur & J. Blasius (Hrsg.), *Handbuch Methoden der empirischen Sozialforschung* (S. 1115–1126). Springer. https://doi.org/10.1007/978-3-658-37985-8_74.

Porst, R. (2022). Frageformulierung. In N. Baur & J. Blasius (Hrsg.), *Handbuch Methoden der empirischen Sozialforschung* (S. 1099–1113). Springer. https://doi.org/10.1007/978-3-658-37985-8_73.

Wagner-Schelewsky, P., & Hering, L. (2022). Online-Befragung. In N. Baur & J. Blasius (Hrsg.), *Handbuch Methoden der empirischen Sozialforschung* (S. 1051–1065). https://doi.org/10.1007/978-3-658-37985-8_70.

5.1.25 Zitieren und Referenzieren

Was ist das?

Durch das Zitieren machst du deutlich, dass eine Aussage oder Idee von einer anderen Person oder Quelle stammt. In wissenschaftlichen Texten treten Zitationen regelmäßig auf. Schließlich bauen die meisten wissenschaftlichen Arbeiten auf den Erkenntnissen von anderen auf und machen dies mit Zitationen kenntlich.

Wenn die Originalaussage im Wortlaut wiedergegeben wird, dann handelt es sich um ein direktes Zitat. Direkte Zitate können unterschiedliche Länge haben. Du kannst sowohl einzelne, vielleicht prägnante Begriffe als auch ganze Sätze oder Absätze direkt zitieren – es hängt davon ab, was du mit dem direkten Zitat bezweckst. Bei indirekten Zitaten wird die Aussage der Originalquelle dagegen paraphrasiert – also in deinen eigenen Worten wiedergegeben.

Beim Referenzieren ist in der Wissenschaft das Anführen eines Verweises oder Beleges für Aussagen gemeint. Mit dem Zitieren machst du also transparent, von wem du eine Aussage hast. Beim Referenzieren geht es eher darum, deine Aussagen zu belegen.

Was nützt mir das?

Durch das Zitieren erkennst du die Arbeit anderer an und machst fremdes geistiges Eigentum und die Urheberschaft kenntlich. Außerdem stellst du eine Verbindung zur Expertise anderer Autor*innen her, was deine Aussagen stützen kann.

Mit wichtigen Referenzen machst du außerdem deutlich, auf welche Konzepte oder Ergebnisse du deine Argumentation stützt. Schließlich kannst du auf einem großen Fundus an bisheriger Forschung und Publikationen aufbauen. Für andere wird durch die Referenzen wiederum deutlich, wie deine Argumentation fundiert ist, und vielleicht finden sie darüber hinaus lohnenswerte Quellen für die eigene Arbeit.

Schau dir auf jeden Fall einmal unseren Glossareintrag zu wissenschaftlichen Quellen an. Es gibt unterschiedliche Quellenarten, die für deine Texte auch verschiedene Funktionen einnehmen können.

Wie nutze ich das?

Beim Lesen von wissenschaftlichen Texten wirst du immer mal wieder Notizen machen oder Aussagen finden, die für dich und deine Arbeit wichtig sind (siehe Toolbox zu *Lesen* und *Literaturverwaltung*).

Sobald du wichtige Aussagen oder Konzepte aus anderen Quellen für dich gefunden hast, kannst du diese in deine eigene Arbeit einbetten. Das geht als direktes oder indirektes Zitat. Beim Referenzieren wird meistens eine indirekte Zitation verwendet, da vor allem die Idee und weniger der originale Wortlaut wiedergeben wird – das ist aber keine feste Regel.

Überlege dir bei der Verwendung von Aussagen und Konzepten aus anderen Quellen, welche Funktion sie in deinem Text haben. Sollen sie z. B. weitere Studien zum Thema aufzeigen, oder beispielsweise Argumente mit Primärdaten stützen?

Für die Zitation im Text orientierst du dich am besten an dem Zitationsstil, der von deinen Dozenten oder der Hochschule vorgegeben ist. Wir haben dazu im Glossar ein paar Informationen zusammengestellt.

Außerdem ermöglichen dir verschiedene Literaturverwaltungsprogramme Unterstützung beim Zitieren, bei der Verwaltung von Zitaten und Notizen und bei der Umsetzung von Zitationsstilen (siehe Tool *Literaturverwaltung*). Das könnte also etwas für dich sein, vor allem wenn du längere Arbeiten vor dir hast oder im Laufe des Studiums mehr und mehr Quellen kennenlernst – auch wenn die Einarbeitung mit einem gewissen Aufwand verbunden ist.

Benjamin (er/ihm)
Dozent

Benjamin: Das Paraphrasieren finde ich übrigens gar nicht mal einfach. Klingt irgendwie easy, die Worte von anderen in eigenen Worten wiederzugeben, aber manchmal häng' ich trotzdem so nah am Wortlaut, dass ich fast ein direktes Zitat benutzen könnte. Es macht auf jeden Fall Sinn, das einfach auszuprobieren, zu üben und sich anzuschauen, wie andere wissenschaftliche Texte eigentlich Zitationen bzw. Referenzen benutzen. Auch sprachbasierte künstliche Intelligenzen können eine

Möglichkeit zum Umschreiben sein, wenn du Probleme beim Paraphrasieren hast. Informiere dich darüber, wie deine Hochschule oder deine Dozentinnen die Verwendung von solchen KI regeln.

Wie sieht das an einem Beispiel aus?

Milan
Sport-Student

Milan: Alles klar, ich mach das einfach mal an einem Beispiel. Jetzt zum Ende des Buchs habe ich eine ganze Menge an Literatur für meine Hausarbeit zusammen. Es ging ja um's Thema: „Persönlichkeitsentwicklung durch Sport" und ich habe mich am Ende auf das Selbstkonzept konzentriert. Das ist ein Ansatz, um Persönlichkeitsentwicklung zu begreifen. Ich wollte dafür diesen Text hier verbauen. Ich habe ihn direkt so eingefügt, wie er auch bei mir im Literaturverzeichnis steht, für das ich den DVS-Standard als Zitationsstil verwende:
Schmidt, M., Valkanover, S., Roebers, C., & Conzelmann, A. (2013). Promoting a functional physical self-concept in physical education: Evaluation of a 10-week intervention. European Physical Education Review, 19(2), 232–255. https://doi.org/10.1177/1356336X13486057
Die Studie untersucht die Effekte einer Intervention, und welche Effekte diese Intervention im Sportunterricht auf das Selbstkonzept von Schülerys hat. Die Autor:innen untersuchen dabei vor allem, wie die Schüler ihre

Ausdauer und ihre Kraft wahrnehmen und vergleichen auch, ob sie nachher eine passende(re) Wahrnehmung ihrer eigenen Fähigkeiten haben, sich z. B. weniger über- oder unterschätzen.
Zuerst habe ich die Studie in meinem Theoriekapitel zum Selbstkonzept integriert. Folgenden Satz habe ich eingebaut: Veridikalität bezeichnet den Grad, inwieweit die eigene Wahrnehmung der Fähigkeiten realistisch zu den tatsächlichen Fähigkeiten passt (Schmidt et al., 2013).
Der Text verweist da noch auf andere Quellen, in denen es um die Bedeutung dieses realistischen Konzepts für Motivation und andere Dinge geht. Da wollte ich nochmal reinschauen. In meinem Teil zum Forschungsstand möchte ich noch genauer auf die aktuellen empirischen Erkenntnisse eingehen. Das mache ich dann so:
Die Intervention von Schmidt et al. (2013) ermittelt eine Steigerung der Veridikalität beim Selbstkonzept der Schüler*innen im Vergleich zur Kontrollgruppe. Schüler*innen der Untersuchungsgruppe, die sich vor der Intervention stark über- oder unterschätzten, zeigen nach der Intervention ein realistischeres Selbstkonzept. Die Autoren schließen daraus, dass …

Wo kommt's im Buch vor?

Abschn. 2.3.2, 3.1, 3.2.2 und 4.3.5

Weiterführende Quellen

Kirchner, J., & Meyer, S. (2022). Wissenschaftliche Quellen und Referenzieren. In J. Kirchner & S. Meyer (Hrsg.), Wissenschaftliche Arbeitstechniken für die MINT-Fächer (S. 101–130). Springer. https://doi.org/10.1007/978-3-658-33912-8_6.

5.2 Glossar von A bis Z

5.2.1 Abstract

In einem Abstract wird ein wissenschaftliches Werk (z. B. eine Studie, ein Sammelband) kurz in den wichtigsten Punkten zusammengefasst. Mit einem Abstract erhalten Lesende einen Überblick über den Beitrag, ohne ihn ganz bearbeiten zu müssen. Deshalb bietet sich die Durchsicht von Abstracts bei der Recherche für eine schnelle Entscheidung an, ob der Beitrag für die eigene Arbeit relevant sein kann oder nicht. Außerdem sind Abstracts in wissenschaftlichen Datenbanken enthalten, um Werke zu beschreiben und zu kategorisieren.

Ein wissenschaftliches Abstract enthält beispielsweise folgende Gliederung:

- Einführung ins Thema und Begründung des Beitrags (z. B. der Studie)
- Methoden, die für die Studie verwendet wurden sowie Zielgruppe (z. B. bei einer Befragung)
- Wichtige Ergebnisse
- Schlussfolgerungen, die im Beitrag diskutiert und gezogen werden.

Wissenschaftliche Abstracts schaffen im besten Fall einen prägnanten, detaillierten und verständlichen Eindruck von dem betreffenden Text. Es kann hilfreich sein, sorgsam mit spezifischen Fachbegriffen umzugehen, wenn sie die Verständlichkeit für die Leser*innenschaft stark einschränken.

5.2.2 Anhang

Wissenschaftliche Dokumente können einen Anhang haben. Vielleicht hast du schon einmal eine Hausarbeit, Abschlussarbeit oder einen Artikel mit einem Anhang gesehen. In den Anhang kommen üblicherweise jene Angaben oder Dokumente, für die im Fließtext deiner Arbeit eher kein Platz ist, die aber dennoch wichtig und hilfreich für das Verständnis deiner Arbeit sind.

Stell dir vor, die Betreuerin deiner Interviewstudie möchte, dass du in der Arbeit die Codierungen aus deinem Interview (siehe *Inhaltsanalyse* in der Toolbox) und den Leitfaden (siehe *Interviewleitfaden* in der Toolbox) angibst. Im Fließtext würden die vollständigen Codierungen und der 3 Seiten-Leitfaden vielleicht einen Bruch darstellen. Dann könnte der Anhang für dich etwas sein, und im Fließtext lässt sich darauf verweisen.

Beachte bitte, dass die Vorstellungen und Anforderungen zum Anhang je nach Dozierenden unterschiedlich sein können. Du solltest also dein Betreuy dazu fragen, wenn du nicht sicher bist.

5.2.3 Argumentative Fehlschlüsse

Argumentative, eigentlich: logische Fehlschlüsse („logical fallacies") sind Denkfehler, die bei der Schlussfolgerung von einer Aussage zu einer anderen gemacht werden. Logische Fehlschlüsse können dazu führen, dass die Schlussfolgerung, zu der man gelangt, falsch ist, obwohl die Aussagen, von denen ausgegangen wurde, wahr sein können. Logische Fehlschlüsse können in Diskussionen, Debatten und sogar in wissenschaftlichen Studien auftreten und können dazu führen, dass falsche Schlussfolgerungen gezogen werden. Das Erkennen und Vermeiden von logischen Fehlschlüssen ist ein wichtiger Bestandteil des wissenschaftlichen Mindsets. So stellst du sicher, dass du zu korrekten Schlussfolgerungen gelangst.

In wissenschaftlichen Argumenten sind häufig die folgenden Fehlschlüsse anzutreffen:

a) *Ad Hominem Argument:* Bei einem Ad hominem Fehlschluss werden die sachlichen Argumente einer Person abgelehnt, indem die Person oder ihre Motive angegriffen werden, anstatt sich mit den Argumenten selbst auseinanderzusetzen. Beispiel: Person A: „Ich glaube, dass wir den Ausstoß von CO_2 reduzieren sollten, um die Klimakrise zu bekämpfen." Person B: „Ach ja? Aber du fährst doch selbst ein großes Auto und fliegst ständig in der ersten Klasse. Du bist also selbst Teil des Problems." In diesem Beispiel versucht Person B, die Argumente von Person A zu untergraben, indem sie ihre Integrität in

Frage stellt, anstatt sich auf die Fakten und Argumente zu konzentrieren, die Person A vorgebracht hat. Dies ist ein Beispiel für den ad hominem-Fehlschluss, da die Integrität von Person A keine Rolle bei der Bewertung der Stichhaltigkeit ihrer Argumente spielt.

b) *Anekdotenargument:* Ein Anekdotenargument ist ein Argument, das auf der Grundlage eines einzelnen Beispiels oder einer einzelnen Geschichte gemacht wird, anstatt auf der Grundlage von umfassenderen Daten oder wissenschaftlichen Studien. Anekdoten können interessant sein, um ein Thema zu veranschaulichen, sie sind jedoch keine valide Grundlage für allgemeine Aussagen oder Schlussfolgerungen. Beispiel: Person A: „Ich habe gehört, dass diese Medikation sehr wirksam ist. Meine Freundin hat sie genommen und ihre Symptome sind sofort verschwunden." Person B: „Das ist interessant, aber wir können nicht auf der Grundlage einer einzelnen Person schließen, dass die Medikation tatsächlich wirksam ist. Wir müssen auf der Grundlage von wissenschaftlichen Studien und breiteren Daten schließen." In diesem Beispiel argumentiert Person A auf der Grundlage eines einzelnen Beispiels (der Erfahrung ihrer Freundin mit der Medikation). Person B weist darauf hin, dass es notwendig ist, mehr als nur ein einzelnes Beispiel zu berücksichtigen, um eine allgemeine Aussage über die Wirksamkeit der Medikation zu treffen.

c) *Eminenzbasierung:* Der Fehlschluss der Eminenzbasierung (auch Autoritätsargument) ist ein logischer Fehlschluss, bei dem die Meinung oder das Wissen einer Person oder einer Institution als wahr angenommen wird, nur weil sie als Experty oder Autorität in einem bestimmten Bereich betrachtet wird, ohne dass die Aussage tatsächlich überprüft wird. Beispiel: Eine ehemals sehr erfolgreiche Nationalspielerin kritisiert die Trainingsmethoden der aktuellen Nationaltrainerin.

d) *Rosinenpicken: Das Rosinenpicken* (auch als „cherry picking" bekannt) ist ein logischer Fehlschluss, bei dem man nur diejenigen Informationen auswählt, die der eigenen Argumentation dienlich sind, und andere Informationen ignoriert. Es ist so, als würde man eine Schüssel Haferflocken durchsuchen, um nur die Rosinen herauszupicken und alles andere ignorieren. Beispiel: Person A: „Ich denke, wir sollten in

Kryptowährungen investieren, da diese in der Vergangenheit immer gute Gewinne erzielt haben." Person B: „Aber es gibt auch viele Risiken, die wir berücksichtigen müssen. In der Vergangenheit gab es auch Zeiten, in denen Kryptowährungen Verluste gemacht haben." In diesem Beispiel pickt Person A die positiven Ergebnisse des Investments heraus und ignoriert die Risiken. Person B weist darauf hin, dass es wichtig ist, alle verfügbaren Informationen zu berücksichtigen, anstatt nur diejenigen auszuwählen, die der eigenen Argumentation dienlich sind.

Die genannten Fehlschlüsse findest du in einzelnen Glossareinträgen. Weitere Fehlschlüsse findest du hier: https://yourlogicalfallacyis.com/de. Dort gibt es eine Übersicht über häufige Fehlschlüsse.

5.2.4 Diskussion

Viele wissenschaftliche Artikel verfügen über ein Kapitel mit dem Titel „Diskussion" (bzw. „Discussion" auf Englisch). Dieses Kapitel kann unterschiedliche Funktionen haben. Üblicherweise werden allerdings in diesem Teil des Beitrags die Ergebnisse der Studie zusammengefasst und in den Forschungsstand eingeordnet. Beispielsweise würde eine kurze Beantwortung der Forschungsfragen direkt mit den Erkenntnissen aus anderen Studien (auf Basis des Forschungsstands) verglichen und eingeordnet werden können. Darüber hinaus besteht die Möglichkeit, die Ergebnisse weiterführend zu interpretieren, ihre Bedeutung einzuschätzen oder auf Besonderheiten hinzuweisen.

Die Gestaltung der Diskussion ist in wissenschaftlichen Artikeln natürlich sehr individuell. Manche greifen Limitationen (*Methodenkritik*, siehe Glossar) des Beitrags dort auf, andere verwenden dafür ein eigenes Kapitel. Falls du selbst eine Diskussion schreiben solltest, schau dir doch einfach mal als Orientierung an, wie die von dir verwendeten Quellen dieses oder ähnliche Kapitel gestalten!

5.2.5 DOI – Digital Object Identifier

DOI (Digital Object Identifier) ist ein System zur eindeutigen Identifizierung von digitalen Objekten wie wissenschaftlichen Artikeln, Büchern und anderen Arten von wissenschaftlichen Publikationen. Es wurde entwickelt, um sicherzustellen, dass diese Arten von Publikationen im Internet eindeutig identifiziert und zugeordnet werden können. Eine DOI besteht aus einer Zeichenfolge, die normalerweise als URL-ähnliche Zeichenfolge formatiert ist und auf eine Webseite verweist, auf der weitere Informationen über das betreffende digitale Objekt zu finden sind. Sie wird oft in wissenschaftlichen Fachzeitschriften und anderen wissenschaftlichen Publikationen verwendet, um die genaue Quelle eines Artikels oder Buches anzugeben und es leichter zu machen, es im Internet zu finden und zu zitieren.

Swen (er/ihm)
Professory

Swen: DOI oder nicht DOI – in vielen Zitationsstilen ist das die Frage, wenn Du dein Literaturverzeichnis erstellst.

5.2.6 Evidenzbasiert

Evidenzbasiert ist ein Attribut, das einer Handlungspraxis die besondere Qualität zuschreibt, sich auf wissenschaftliche Erkenntnisse und im engeren Sinne auf empirische Daten zu stützen. Der Unterschied dazu ist eine Praxis, die ihre Entscheidungen und Handlungen auf subjektiven Theorien, Meisterlehren, Hierarchien oder Traditionen begründet. Wissenschaftliche Evidenz ist der Beweis, der aus wissenschaftlichen Studien und Untersuchungen gewonnen wird. Es handelt sich dabei um Fakten und Daten, die dazu beitragen, Hypothesen und Theorien zu stützen oder zu widerlegen. Wissenschaftliche Evidenz wird normalerweise auf der Grundlage von Methoden und Prinzipien der Wissenschaft, wie zum Beispiel der empirischen Überprüfung, gewonnen. Sie spielt eine wichtige Rolle bei der Entwicklung und Validierung wissenschaftlicher Theorien und bei der Entscheidungsfindung in verschiedenen Bereichen. Der Anspruch von Evidenzbasiertheit hat sich zunächst in der modernen Medizin und von dort aus in weiteren professionellen Kontexten durchgesetzt.

5.2.7 Gendern

Gendern bezieht sich auf die Verwendung von Sprache, die die sozialen Geschlechterrollen und -identitäten von Menschen respektiert und diese auch repräsentiert. Dies kann bedeuten, dass du die männliche Form eines Wortes nicht als allgemeine Form verwendest, sondern stattdessen alle Geschlechtsidentitäten oder eine neutrale Formulierung nutzt. Zum Beispiel anstatt „die Studenten" zu sagen, könntest du „die Student:innen" (alle Identitäten), „die Studentys" (Bezeichnen nach Phettberg) oder „die Studierenden" (neutrale Form) sagen, um nicht nur das männliche Geschlecht zu inkludieren. Die Verwendung von gendersensibler Sprache kann dazu beitragen, Vorurteile und Stereotypen zu vermeiden und Respekt gegenüber der Würde und dem Wert aller Menschen auszudrücken.

Einen Überblick über Möglichkeiten des Genderns findest du hier:
Staller, M. S., Kronschläger, T., & Koerner, S. (2022). Auf geht's, Polizistys! – Gendersensible Sprache in der Polizei. *Die Polizei, 112*(7), 280–285. Als Download: https://www.researchgate.net/publication/362831420_Auf_geht%27s_Polizistys_-_Gendersensible_Sprache_in_der_Polizei

5.2.8 Graue Literatur

Graue Literatur bezieht sich auf wissenschaftliche Publikationen, die nicht in kommerziellen oder peer-reviewed Journals erscheinen, sondern von Regierungsbehörden, Nichtregierungsorganisationen, Universitäten oder anderen Institutionen herausgegeben werden. Dazu gehören zum Beispiel technische Berichte, Working Papers, unveröffentlichte Dissertationen und Regierungsdokumente. Graue Literatur kann eine wertvolle Quelle für wissenschaftliche Informationen sein, da sie oft detailliertere und spezifischere Informationen enthält als Publikationen in Fachjournals. Allerdings ist es wichtig zu beachten, dass die Qualität und der wissenschaftliche Wert dieser Publikationen nicht immer geprüft werden, weshalb sie sorgfältig evaluiert werden sollten.

5.2.9 Gütekriterien wissenschaftlicher Forschung

Gütekriterien sind Kriterien, anhand derer die Qualität wissenschaftlicher Forschung beurteilt werden kann. Es gibt verschiedene Gütekriterien, die für verschiedene Arten von wissenschaftlicher Forschung gelten können, und sie können je nach Fachgebiet und Methodologie variieren. Einige allgemeine Gütekriterien, die für viele Arten von wissenschaftlicher Forschung gelten, sind:

- Transparenz: Die Studie sollte detailliert beschreiben, wie sie durchgeführt wurde, um anderen die Möglichkeit zu geben, die Ergebnisse zu überprüfen und zu wiederholen.
- Nachvollziehbarkeit: Die Studie sollte klar und gut strukturiert sein, sodass sie leicht verständlich ist und die Schritte, die zu den Ergebnissen geführt haben, nachvollziehbar sind.

Für **quantitative Forschung** (siehe Glossar) sind zusätzlich die nachfolgenden Gütekriterien relevant:

- Validität: Die Studie sollte die Realität möglichst genau widerspiegeln und die Ergebnisse sollten gültig und relevant sein.

- Reliabilität: Die Studie sollte reproduzierbar sein, d. h. wenn die Studie von einer anderen Person unter den gleichen Bedingungen wiederholt wird, sollten die Ergebnisse ähnlich sein.
- Objektivität: Die Studie sollte frei von Vorurteilen und *kognitiven Verzerrungen* (siehe Glossar) sein und die Ergebnisse sollten nicht von den persönlichen Ansichten des Forschys beeinflusst werden.

Für **qualitative Forschung** (siehe Glossar) fällt es deutlich schwerer, einheitliche Standards zu definieren, da qualitative Forschung so unterschiedlich ist (Flick, 2022). Dennoch gilt es, sich reflektiert mit der eigenen Forschung auseinanderzusetzen. Dazu können Leitkriterien wie z. B. die acht „Big Tent" Kriterien von Tracy helfen. Gemäß diesem Modell ist eine qualitative hochwertige Forschung durch die folgenden Kriterien gekennzeichnet (Tracy, 2010):

Kennzeichen qualitativ hochwertiger Forschung (Quelle: eigene Darstellung in Anlehnung an (Tracy, 2010))

Lohnenswertes Thema („worthy topic")	Das Thema der Forschung ist • relevant • zeitnah • bedeutungsvoll • interessant
Hohe Strenge („Rich rigor")	Die Studie verwendet ausreichende, reichhaltige, angemessene und komplexe(s) • Set von theoretischen Konstrukten • Daten und Zeit im Feld • Stichprobe(n) • Kontext(e) • Prozesse der Datenerhebung und -analyse
Ehrlichkeit („Sincerity")	Die Studie ist gekennzeichnet durch • Selbstreflexivität über subjektive Werte, Vorurteile und Neigungen des Forschys • Transparenz über die Methoden und Herausforderungen

(Fortsetzung)

(Fortsetzung)	
Glaubwürdigkeit („Credibility")	Die Forschung ist gekennzeichnet durch • dichte Beschreibungen, konkrete Details, Explikation von stillschweigendem (nicht-textuellem) Wissen • Triangulation oder Kristallisation • Multivokalität • Reflexionen der Forschys
Resonanz („resonance")	Die Forschung beeinflusst, wirkt sich aus oder bewegt bestimmte Lesys oder eine Vielzahl von Zielgruppen durch: • die ästhetische, evokative Darstellung • übertragbare Erkenntnisse
Signifikanter Beitrag („Significant Contribution")	Die Forschung leistet einen wichtigen Beitrag in folgenden Hinsichten: • konzeptionell/theoretisch • praktisch • moralisch • methodisch • heuristisch
Ethik („ethics")	Die Forschung berücksichtigt ethische Aspekte (siehe Tool: *Forschungsethik*)
Aussagekräftige Kohärenz („meaningful coherence")	Die Studie • erreicht das, was sie sich vorgenommen hat • verwendet Methoden und Verfahren, die den erklärten Zielen entsprechen • verknüpft Literatur, Forschungsfragen/ -schwerpunkte, Ergebnisse und Interpretationen miteinander

Weiterführende Quellen

Flick, U. (2022). Gütekriterien qualitativer Sozialforschung. In U. Flick (Ed.), *Handbuch Methoden der empirischen Sozialforschung* (pp. 533–547). Springer. https://doi.org/10.1007/978-3-658-37985-8_34

Tracy, S. J. (2010). Qualitative Quality: Eight "Big-Tent" Criteria for Excellent Qualitative Research. *Qualitative Inquiry, 16*(10), 837–851. https://doi.org/10.1177/1077800410383121

5.2.10 Herausgeberband

Ein wissenschaftlicher Herausgeberband ist eine Sammlung wissenschaftlicher Artikel, die von einem Herausgeber oder einer Gruppe von Herausgebys zusammengestellt wurde. Diese Artikel können von verschiedenen Autoren verfasst worden sein und sich auf ein bestimmtes Thema oder eine bestimmte Disziplin beziehen. Wissenschaftliche Herausgeberbände werden oft in Buchform veröffentlicht und sind in der Regel für ein Fachpublikum bestimmt. Sie werden verwendet, um wichtige neue Erkenntnisse und Ideen in einem bestimmten Bereich der Wissenschaft zusammenzufassen und zu verbreiten.

5.2.11 Impact Factor

Ein Impact Factor ist eine Maßzahl, die die Häufigkeit angibt, mit der die Artikel einer bestimmten wissenschaftlichen Fachzeitschrift in anderen wissenschaftlichen Publikationen zitiert werden. Ein hoher Impact Factor deutet darauf hin, dass die Artikel einer bestimmten Fachzeitschrift von anderen Wissenschaftlern in ihren eigenen Arbeiten häufig zitiert werden, was wiederum auf die Bedeutung und Qualität der veröffentlichten Arbeiten hinweisen soll. Impact Factors werden häufig verwendet, um die Qualität von wissenschaftlichen Fachzeitschriften zu bewerten und zu vergleichen.

Swen (er/ihm)
Professory

Swen: Naja klar, in der Wissenschaft schreibt man, um gelesen zu werden. Ich würde den Impact Factor nicht gleichsetzen mit Qualität. Letztlich sagt der IF etwas darüber aus, wie verbreitet eine Publikation in der scientific community (siehe Glossar) ist. Qualität kann ein Grund für die Verbreitung sein. Plus: Der Impact Factor wird vor allem in den Naturwissenschaften und in Teilen der empirischen Sozialwissenschaften als Orientierung und Bewertungskriterium herangezogen. In den Geisteswissenschaften spielt der IF bislang so gut wie keine Rolle.

5.2.12 Deduktive und induktive Datenanalyse

Bei der Datenanalyse bezeichnen die Begriffe „deduktiv" und „induktiv" das Verhältnis von bekannter Theorie und empirischem Datenmaterial.

Eine deduktive Datenauswertung geht von den bekannten Theorien oder Hypothesen aus und nutzt diese für Schlussfolgerungen zu den Daten. Bei einer deduktiven *Inhaltsanalyse* (siehe Toolbox) werden beispielsweise Kategorien auf Basis der Theorie vorab gebildet, denen dann das Datenmaterial zugeordnet wird. Eine induktive Datenauswertung orientiert sich dagegen am Datenmaterial und sucht darin nach Mustern, die für neue Erkenntnisse bzw. Erkenntnisse aus den Daten genutzt werden. Bei einer induktiv vorgehenden Inhaltsanalyse würden die Kategorien beispielsweise am Material selbst entwickelt.

Induktive und deduktive Vorgehensweisen schließen sich nicht gegenseitig aus. Es gibt Mischformen, in denen sowohl induktive und deduktive Aspekte bei der Analyse eine Rolle spielen. Wichtig ist es, die Relevanz dieser unterschiedlichen Ausrichtungen für das eigene Forschungsziel, Studiendesign und die Erkenntnisse zu reflektieren.

5.2.13 Interventionsstudie

Unter Interventionsstudien versteht man wissenschaftliche Untersuchungen, in denen die Auswirkung einer bestimmten Intervention, also etwa einer Trainingsmaßnahme, auf bestimmte Merkmale einer oder mehrerer Studiengruppen untersucht werden. Ziel ist es, kausale Zusammenhänge zwischen der Intervention und der Ausprägung bestimmter Merkmale (Variablen) zu ermitteln. *Randomisierte kontrollierte Studien* (RCTs) bilden den Goldstandard der Interventionsforschung. Hierbei werden die Teilnehmer*innen zufällig („randomisiert") entweder einer Interventionsgruppe oder einer Kontrollgruppe („kontrolliert") zugeteilt. Dadurch werden Verzerrungen minimiert und es wird sichergestellt, dass etwaige Unterschiede zwischen den Gruppen auf die Intervention zurückzuführen sind. In nicht-randomisierten Studien erfolgt die Zuteilung von Teilnehmys nicht zufällig. Diese Art von Studie ist anfälliger für Verzerrungen, da die Gruppen möglicherweise nicht vergleichbar sind.

5.2.14 Kausalität

Kausalität beschreibt den Zusammenhang von Ereignissen, die als Zusammenhang von Ursache und Wirkung verstanden werden. In dieser Annahme ist die Ursache der Grund für die Entstehung der Wirkung. Beispiel: Die sinkende Leistungsmotivation von Athletys (Wirkung) wird auf überholte Coachingmethoden (Ursache) zurückgeführt. Natürlich sind auch weitere Ursachen vorstellbar, z. B. fehlende Unterstützungsleistungen der Gesellschaft (z. B. geringe Sportförderung). Kausalitäten sind letztlich Zuschreibungen, die eindeutige Zusammenhänge herstellen und damit Phänomene erklärbar machen. Werden Ereignisse (wie z. B. sinkende Motivation / überholte Coachingmethoden) lediglich in einem zeitlichen Zusammenhang betrachtet, d. h. als lediglich parallel (und nicht kausal) auftretende Ereignisse, wird von *Korrelationen* (siehe Glossar) gesprochen.

5.2.15 Kognitive Verzerrungen

Unter kognitiven Verzerrungen (engl. „cognitive bias") wird in der Psychologie eine Familie mentaler Abkürzungen (z. B. Vorurteile, Heuristiken) bezeichnet, die wir nutzen, um uns durch die komplexe und schnelllebige Welt zu manövrieren. Zu den kognitiven Verzerrungen gehört u. a.

a) der *Bestätigungsfehler* (engl. „confirmation bias"). Der Bestätigungsfehler bezeichnet die Neigung von Menschen, Informationen zu bevorzugen, die bereits etablierte Ansichten und Überzeugungen bestätigen bzw. Informationen so interpretieren, wie sie das eigene Weltbild am besten unterstützen. Im Umkehrschluss messen wir Informationen und Interpretationen, die vorherigen Überzeugungen widersprechen, geringere Bedeutung zu. So nutzen bspw. Algorithmen der sozialen Medien den Bestätigungsfehler, indem sie Nutzern nahezu ausschließlich Informationen zuspielen, die sie in ihren politischen und sozialen Überzeugungen bestätigen. Der Bestätigungsfehler spielt durch die ihm nachgelagerte Aufmerksamkeitsverzerrung (engl. *attentional bias*) eine wichtige Rolle dabei, wie unsere Aufmerksamkeit durch vergangene Erfahrungen gelenkt und durch Erinnerungen beeinflusst wird. Die Eigenschaften des Bestätigungsfehlers setzen uns dem Risiko aus, uns Informationen anzuzeigen, die ein verzerrtes Weltbild stützen.

Swen (er/ihm)
Professory

Swen: Ein sehr interessantes Konstrukt. Man sieht, was man sieht, weil man so sieht, d. h., weil man es so erwartet. Ich habe früher mal eine Arbeit über „Dicke Kinder" geschrieben. Und da waren sie auf einmal überall, die „dicken Kinder". Im Urlaub, in der Straßenbahn, im Freizeitpark.

b) der *fundamentale Attributionsfehler* (engl. "fundamental attribution bias"). Der fundamentale Attributionsfehler beschreibt die Tendenz, das Verhalten anderer Personen ihnen selbst bzw. ihrer Persönlichkeit zuzuschreiben. Dabei rücken situative Umstände in den Hintergrund. Schließlich sind sie oftmals gar nicht ausreichend bekannt. Am Beispiel: Eine Schülerin ist im Sportunterricht heute extrem unaufmerksam. So ist sie eben öfter. Doch vielleicht ist sie in diesem Moment unruhig, weil sie gleich eine wichtige Nachholklausur in Bio hat, heute Besuch von Freunden aus der Heimat bekommt, oder weil sie nicht weiß, was sie zur Weihnachtsfeier des Handballvereins mitbringen soll. Die Situation einzelner Personen ist uns meist nicht ausreichend bekannt, um differenzierte und fundierte Erklärungsansätze für ihr Verhalten zu finden – also konzentrieren wir uns auf das, was vor uns steht und bekannt ist: die Person und vielleicht ein paar Erfahrungen, wie die Person üblicherweise so ist. Andererseits erwarten wir auch von anderen Personen, dass sie uns verstehen – und das, obwohl unsere Interaktionspartner möglicherweise ebenfalls keinen ausreichenden Einblick in unsere situativen Umstände haben.

c) die *Verfügbarkeitsheuristik* (engl. „availability bias"). Verfügbarkeitsheuristiken sind Informationen, die wir schnell und leicht erinnern. Uns also unmittelbar verfügbar sind. Die Informationen kommen aus unserer unmittelbaren Nahwelt (Familie, Freunde, Kollegys, Trainys) sowie vor allem aus den Massenmedien. Wenn Medien oder Coaches z. B. über eine Zunahme von Doping im Leistungssport berichten, ist es genau das, was uns unmittelbar umgibt, begegnet und als Information verfügbar ist. Mit dieser Information filtern wir dann die Welt. Wir sehen dann vor allem das, was unsere Erwartungen bestätigt.

5.2.16 Konstruktivismus

Als Konstruktivismus bezeichnet man in der Wissenschaft eine erkenntnistheoretische Position, die davon ausgeht, dass die Wirklichkeit, die wir erkennen, nicht unabhängig vom Prozess des Erkennens zu betrachten ist. Abhängig davon, *wie* wir beobachten, welche „Brille" wir dabei aufsetzen, konstruieren wir verschiedene Wirklichkeiten – obwohl wir dabei vielleicht auf das Gleiche blicken. Das gilt im Alltag, im Beruf und auch in der Wissenschaft.

Wir sehen in der Bahn eine Person mit ungepflegter Erscheinung; ein anderer erblickt die gleiche Person und nimmt dabei wahr, dass sie für eine Person den Sitzplatz frei gemacht hat. Als Wissenschaftler untersuchen wir die Leistungsfähigkeit von Athletys: Dabei wird eine Fragebogenerhebung zur Selbsteinschätzung der Leistungsfähigkeit mitunter zu anderen Ergebnissen führen als eine videographische Analyse der Leistung.

Der Konstruktivismus geht somit nicht von einem objektiv gegebenen Wesen der Dinge aus, sondern von einer stets beobachtungsabhängigen Erzeugung von Realität. Eine wichtige Folgerung aus dem Konstruktivismus besteht darin, den Prozess und die Werkzeuge des Erkennens genauer zu reflektieren.

5.2.17 Korrelation

Eine Korrelation beschreibt die Beziehung zwischen zwei oder mehr Variablen. Eine positive Korrelation bedeutet, dass die Werte der Variablen in dieselbe Richtung variieren (z. B. je höher der Bildungsstand, desto höher das Einkommen). Eine negative Korrelation bedeutet, dass die Werte der Variablen in entgegengesetzte Richtungen variieren (z. B. je höher die Kriminalitätsrate in einer Gegend, desto geringer der Wert der Immobilien in dieser Gegend).

Ein Beispiel ist die „entdeckte" Korrelation zwischen autonomieförderlichem Coachingverhalten und der positiven Entwicklung von Life Skills junger Athletys (u. a. „Leadership", „Goal Setting", „Problem Solving") in der Studie von Cronin et al. (2022). Als Korrelation lässt das Ergebnis jedoch nicht den Schluss auf die *Kausalität* (siehe Glossar) zu, also den Grund für diesen Zusammenhang.

Cronin, L., Ellison, P., Allen, J., Huntley, E., Johnson, L., Kosteli, M. C., Hollis, A., & Marchant, D. (2022). A self-determination theory based investigation of life skills development in youth sport. *Journal of Sports Sciences, 40*(8), 886–898. https://doi.org/10.1080/02640414.2022.2028507

5.2.18 Limitationen

Teil des wissenschaftlichen Arbeitens und Denkens ist es, die Einschränkungen von Aussagen zu thematisieren. Wissenschaft soll kenntlich machen, welche Aussagekraft und Reichweite Argumente oder Ergebnisse haben. Die Darstellung und Beurteilung von Limitationen steckt also Grenzen. Dadurch fördert sie die Möglichkeit für eine differenzierende Diskussion sowie die Transparenz für Außenstehende.

ChatPTC
Sidekick

Exakt. Stell dir vor, deine Befragung zu psychologischen Grundbedürfnissen beim sportlichen Training umfasst eine ausschließlich menschliche Zielgruppe. Dann kannst du keine Aussagen über Roboter und ihre Grundbedürfnisse beim sportlichen Training ziehen. Da hat deine Arbeit also klare Grenzen.
Übrigens gehören zum Wissenschaftsdiskurs auch Beiträge, die explizit die Limitationen von anderen Studien betrachten und beurteilen. Hier findest du als Beispiel einen Artikel, in dem es um die Kritik an einer kritischen Schlussfolgerung aus einer anderen Studie zum Daten-Tracking im Leistungssport geht.
Collins, D., Carson, H. J., & Cruickshank, A. (2015). Blaming Bill Gates AGAIN! Misuse, overuse and misunderstanding of performance data in sport. Sport, Education and Society, 20(8), 1088–1099. https://doi.org/10.1080/13573322.2015.1053803

5.2.19 Literaturangaben

Kurze Frage: Ich habe hier zwei Quellen im Literaturverzeichnis gefunden. Was bedeuten die ganzen Angaben und wie komm' ich jetzt an die Sachen?

a. *Hilvoorde, I. van, & Koekoek, J. (2018). Next generation PE: thoughtful integration of digital technologies. In J. Koekoek & I. van Hilvoorde (Hrsg.), Digital Technology in Physical Education. Global Perspectives (S. 1–16). Routledge.*
b. *Wallace, J., Scanlon, D., & Calderón, A. (2023). Digital technology and teacher digital competency in physical education: A holistic view of teacher and student perspectives. Curriculum Studies in Health and Physical Education, 14(3), 271–287.* https://doi.org/10.1080/25742981.2022.2106881

Literaturangaben sind in der Regel nach einem bestimmten Stil formatiert (siehe Glossar zu *Zitationsstil*). Je nach Zitationsstil findest du verschiedene Angaben in Zitationen. Wir entschlüsseln mal die Angaben von Sam. Anschließend überlegen wir, wie es weitergehen kann.

Diese Angaben sind allerdings unterschiedlich: Beispiel a handelt von einem Beitrag in einem Sammelband. Dies ist ein Buch, das von einer oder mehreren Personen herausgegeben wird (Herausgeber*innen/ Editors) und in dem sich Beiträge von verschiedenen Autorinnen sammeln.

Hilvoorde, I. van, & Koekoek, J.	Dies sind die Autor:innen des Beitrags. Sie werden oft in den Quellen zuerst genannt.
(2018)	Die Jahreszahl bezieht sich üblicherweise auf das Jahr der Publikation. Es gibt ein paar Sonderfälle wie Zeitungsartikel, in denen je nach Stil auch das vollständige Datum angegeben wird.
Next generation PE: thoughtful integration of digital technologies.	Damit ist der Titel des Beitrags bezeichnet.
In J. Koekoek & I. van Hilvoorde (Hrsg.), Digital Technology in Physical Education. Global Perspectives (S. 1–16)	Nun geht es um die Angaben, wo dieser Beitrag von Hilvoorde und Koekoek zu finden ist. In diesem Stil wird das mit dem „In" angedeutet. Darauf folgen die beiden Herausgeber, in diesem Fall sind es die gleichen, die auch den Beitrag geschrieben haben. Daraufhin kommt der Titel des Sammelbands ins Spiel und in Klammern findest du dazu die Seitenangaben, auf denen der gesuchte Beitrag in diesem Buch zu finden ist.
Routledge.	Diese abschließende Angabe bezeichnet den Verlag, der dieses Werk (also das ganze Buch) veröffentlicht hat.

Beispiel b handelt von einem Zeitschriftenartikel (Journal Article). Hier liegen die Angaben etwas anders, da üblicherweise keine Herausgeber*innen genannt werden, dafür aber andere Informationen eine Rolle spielen.

Wallace, J., Scanlon, D., & Calderón, A. (2023). *Digital technology and teacher digital competency in physical education: A holistic view of teacher and student perspectives.*	Der Start ist ähnlich. Hier werden die Autorys, das Jahr der Veröffentlichung und der Titel des Artikels angegeben. Nun geht es anders weiter als in Beispiel a.
Curriculum Studies in Health and Physical Education, 14(3), 271–287.	Hier ist die Zeitschrift genannt, in der der Artikel erschienen ist. Dazu wird mit der Zahl *14(3)* auch der Band (englisch: Volume) und die Heftnummer (englisch: Issue) angegeben. In der Regel wird der Band für jedes Jahr gezählt. Eine Zeitschrift, die im Jahr 2023 an den Start geht, hätte so zum Beispiel im Jahr 2024 das Volume 2 – der zweite Jahrgang. Die Heftnummer in der Klammer zeigt an, welches Heft innerhalb eines Bandes gemeint ist. Manche Zeitschriften haben mehr Hefte in einem Jahr, manche weniger. Die Seitenzahl zeigt dir dazu an, auf welcher Seite du im angegebenen Heft nachschlagen müsstest.
https://doi.org/10.1080/25742981.2022.2106881	Hier ist die DOI (Digital Object Identifier) angegeben und direkt verlinkt. Das ist eine eindeutige Identifikationsnummer für Beiträge.

Mithilfe dieser Informationen kannst du nun die Quellen recherchieren. Dazu kannst du Suchmaschinen im Internet, das Angebot der Bibliothek deiner Hochschule oder spezielle Datenbanken nutzen (siehe Tools zur *Literaturrecherche*). Manche Quellen sind frei zugänglich (open access), andere wiederum sind vielleicht innerhalb deines Hochschulnetzes oder der Bibliothek verfügbar. Dazu lassen sich die Quellen oftmals auch über Fernleihen bestellen. Es kommt natürlich vor, dass Beiträge hinter einer Bezahlschranke (Paywall) liegen und damit kostenpflichtig sind.

5.2.20 Methodenkritik / Methodenreflexion

Eine Methodenkritik oder -reflexion setzt sich kritisch mit dem Erkenntnisweg auseinander, den eine wissenschaftliche Arbeit genommen hat. In der Regel werden die verwendeten Methoden sowie andere Entscheidungen kritisch betrachtet. Das kann beispielsweise die Erhebung, Auswertung, Auswahl und Anzahl der Studienteilnehmer*innen umfassen, aber auch die Auswahl von Literatur, beispielsweise bei einem *systematischen Review* (siehe Toolbox, *Systematische Übersichtsarbeit*) sein. Eine Methodenkritik findet sich auch unter Kapitelüberschriften wie Limitationen oder englisch *limitations* in wissenschaftlichen Artikeln.

Die Methodenkritik soll die Aussagekraft und deren Reichweite zu den Ergebnissen der wissenschaftlichen Arbeit kritisch hinterfragen und insgesamt die Qualität der Arbeit und ihre Grenzen beurteilen. Das unterstützt die Glaubwürdigkeit deiner Arbeit und ermöglicht es anderen, deine Ergebnisse kritisch einzuordnen. Schließlich sind diese Ergebnisse mit einem ganz bestimmten methodischen Weg entstanden.

Darüber hinaus lassen sich aus dieser Reflexion auch wichtige Erkenntnisse und Ideen für zukünftige Forschung ziehen. Dementsprechend benennt eine Methodenkritik nicht nur Limitationen der eigenen Arbeit, sondern zieht auch Schlüsse daraus, was diese Limitationen für die vorliegenden Erkenntnisse bedeuten oder wie sie für zukünftige Forschung berücksichtigt werden können.

ChatPTC
Sidekick

Exakt. Stell dir vor, deine Befragung zu psychologischen Grundbedürfnissen beim sportlichen Training umfasst eine ausschließlich menschliche Zielgruppe. Dann kannst du keine Aussagen über Roboter und ihre Grundbedürfnisse beim sportlichen Training ziehen. Da hat deine Arbeit also klare Grenzen.
Übrigens gehören zum Wissenschaftsdiskurs auch Beiträge, die explizit die Limitationen von anderen Studien betrachten und beurteilen. Hier findest du als Beispiel einen Artikel, in dem es um die Kritik an einer kritischen Schlussfolgerung aus einer anderen Studie zum Daten-Tracking im Leistungssport geht.
Collins, D., Carson, H. J., & Cruickshank, A. (2015). Blaming Bill Gates AGAIN! Misuse, overuse and misunderstanding of performance data in sport. Sport, Education and Society, 20(8), 1088–1099. https:// doi.org/10.1080/13573322.2015.1053803

5.2.21 Mindset

Das Mindset ist eine Perspektive auf die Persönlichkeit von Menschen, die in der Wissenschaft erforscht wird. Mindset meint dabei die Sichtweise, die wir auf uns selbst und unsere Fähigkeiten und Fertigkeiten haben. Die amerikanische Psychologin Carol S. Dweck unterscheidet zwei Mindsets: Menschen mit einem *Growth Mindset* nehmen eher an, dass ihre Fähigkeiten und Fertigkeiten sich durch Lernen und Übung entwickeln können. Menschen mit einem *Fixed Mindset* folgen eher der Annahme, dass Menschen und ihre Fähigkeiten und Fertigkeiten unveränderlich sind (Dweck, 2013, 2015). Menschen können natürlich Aspekte beider Mindsets aufweisen. In jedem Fall hat es Konsequenzen, wenn Fähigkeiten als entwickelbar oder als feststehend betrachtet werden. Beispielsweise gehen Personen dann jeweils anders mit Kritik oder Herausforderungen um.

In diesem Buch referieren wir oft auf die Bedeutung eines Growth Mindsets, weil wir davon ausgehen, dass Herausforderungen und Fehler wertvolle Lerngelegenheiten bereithalten. Außerdem steht die Reflexion des eigenen professionellen Handelns in unserem Modell an zentraler Stelle. Die Nerdy-Passage in Abschn. 2.3 bietet dir ein paar weitere Einsichten zur Forschung über Mindsets.

5.2.22 Multiple- und Single-Choice Fragen

Es existieren unterschiedliche Formate für Prüfungsfragen, z. B. in Klausuren. Neben offenen Fragen, die in der Regel keine Antwortmöglichkeiten vorgeben, finden sich oftmals geschlossene Fragen, bei denen vorgefertigte Antworten ausgewählt werden sollen.

Bei Single-Choice Fragen ist eine Antwort aus einer Auswahl von Möglichkeiten korrekt.

Multiple-Choice Fragen dagegen enthalten potenziell mehrere Antwortmöglichkeiten, die korrekt sein können. Wie viele das sind, hängt von der jeweiligen Klausur bzw. den Prüfenden ab.

Benjamin (er/ihm)
Dozent

- Benjamin: Machen wir ein Beispiel? Ich bereite mal eine Single-Choice Frage vor. Welche der Antworten ist korrekt?
- Das Modell professionellen Unterrichtens umfasst Dimensionen in den Komponenten:

  a) Was, Wer, Wie, Warum, Wohin
  b) Wer und Warum und wenn ja, wie viele
  c) Wer, Wie, Was, Selbst, Kontext und Praxis

ChatPTC
Sidekick

ChatPTC: Vorsicht: Spoiler! Antwort c ist korrekt. Ich übernehme gerne die Aufgabe, eine multiple-choice Frage zu entwickeln. Es können eine, mehrere oder alle Antwortmöglichkeiten korrekt sein.
Welche der folgenden Begriffe werden in der Wissenschaft als Gütekriterien für Forschung herangezogen?

a) Transparenz
b) Intersubjektive Nachprüfbarkeit
c) Objektivität
d) Validität
e) Reliabilität
f) Nachvollziehbarkeit
g) Methodische Strenge
h) Glaubwürdigkeit
i) Originalität
j) …
k) …

Benjamin (er/ihm)
Dozent

- *Benjamin: Time Out!*

5.2.23 Open Access

Als Open Access bezeichnet man den freien Zugang zu wissenschaftlichen Publikationen im Internet. Open Access Publikationen kann man kostenfrei lesen, speichern und verlinken. Neben elektronischen Zeitschriften bieten Preprints die Möglichkeit für Open Access und damit für eine weltweite Distribution (Verbreitung) und Nutzung wissenschaftlicher Information.

5.2.24 Open Science

Die „Open Science" Bewegung zielt darauf ab, wissenschaftliche Forschung, Daten und Verbreitung für die Öffentlichkeit zugänglicher zu machen. Das Ziel von Open Science ist es, Transparenz, Nachvollziehbarkeit und Zugänglichkeit mit Blick auf den wissenschaftlichen Prozess zu erhöhen. Dazu gehört unter anderem, dass die Forschungsergebnisse und Daten offen zugänglich gemacht werden (sog. *Open Access,* Glossar), dass offene Quellcode-Software und -Tools verwendet werden. Außerdem, gehört dazu, dass offene Forschungspraktiken, wie die Präregistrierung von Studien und das Teilen von Daten und Code, angewendet werden. Auch die offene Begutachtung von Forschungsarbeiten (sog. Open Review) gehört zu den Prozessen der Open Science Bewegung.

Open Science steht im Zusammenhang mit der Idee, Wissenschaft demokratischer und inklusiver zu gestalten, indem mehr Menschen die Möglichkeit haben, am wissenschaftlichen Prozess teilzuhaben.

5.2.25 Peer Review

Peer Review (oder Fachgutachten) ist ein wichtiger Teil des wissenschaftlichen Publikationsprozesses. Dabei werden die Arbeiten von Fachleuten in einem bestimmten Bereich von ihren Kollegen überprüft. Dieser Prozess dient dazu, die Qualität und den wissenschaftlichen Wert der Arbeiten zu bewerten und sicherzustellen, dass sie den hohen Ansprüchen der wissenschaftlichen Gemeinschaft entsprechen. Peer Review ist ein wichtiger Bestandteil des wissenschaftlichen Publikationsprozesses, da er dazu beiträgt, die Qualität der veröffentlichten Inhalte zu gewährleisten. Peer Review stellt sicher, dass die Ergebnisse der Forschungen auf einer soliden wissenschaftlichen Grundlage beruhen.

5.2.26 Preprint

Ein Preprint ist eine wissenschaftliche Arbeit, die vor der Veröffentlichung in einem peer-reviewed Journal eingereicht wurde. Preprints werden häufig auf speziellen Online-Plattformen veröffentlicht, damit sie von der wissenschaftlichen Gemeinschaft eingesehen und kommentiert werden können, bevor sie von einem Journal angenommen oder abgelehnt werden. Die Verwendung von Preprints hat in den letzten Jahren zugenommen. Das kommt daher, dass damit Wissenschaftlern ermöglicht wird, ihre Ergebnisse schneller zu veröffentlichen und zu diskutieren. Eben weil sie dann nicht auf die traditionellen Publikationszyklen von Journals angewiesen sind. Preprints sind auch eine Möglichkeit für Wissenschaftler, ihre Arbeiten zu archivieren und ihren Fortschritt zu dokumentieren, auch wenn sie letztendlich nicht in einem Journal veröffentlicht werden.

5.2.27 Pretest

Ein Pretest ist ein Probedurchlauf für ein Erhebungsinstrument. Das können z. B. ein Interviewleitfaden oder ein schriftlicher Fragebogen sein. In der Regel wird der Pretest mit einer kleinen Anzahl an Personen vor der eigentlichen Umfrage durchgeführt. Das Ziel des Tests liegt darin, die Erhebungsinstrumente zu überprüfen: Sind sie verständlich und angemessen? Sind sie valide? Ist der Ablauf funktional? Die Teilnehmer*innen des Pretests können außerdem ein Feedback zu ihrem Eindruck geben, das du wiederum zur Verbesserung deines Erhebungsinstruments und deines Vorgehens für die eigentliche Erhebung nutzen kannst.

5.2.28 Qualitative Forschung

Qualitative Forschung ist eine Form der wissenschaftlichen Untersuchung, bei der qualitativ, d. h. in Worten und Bildern, beschriebene Daten gesammelt werden. Im Gegensatz dazu werden in der *quantitativen Forschung* (siehe Glossar) numerische Daten erhoben. Qualitative Forschung wird häufig verwendet, um ein tiefes Verständnis für die Erfahrungen und Perspektiven von Menschen zu gewinnen und um komplexe soziale Phänomene zu erforschen. Sie kann auch verwendet werden, um Hypothesen zu entwickeln, die in späteren quantitativen Studien überprüft werden können. Qualitative Forschung umfasst Methoden wie Interviews, Beobachtungen und Fokusgruppen. Sie wird häufig in den Sozial- und Geisteswissenschaften eingesetzt.

5.2.29 Quantitative Forschung

Quantitative Forschung ist eine Form der wissenschaftlichen Untersuchung, bei der numerische Daten erhoben werden. Im Gegensatz dazu werden in der *qualitativen Forschung* (siehe Glossar) qualitative, d. h. in Worten und Bildern, beschriebene Daten gesammelt. Quantitative Forschung wird häufig verwendet, um Hypothesen zu überprüfen oder um Zusammenhänge zwischen verschiedenen Variablen zu untersuchen.

Sie kann auch verwendet werden, um Trends oder Muster in großen Datensätzen zu identifizieren. Quantitative Forschung umfasst Methoden wie Fragebögen, Experimente und statistische Analysen. Sie wird häufig in den Natur- und Sozialwissenschaften eingesetzt.

5.2.30 Reflexivität

Reflexivität bezeichnet in der Wissenschaft eine besondere Form des Erkenntnisgewinns. Als Verfahren besteht Reflexivität darin, die Beobachtung als Kernoperation der Wissenschaft auf sich selbst anzuwenden, also die wissenschaftliche Beobachtung zu beobachten. Das besondere Augenmerk liegt dabei auf den Annahmen, die der Beobachtung zugrunde liegen (den Vor-Annahmen der Beobachtung), und außerdem auf den Wirkungen, die durch die Beobachtung möglicherweise hervorgebracht werden. Reflexivität ermöglicht somit die Selbstkontrolle wissenschaftlicher Beobachtung durch Einsicht in die beobachtungsleitenden Annahmen und deren mögliche Folgewirkungen.

5.2.31 Research Gate

ResearchGate ist eine Plattform für Forschende, die es ihnen ermöglicht, ihre Arbeiten zu veröffentlichen und zu teilen, zusammenzuarbeiten und sich mit anderen Forschenden auszutauschen. Die Plattform bietet auch Tools, die es Forschenden ermöglichen, ihre Arbeiten zu verwalten und ihre wissenschaftlichen Leistungen sichtbarer zu machen.

Einer der wichtigsten Vorteile von ResearchGate ist, dass es Forschenden ermöglicht, ihre Arbeiten weltweit zugänglich zu machen und somit ihre Sichtbarkeit und ihr wissenschaftliches Ansehen zu verbessern. Darüber hinaus bietet die Plattform auch die Möglichkeit, mit anderen Forschenden in Kontakt zu treten und zusammenzuarbeiten, was den wissenschaftlichen Austausch fördert und die Möglichkeiten für zukünftige Projekte erweitert.

5.2.32 Review-Artikel

Ein Review-Artikel in der Wissenschaft ist eine Zusammenfassung und Analyse von Studien zu einem bestimmten Thema. Er dient dazu, den aktuellen Stand der Forschung zu einem bestimmten Thema zusammenzufassen und zu bewerten. Review-Artikel werden oft in wissenschaftlichen Fachzeitschriften veröffentlicht und sind eine wichtige Quelle für andere Wissenschaftlys, die sich mit demselben Thema beschäftigen. Sie sind auch für Personen außerhalb der Wissenschaft wichtig, da sie eine Zusammenfassung der wichtigsten Erkenntnisse auf einem bestimmten Gebiet bieten.

Review-Artikel werden auch als Wissenssynthesen bezeichnet. Wenn du selbst dieses Verfahren anwenden möchtest, schau mal in den Tools unter *Wissenssynthese* nach.

5.2.33 Schneeballsystem

Als Schneeballsystem wird das Vorgehen bezeichnet, auf Basis bekannter Literaturverzeichnisse weitere Quellen zu recherchieren. Stell dir vor, du liest ein Review (siehe Toolbox *Systematische Übersichtsarbeit*) zu Erfahrungen von Trainer:innen in Ausbildungsprogrammen von Zhenlong Wang, Ashley Casey und Ed Cope.

Im Text findest du einzelne Aussagen beachtenswert und schaust im Literaturverzeichnis genauer auf die Quellen. Die könntest du ebenfalls gut gebrauchen, um das Thema weiter zu überblicken!

Wang, Z., Casey, A., & Cope, E. (2023). Coach experiences of formal coach education developed by national governing bodies: A systematic review. Physical Education and Sport Pedagogy, 1–13. https://doi.org/10.1080/17408989.2023.2230235

5.2.34 Scientific community

Scientific community, zu Deutsch: Wissenschaftsgemeinschaft, ist eine Sammelbezeichnung für die abstrakte Gemeinschaft der weltweit arbeitenden Wissenschaftlys. Der Begriff der scientific community bezeichnet zudem die unmittelbare Gemeinschaft von Kollegys der eigenen Wissenschaftsdisziplin, etwa der Sportmedizin, Sportgeschichte, Trainingswissenschaft, Sportsoziologie, Sportpädagogik oder Sportpsychologie – sofern man sich einer solchen zurechnet. Für die Operationsweise des Wissenschaftssystems ist die scientific community essentiell: Sie ist der Garant dafür, dass wissenschaftliche Kommunikation stattfindet, vor allem in Form von Publikationen (als Kommunikation zwischen Abwesenden) sowie in Form von Tagungen bzw. Kongressen (als Kommunikation zwischen Anwesenden). Zudem überwacht die scientific community die Forschungsqualität durch Debatten und Peer-Review-Verfahren.

5.2.35 Subjektive Theorien

Subjektive Theorien beziehen sich auf implizite und explizite Überzeugungen über die Welt, einschließlich ihrer Menschen. Als Wahrnehmungsfilter reduzieren subjektive Theorien die Komplexität in der realen Welt. Das funktioniert ziemlich gut und ist auch nötig, um mit der Welt umgehen zu können: Subjektive Theorien strukturieren die Beziehungen des Subjekts (z. B. du) zur Welt (z. B. deine Umgebung). Das passiert, indem diese subjektiven Theorien deine Wahrnehmung und Interpretation von Situationen und Personen prägen.

Subjektive Theorien dienen – ähnlich wie wissenschaftliche Theorien – der Vorhersage, Erklärung, Rechtfertigung und Bewertung des eigenen und fremden Handelns. Im Gegensatz zu wissenschaftlichen Theorien müssen subjektive Theorien nicht wissenschaftlichen Kriterien genügen. Sie sind eher das Ergebnis von Sozialisation als von methodisch kontrollierten Beobachtungen. Da sie in erster Linie aus der eigenen Lernbiografie abgeleitet sind, gelten subjektive Theorien als wahr und widerstandsfähig gegen Veränderungen. Sich ihrer Existenz als Grundlage des eigenen Denkens und Handelns bewusst zu werden, ist das zentrale Anliegen eines reflexiven wissenschaftlichen Mindsets.

Swen (er/ihm)
Professory

> Swen: „Die Generation von heute ist auch nicht mehr so belastbar, wie wir früher in der Ausbildung. Wir sind noch auf Bäume geklettert…" – Was für ein Bullshit, aber dennoch eine hartnäckig auftretende subjektive Theorie von Trainern bei der Polizei, wie ihr hier nachlesen könnt: (Koerner & Staller, 2022).

Koerner, S., & Staller, M. S. (2022). "It has Changed, Quite Clearly." Exploring Perceptions of German Police Trainers on Police Recruits. *Frontiers in Education, 6*. https://doi.org/10.3389/feduc.2021.771629

5.2.36 Wahrheit

Wahrheit ist für die Wissenschaft die Leitorientierung. Wissenschaftliche Verfahren zielen darauf ab, Wahrheit zu produzieren. Innerhalb der Wissenschaftstheorie existiert eine Vielzahl von Wahrheitstheorien. Korrespondenztheoretisch gilt eine wissenschaftliche Aussage dann als wahr, wenn sie mit der Realität übereinstimmt. Kohärenztheoretisch ist eine wissenschaftliche Aussage wahr, wenn sie logisch stimmig zu anderen als wahr geltenden Aussagen ist. Konstruktivistisch ist Wahrheit stets das Ergebnis von Beobachtung. So oder so, für Wissenschaft ist Wahrheit das zentrale Medium der Kommunikation.

5.2.37 Wissenstransfer

Wissenstransfer bezeichnet in der Wissenschaft die Absicht, Erkenntnisse aus dem System der Wissenschaft in eine nicht-wissenschaftliche Praxis wie z. B. das Training im Sport zu übertragen. Weil Wissenschaft und Sport beide eine eigene Logik haben, ist davon auszugehen, dass ein linearer Transfer wissenschaftlichen Wissens in den Sport nicht möglich ist. Vielmehr nimmt der Sport diejenigen Informationen auf, die zu ihm passen und die er verarbeiten kann, also z. B. für Training und Wettkampf nützlich und umsetzbar sind. Wissenschaftliches Wissen, das diese Resonanzbedingungen nicht erfüllt, bleibt ausgeschlossen. Statt von Wissenstransfer ist somit besser von Wissenstransformation auszugehen. Der Sport nutzt Informationen der Wissenschaft geleitet von eigenen Voraussetzungen und Erwartungen.

Mario (er/ihm)
Professory

Mario: Die Unmöglichkeit eines Transfers wissenschaftlichen Wissens in das Training von Spezialeinheiten der Polizei und des Militärs haben wir in diesem Artikel theoriegeleitet und auf Basis eines mehrjährigen Feldzugangs dargestellt:
Koerner, S., & Staller, M. S. (2021). From Data to Knowledge: Training of Police and Military Special Operations Forces in Systemic Perspective. Special Operations Journal, 7(1), 29–42. https://doi.org/10.1080/23296151.2021.1904571

5.2.38 Wissenschaftliche Fachzeitschriften

Wissenschaftliche Fachzeitschriften (auch bekannt als *Journals*) sind Zeitschriften, die von Fachleuten in einem bestimmten Bereich verfasst werden, um ihre Forschungsergebnisse und -ansätze zu präsentieren. Sie werden von Expertys im entsprechenden Fachgebiet überprüft, um sicherzustellen, dass die veröffentlichten Inhalte wissenschaftlich fundiert und von hoher Qualität sind. Dieser Prozess wird auch *Peer Review* (siehe Glossar) genannt. Wissenschaftliche Fachzeitschriften bieten eine wichtige Möglichkeit, neue Entwicklungen und Ideen in verschiedenen Fachgebieten zu verfolgen und sich über aktuelle Forschungen zu informieren.

In der Wissenschaftlichen Gemeinschaft (der *scientific community*, siehe Glossar) ist die Publikation in wissenschaftlichen Fachzeitschriften neben der Teilnahme an wissenschaftlichen Symposien und Konferenzen der primäre Weg, um die eigenen Ergebnisse und Ideen der breiten wissenschaftlichen Gemeinschaft zu präsentieren und sich mit anderen Wissenschaftlys auszutauschen. Durch die Veröffentlichung in wissenschaftlichen Fachzeitschriften können Wissenschaftlys ihre Arbeiten anderen zugänglich machen und erhalten so die Möglichkeit, dass ihre Arbeiten von anderen Expertys in ihrem Fachgebiet bewertet und kritisiert werden. Dieser Prozesse des Auseinandersetzens und Kritisierens ist essentiell für die Wissenschaft und trägt dazu bei, dass die Qualität wissenschaftlicher Arbeit verbessert wird und neue Erkenntnisse und Fortschritte in der Wissenschaft gefördert werden.

Veröffentlichungen in wissenschaftlichen Fachzeitschriften werden mitunter als die „Währung der Wissenschaft" bezeichnet. Je renommierter eine Fachzeitschrift innerhalb einer bestimmten wissenschaftlichen Community ist, umso höher der Reputationsgewinn des Wissenschaftlys bei einer Veröffentlichung in dieser Zeitschrift. Die Reputation einer Fachzeitschrift wird häufig über den *Impact Factor* (siehe Glossar) angegeben.

Mit der Veröffentlichung in einer wissenschaftlichen Fachzeitschrift werden die bibliographischen Angaben in wissenschaftliche Datenbanken übernommen, sodass die Texte über diese Datenbanken (z. B. Google Scholar) auffindbar sind. Veröffentlichungen in wissenschaftlichen Fachzeitschriften erhalten eine eindeutig zurechenbare Internetadresse – die *DOI* (siehe Glossar). Über diese kann der Fachbeitrag einfach gefunden werden.

Der Zugang zu wissenschaftlichen Fachzeitschriften ist nicht immer ohne weiteres möglich. Die Wissenschaftsverlage erheben für den Zugriff auf ihre Journals Gebühren. Bibliotheken von Hochschulen und Universitäten verfügen – sofern sie diese eingekauft haben – über Zugriffe auf unterschiedliche Pakete an Journals. Im Rahmen der *Open Science* (siehe Glossar) Bewegung werden zunehmend mehr Beiträge auch *Open Access* (siehe Glossar) veröffentlicht. Diese sind damit kostenlos im Volltext abrufbar.

Unabhängig davon, ob Vollzugriff auf einen Text besteht oder nicht, sind die *Abstracts* (siehe Glossar) eines Beitrages immer kostenlos einsehbar, sodass du dann entscheiden kannst, ob sich die Beschaffung eines Artikels für dich lohnt.

5.2.39 Wissenschaftliche Quellen

Wissenschaftliche Quellen sind Quellen, die von Fachleuten in einem bestimmten Bereich verfasst wurden, um ihre Forschungsergebnisse und -ansätze zu präsentieren. Sie werden häufig in wissenschaftlichen Fachzeitschriften veröffentlicht und sind in der Regel von Experten im entsprechenden Fachgebiet überprüft worden. Wissenschaftliche Quellen bieten eine verlässliche und genaue Möglichkeit, sich über ein bestimmtes Thema zu informieren und neue Ideen und Ansätze zu entdecken.

Primärquellen sind direkte, unveränderte Aufzeichnungen oder Berichte über ein Ereignis oder ein Thema. Sie wurden von den Personen erstellt, die das Ereignis erlebt oder das Thema erforscht haben.

Sekundärquellen sind indirekte Aufzeichnungen oder Berichte über ein Ereignis oder ein Thema. Sie wurden von jemandem erstellt, der nicht selbst Teil des Ereignisses oder der Untersuchung war.

Tertiärquellen sind Sammlungen oder Zusammenfassungen von Sekundärquellen. Sie dienen dazu, bestimmte Aspekte eines Ereignisses oder Themas zu erläutern oder zusammenzufassen.

Im Allgemeinen werden Primärquellen als die zuverlässigsten und wichtigsten Quellen für die Wissenschaft angesehen, da sie direkt von den Personen stammen, die das Ereignis oder Thema erforscht haben. Sekundär- und Tertiärquellen sind weniger zuverlässig, da sie von jemandem erstellt wurden, der nicht direkt an der Erforschung beteiligt war.

5.2.40 Zitationsstil

Ein Zitationsstil ist eine Konvention (Verhaltensnorm), wie man in einem bestimmten Bereich Quellen in wissenschaftlichen Arbeiten oder anderen Publikationen zitiert. Zitationsstile legen fest, wie die Quellen in den Text eingefügt werden, wie die Quellenangaben im Literaturverzeichnis aussehen und welche Informationen dabei enthalten sein sollten. In der Sportwissenschaft gilt der sogenannte dvs-APA Standard, entlehnt von der American Psychological Association.

MIX
Papier aus verantwortungsvollen Quellen
Paper from responsible sources
FSC® C105338

If you have any concerns about our products,
you can contact us on
ProductSafety@springernature.com

In case Publisher is established outside the EU,
the EU authorized representative is:
**Springer Nature Customer Service Center GmbH
Europaplatz 3, 69115 Heidelberg, Germany**

Printed by Libri Plureos GmbH
in Hamburg, Germany